广西大学"211工程"三期重点学科建设项目资助

教育部人文社会科学研究青年基金项目（09YJC790056）资助

国家旅游局科研项目（10TABG024）资助

主编◎阳国亮

东盟研究院文库

广西大学中国—

限制◎与突破

北部湾区域旅游合作研究

黄爱莲◎著

中国社会科学出版社

图书在版编目（CIP）数据

限制与突破：北部湾区域旅游合作研究/黄爱莲著 . —北京：中国社会科学出版社，2011.8
ISBN 978 - 7 - 5161 - 0080 - 6

Ⅰ . ①限… Ⅱ . ①黄… Ⅲ . ①北部湾—旅游业—国际合作：经济合作—研究 Ⅳ . ①F592.767

中国版本图书馆 CIP 数据核字（2011）第 177756 号

责任编辑 王 茵
责任校对 王有学
封面设计 回归线视觉传达
技术编辑 王炳图

出版发行 中国社会科学出版社
社　　址 北京鼓楼西大街甲 158 号　　　　邮　编　100720
电　　话 010—84029450（邮购）
网　　址 http://www.csspw.cn
经　　销 新华书店
印　　刷 北京君升印刷有限公司　　　　装　订　广增装订厂
版　　次 2011 年 8 月第 1 版　　　　　　印　次　2011 年 8 月第 1 次印刷
开　　本 710×1000　1/16
印　　张 16.75　　　　　　　　　　　　插　页　2
字　　数 253 千字
定　　价 36.00 元

总　序

阳国亮

　　正当中国与东盟各国形成稳定健康的战略伙伴关系之际，我校以经济学、经济管理、国际贸易等经济学科为基础，整合法学、政治学、公共管理学、文学、新闻学、外语、教育学、艺术等学科力量，经广西壮族自治区政府批准于 2005 年成立了广西大学中国—东盟研究院；同时将"中国—东盟经贸合作与发展研究"作为"十一五"时期学校"211工程"的重点学科来进行建设。这两项行动所要实现的目标，就是要加强中国与东盟合作研究，发挥广西大学智库的作用，为国家和地方的经济、政治、文化、社会建设服务，并逐步形成具有鲜明区域特色的高水平的文科科研团队。几年来，围绕中国与东盟的合作关系及东盟各国的国别研究，研究院的学者和专家们投入了大量的精力并取得了丰硕的成果。为了使学者、专家们的智慧结晶得以在更广的范围内展示并服务于社会，发挥其更大的作用，我们决定将其中的一些研究成果结集并以《广西大学中国—东盟研究院文库》的形式出版。同时，这也是我院中国—东盟关系研究和"211工程"建设成果的一种汇报和检阅的形式。

　　中国与东盟各国的关系研究是国际关系中区域国别关系的研究，这一研究无论对国际经济与政治还是对我国对外开放和现代化建设都非常重要。广西在中国与东盟的关系中处于非常特殊的位置，特别是在广西的社会经济跨越式发展中，中国与东盟关系的发展状况会给广西带来极大的影响。因此，中国与东盟及各国的关系是非常值得重视的研究课题。

中国与东盟各国的关系具有深厚的历史基础。古代中国与东南亚各国的经贸往来自我国春秋时期始已有两千多年的历史。由于中国与东南亚经贸关系的繁荣，秦汉时期的番禺（今广州）就已成为"珠玑、犀、玳瑁"等海外产品聚集的"都会"（《史记》卷69《货殖列传》）。自汉代以来，经三国、两晋、南北朝至隋唐，中国与东南亚各国的商贸迅速发展。大约在唐朝开元初年，唐朝在广州创设了"市舶使"，作为专门负责管理对外贸易的官员。宋元时期鼓励海外贸易的政策促使中国与东南亚各国经贸往来出现了前所未有的繁荣。至明朝，郑和下西洋加强了中国与东南亚各国的联系，把双方的商贸往来推向了新的高潮。自明代始，大批华人移居东南亚，带去了中国先进的生产工具和生产技术。尽管明末清初，西方殖民者东来，中国几番海禁；16世纪开始，东南亚各国和地区相继沦为殖民地；至1840年中国也沦为半殖民地半封建社会，中国与东南亚各国的经贸往来呈现复杂局面，但双方的贸易仍然在发展。第二次世界大战以后，受世界格局的影响以及各国不同条件的制约，中国与东南亚各国的经济关系经历了曲折的历程。直到20世纪70年代，国际形势变化，东南亚各国开始调整其对华政策，中国与东南亚各国的国家关系逐渐实现正常化，双方经济关系得以迅速恢复和发展。20世纪80年代末期冷战结束至90年代初，国际和区域格局发生重大变化，中国与东南亚各国的关系出现了新的转折，双边经济关系进入全面合作与发展的新阶段。总之，中国与东盟各国合作关系由来已久，渊源深厚。

发展中国家区域经济合作浪潮的兴起和亚洲的觉醒是东盟得以建立的主要背景。20世纪60—70年代，发展中国家区域经济一体化第一次浪潮兴起，拉美和非洲国家涌现出中美共同市场、安第斯集团、加勒比共同市场等众多的区域经济一体化组织。20世纪90年代，发展中国家区域经济一体化浪潮再次兴起。在两次浪潮的推动下，发展中国家普遍意识到加强区域经济合作的必要性和紧迫性，只有实现区域经济一体化才能顺应经济全球化的世界趋势并减缓经济全球化带来的负面影响。亚洲各国正是在这一背景下觉醒并形成了亚洲意识。战前，亚洲是欧美的殖民地；战后，亚洲各国尽管已经独立，但仍未能摆脱大国对亚洲地区事务的干涉和控制。20世纪50—60年代，亚洲各国民族主义意识增强，已经显示出较强烈的政治自主意愿，要求自主处理地区事务，不受大国支配，努力维护本国的独立和主权。亚洲各国都意识到，要实现这种意愿，弱小国家必须组织起来协同合作，由此"亚洲主义"得以产生。东盟就是在东南亚国家这种意愿的推动下，经过艰难曲折的过程而建立起来的。

"东盟"是东南亚国家联盟的简称，在国际关系格局中具有重要的战略地位。东盟的战略地位首先是由其所具有的两大地理区位优势决定的：一是两洋的咽喉门户。东南亚处于太平洋与印度洋的"十字路口"，既是通向亚、非、欧三洲及大洋洲的必经航道，又是南美洲与东亚国家间物资、文化交流的海上门户。其中，世界上每年50%的船只通过马六甲海峡，这使得东南亚成为远东制海权的战略要地。二是欧亚大陆"岛链"重要组成部分。欧亚大陆有一条战略家非常重视的扼制亚欧国家进入太平洋的新月形的"岛链"，北起朝鲜半岛，经日本列岛、琉球群岛、我国的台湾岛，连接菲律宾群岛、印度尼西亚群岛。东南亚是这条"岛链"的重要组成部分，是防卫东亚、南亚大陆的战略要地。其次，东盟的经济实力也决定了其战略地位。1999年4月30日，以柬埔寨加入东盟为标志，东盟已成为代表全部东南亚国家的区域经济合作组织。至此，东盟已拥有10个国家、448万平方公里土地、5亿人口、7370亿美元国内生产总值、7200亿美元外贸总额，其经济实力在国际上已是一支重要的战略力量。再次，东盟在国际关系中还具有重要的政治战略地位，东盟所处的亚太地区是世界大国多方力量交会之处，中国、美国、俄罗斯、日本、印度等大国有着不同的政治、经济和安全利益追求。东盟的构建在亚太地区的国际政治关系中加入了新的因素，对于促进亚太地区国家特别是大国之间的磋商、制衡大国之间的关系、促进大国之间的合作具有极重要的作用。

在保证了地区安全稳定、推进国家间的合作、增强了国际影响力的同时，东盟也面临一些问题。东盟各国在政治制度等方面存在较大差异，政治多元的状况会严重影响合作组织的凝聚力；东盟大多数成员国经济结构相似，各国间的经济利益竞争也会直接影响到东盟纵向的发展进程。长期以来，东盟缺乏代表自身利益的大国核心，不但影响政治经济合作的基础，在发生区域性危机时更是无法整合内部力量来抵御和克服，外来不良势力来袭时会呈现群龙无首的状态，这对于区域合作组织抗风险能力的提高极为不利。因此，到区域外寻求稳定的、友好的战略合作伙伴是东盟推进发展必须要解决的紧迫的问题。中国改革开放以来的发展及其所实行的外交政策、在1992年东亚金融危机中的表现以及加入WTO，使东盟不断加深了对中国的认识；随着中国与东盟各国的关系不断改善和发展，进入21世纪后，中国与东盟也进入了区域经济合作的新阶段。

发展与东盟的战略伙伴关系是中国外交政策的重要组成部分。从地缘上看，东南亚是中国的南大门，是中国通向外部世界的海上通道；从国际政治上看，亚太地区是中、美、日三国的战略均衡区域，而东南亚是亚太地区的"大国"，对中、美、日都具有极重要的战略地位，是中国极为重要的地缘战略区域；从中国的发展战略要求看，东南亚作为中国的重要邻居是中国周边发展环境的一个重要组成部分，推进中国与东盟的关系，还可以有效防止该地区针对中国的军事同盟，是中国稳定周边战略不可缺少的一环；从经济发展的角度说，中国与东盟的合作对促进双方的贸易和投资、促进地区之间的协调发展具有极大的推动作用，同时，这一合作还是以区域经济一体化融入经济全球化的重要步骤；从中国的国际经济战略要求来说，加强与东盟的联系直接关系到中国对外贸易世界通道的问题，预计在今后15年内，中国制造加工业将提高到世界第二位的水平，中国与海外的交流日益增强，东南亚水域尤其是马六甲海峡是中国海上运输的生命线，因此，与东盟的合作具有保护中国与海外联系通道畅通的重要意义。总之，中国与东盟各国山水相连的地理纽带、源远流长的历史交往、共同发展的利益需求，形成了互相合作的厚实基础。经过时代风云变幻的考验，中国与东盟区域合作的关系不断走向成熟。东盟已成为中国外交的重要战略依托，中国也成为与东盟合作关系发展最快、最具活力的国家之一。

中国—东盟自由贸易区的建立是中国与东盟各国关系发展的里程碑。中国—东盟自由贸易区是一个具有较为严密的制度安排的区域一体化的经济合作形式，这些制度安排涵盖面广、优惠度高，它涵盖了货物贸易、服务贸易和投资的自由化及知识产权等领域，在贸易与投资等方面实施便利化措施，在农业、信息及通信技术、人力资源开发、投资以及湄公河流域开发五个方面开展优先合作。同时，中国与东盟的合作还要扩展到金融、旅游、工业、交通、电信、知识产权、中小企业、环境、生物技术、渔业、林业及林产品、矿业、能源及次区域开发等众多的经济领域。中国—东盟自由贸易区的建立既有助于东盟克服自身经济的脆弱性，提高其国际竞争力，又为中国对外经贸提供新的发展空间，对于双边经贸合作向深度和广度发展都具有重要的推动作用。中国—东盟自由贸易区拥有近 18 亿消费者，人口覆盖全球近 30%；GDP 近 4 万亿美元，占世界总额的 10%；贸易总量 2 万亿美元，占世界总额的 10%，还拥有全球约 40% 的外汇。这不仅大大提高了中国和东盟国家的国际地位，而且将对世界经济产生重大影响。

广西在中国—东盟合作关系中具有特殊的地位。广西和云南一样都处于中国与东盟国家的接合部，具有面向东盟开放合作的良好的区位条件。从面向东盟的地理位置看，桂越边界 1020 公里，海岸线 1595 公里，与东盟由一片海连接。从背靠国内的区域来看，广西位于西南和华南之间，东邻珠江三角洲和港澳地区、西毗西南经济圈、北靠中南经济腹地，这一独特的地理位置使广西成为我国陆地和海上连接东盟各国的一个"桥头堡"，是我国内陆走向东盟的重要交通枢纽。广西与东盟各国在经济结构和出口商品结构上具有互补性。广西从东盟国家进口的商品以木材、矿产品、农副产品等初级产品为主，而出口到东盟国家的主要为建材、轻纺产品、家用电器、生活日用品和成套机械设备等工业制成品；在水力、矿产等资源的开发方面还有很强的互补性。广西与东盟各国的经济技术合作具有很好的前景和很大的空间。广西南宁成为中国—东盟博览会永久承办地，泛北部湾经济合作与中国—东盟"一轴两翼"区域经济新格局的构建为广西与东盟各国的合作提供了很好的平台。另外，广西与东南亚各国有很深的历史人文关系，广西的许多民族与东南亚多个民族有亲缘关系，如越南的主体民族越族与广西的京族是同一民族，越南的岱族、侬族与广西壮族是同一民族，泰国的主体民族泰族与广西的壮族有很深的历史文化渊源关系，这些都是广西与东盟接轨的重要的人文优势。自 2004 年以来，广西成功地承办了每年一届的中国—东盟博览会和商务与投资峰会以及泛北部湾经济合作论坛、中国—东盟自由贸易区论坛、中越青年大联欢等活动，形成了中国—东盟合作"南宁渠道"，显示了广西在中国—东盟合作中的重要作用。总之，广西在中国—东盟关系发展中占有重要地位。在中国—东盟关系发展中发挥广西的作用，既是双边合作共进的迫切需要，对于推动广西的开放开发、加快广西的发展也具有十分重要的意义。

中国—东盟自由贸易区一建立就取得了显著的效果。据中国海关统计，2010 年中国与东盟双边贸易额达 2927.8 亿元，比上年增长37.5%。当然，这仅仅是一个良好的开端，要继续深化中国与东盟的合作，使这一合作更为成熟并达到全方位合作的实质性目标，还需要从战略上继续推进，在具体措施上继续努力。无论是总体战略推进还是具体措施的落实都需要以理论思考、理论研究为基础进行运筹和决策，因此，不断深化中国与东盟及各国关系的研究就显得尤为必要。

加强对东盟及东盟各国的研究是国际区域经济、政治和文化研究学者的一项重要任务。东盟各国及其区域经济一体化的稳定和发展是我国构建良好的周边国际环境和关系的关键。东盟区域经济一体化的发展受到很多因素的制约，东盟各国经济贸易结构的雷同和产品的竞争，在意识形态、宗教历史、文化习俗、发展水平等方面的差异性，合作组织内部缺乏核心力量和危机共同应对机制等因素都会对区域经济一体化的进一步发展造成不利影响。要把握东盟各国及其区域经济一体化的走向，就要加强对东盟各国历史、现状、走向的研究，同时也要加强东盟区域经济一体化有利因素和制约因素的走向和趋势的研究。

我国处理与东盟各国关系的战略、策略也是需要不断思考的重要问题。要从战略上发挥我国在与东盟关系的良性发展中的作用，形成中国—东盟双方共同努力的发展格局；要创新促进双边关系发展的机制体系；要进一步深化和完善作为中国—东盟合作主要平台和机制的中国—东盟自由贸易区，进一步分析中国—东盟自由贸易区的下一步发展趋势和内在要求，从地缘关系、产业特征、经济状况、相互优势等方面充实合作内容、创新合作形式、完善合作机制、拓展合作领域，全面发挥其积极的作用。所有这些问题都要从战略思想到实施措施上展开全面的研究。

广西在中国—东盟关系发展中如何利用机遇、发挥作用更需要从理论和实践的结合上不断深入研究。要在中国—东盟次区域合作中进一步明确广西的战略地位，在对接中国—东盟关系发展中特别是在中国—东盟自由贸易区的建设发展进程中，发挥广西的优势，进一步打造好中国—东盟合作的"南宁渠道"；如何使"一轴两翼"的泛北部湾次区域合作机制创新成为东盟各国的共识和行动，不仅要为中国—东盟关系发展创新形式、拓展领域，也要为广西的开放开发、抓住中国—东盟区域合作的机遇实现自身发展创造条件；如何在中国—东盟区域合作中不断推动北部湾的开放开发、形成热潮滚滚的态势，这些问题都需要不断地深入研究。

综上所述，中国与东盟各国的关系无论从历史现状还是发展趋势来看都是需要认真研究的重大课题。广西大学作为地处中国与东盟开放合作的前沿区域的"211 工程"高校，应当以这些研究为己任，应当在这些重大问题的研究上产生丰富的创新成果，为我国与东盟各国关系的发展、为广西在中国—东盟经济合作中发挥作用并使广西跨越式发展作出贡献。

在中国与东盟各国关系不断发展的过程中，广西大学中国—东盟研究院的学者、专家们在中国—东盟各项双边关系的研究中进行了不懈的探索。学者、专家们背负着民族、国家的责任，怀揣着对中国—东盟合作发展的热情，积极投入到与中国—东盟各国合作发展相关的各种问题的研究中来。"宝剑锋从磨砺出，梅花香自苦寒来"，历经多年的积淀与发展，研究院的组织构架日臻完善，团队建设渐趋成熟，形成了立足本土兼具国际视野的学术队伍，在学术上获得了一些喜人的成果，比较突出的有：取得了"CAFTA 进程中我国周边省区产业政策协调与区域分工研究"与"中国—东盟区域经济一体化"两项国家级重大课题；围绕中国与东盟各国关系的历史、现状及其发展，从经济、政治、文化、外交等各方面的合作以及广西和北部湾的开放开发等方面开展了大量的研究，形成了一大批研究论文和论著。这些成果为政府及各界了解中国—

东盟关系的发展历史、了解东盟各国的文化、把握中国—东盟关系的发展进程提供了极好的参考材料，为政府及各界在处理与东盟各国关系的各项决策中发挥了咨询服务的作用。

这次以《广西大学中国—东盟研究院文库》的形式出版的论著仅仅是学者、专家们的研究成果中的一部分。《文库》的顺利出版，是广西大学中国—东盟研究院的学者们在国家"211工程"建设背景下，共同努力，经过不辞辛苦、锲而不舍的研究所取得的一项重大成果。文库的作者中有一批青年学者，是中国—东盟关系研究的新兴力量，尤为引人注目。青年学者群体是广西大学中国—东盟研究院未来发展的重要战略资源，青年兴则学术兴，青年强则研究强，多年来，广西大学中国—东盟研究院致力于培养优秀拔尖人才和中青年骨干学者，从学习、工作、政策、环境等各方面创造条件，为青年学者的健康成长搭建舞台。同时，众多青年学者也树立了追求卓越的信念，他们在实践中学会成长，正确对待成长中的困难，不断走向成熟。"多情唯有是春草，年年新绿满芳洲"，学术生涯是一条平凡而又艰难、寂寞而又崎岖的道路，没有鲜花，没有掌声，更多的倒是崇山峻岭、荆棘丛生；但学术又是每一个国家发展建设中不可缺少的，正如水与空气之于人类，整个人类历史文化长河源远流长，其中也包括着一代又一代学者薪火相传的辛勤劳动。愿研究院的青年学者们，以及所有真正有志献身于学术的人们，都能像春草那样年复一年以自己的新绿铺满大地、装点国家壮丽锦绣的河山。

当前，国际政治经济格局加速调整，亚洲发展孕育着重大机遇，中国同东盟国家的前途命运日益紧密地联系在一起。在新形势下，巩固和加强中国—东盟战略伙伴关系，不断地推进中国—东盟自由贸易区的健康发展是中国与东盟国家的共同要求和共同愿望。广西大学中国—东盟研究院将会继续组织和推进中国与东盟各国关系的研究，从区域经济学的视角出发，采取基础研究与应用研究相结合、专题研究与整体研究相结合的方法，紧密结合当前实际，对中国—东盟自由贸易区建设这一重大战略问题进行全面、深入、系统的思考；并在深入研究的基础上提出具有前瞻性、科学性、可行性的对策建议，为政府提供决策咨询，为相关企业提供贸易投资参考。随着研究的深入，我们会陆续将研究成果分批结集出版，以便使《广西大学中国—东盟研究院文库》成为反映我院中国—东盟各国及其关系研究成果的一个重要窗口，同时也希望能为了解东盟、认识东盟、研究东盟、走进东盟的人们提供有益的参考与借鉴。由于时间仓促，本文库错误之处在所难免，敬请各位学者、专家及广大读者不吝赐教，批评指正。

是为序。

（作者系广西大学中国—东盟研究院院长）

2011 年 1 月 11 日

序：风生水起北部湾

魏小安

　　2008 年 1 月 12 日，国务院批准实施《广西北部湾经济区发展规划》，其中旅游发展是重要组成部分。国家旅游局闻风而动，立项支持，我主动请缨，主持制定《北部湾旅游发展规划》，并于当年 8 月份，组织规划专家队伍现场调研。

　　这次调研，我们采取走一路、看一路、听一路、谈一路的方式，半个月时间，走遍广西北部湾地区，虽然是走马观花，但感受已经大大不同，归纳为一句话，就是风生水起北部湾。我首先提出一个问题：为什么叫北部湾？因为中华民族历史上是那个民族，对于海洋的基本态度是躲避和惧怕，所以从大陆的角度，此地应当叫南部湾。我猜测，这个名称是我们的先人在海上定位，南海北望，所以才称北部湾。这个名称本身就超越了历史，跨越了时代。现在感受风生水起，第一是改革之风，开放之水；第二是东盟之风，海洋之水；第三是旅游之风，文化之水。这样一个风生水起，实际上是借助外来的风，借助内部的水，把北部湾做起来。再进一步理解风，第一风云震撼，国家战略；第二风雷激荡，创业集群；第三风风火火，这就要求有比较高的办事效率；第四风流人物，这需要大量人才的会聚；第五风光无限，这是讲北部湾的旅游，旅游资源非常丰富；第六风情万种，人文荟萃，有各种各样的文化传统，历史基因，也有各种各样的文化表现。

　　以广西为基点，规划组又到广东、海南乃至越南调研，形成环北部湾和泛北部湾的旅游发展思路，提出了相应的规划战略、空间配置与对策研究，并顺利地通过评审。

　　黄爱莲博士基本参加了这一工作的全过程，一路上，或骄阳似火，或大雨滂沱，或娓娓而谈，或深入探讨，为北部湾的发展而振奋。作为家乡人，黄爱莲的兴奋感更是超越大家。之后，她又经过大量的文献整理和理论爬梳，形成了《限制与突破：北部湾区域旅游合作研究》专著。

　　从战略地位来看，北部湾一是面向大西南、背靠东南亚，处在东亚和东南亚这两个正在快速发展的经济带之间，是连接中国西南、华南与东盟大市场的枢纽，这是一个根本性的位势调整。二是泛北部湾的经济合作、大湄公河次区域合作、泛珠江三角洲经济合作的交会点，是中国沿海和东盟国家全面合作的重要桥梁和基地。三是"海上丝绸之路"的历史通道。

　　从区域特点来看，第一，北部湾是我国沿海开发程度最低的地区。南宁大体上是从工业化的中期向工业化后期的发展阶段，其他的各个地方基本上都处于从工业化的早期向中期发展的阶段，也就是说，和沿海其他地区相比，北部湾差了一到两个阶段，其中的主要问题是城乡二元结构的矛盾比较突出。第二，随着北部湾经济区沿海港口的吞吐能力扩大和功能的不断完善，必将成为我国发展临海工业不可多得的重点地区。第三，是中国国际区域合作的前沿阵地和热点地区，处于"一轴两翼"战略的中心点，所以北部湾是财富湾，是动力湾，已经构造了非常强大的发展动力。第四，拥有丰富的、南国特色的海洋旅游资源，是我国最纯净的一片海域，是风情湾，是生态湾，由于开发程度比较低，所以还比较纯净，确实是一片蓝天碧海，这样就构造了一个独特的优势。第五，是我国唯一的沿海跨国、山海互动、国际合作的旅游区；是中原文化延伸、少数民族文化弘扬和海洋民族的对接地，所以是国际湾、和谐湾。由此看来，北部湾是财富湾、动力湾、风情湾、生态湾、国际湾、和谐湾。

　　对于这一系列问题，专著中都有深入的分析和论证。

　　近年来，南海成为世界地缘政治的热点地区，又一个风生水起的格局形成了。对于中国—东盟自由贸易区和北部湾区域发展而言，面临着一个更加复杂的局面。利益是永恒的，而利益格局是变化的，存量的争斗是一个方面，共同扩大增量恐怕是更重要的方面。远亲不如近邻，更何况即便不是远亲，也仍然是利益的争夺者。在这样的背景之下，北部湾的区域旅游合作就更具有长远的意义，需要开创新的发展格局。

（作者系中国旅游研究院学术委员会主任）

2011 年 6 月 6 日

目　　录

图　　录

表　录

导　　论

　　本书以北部湾区域旅游合作为核心论题，拟以边界效应为理论视角厘清区域旅游合作的诸多限制性因素，具体考察广西北部湾经济区在我国西部大开发和面向东盟开放背景之下的区域旅游合作边界，并从边界的屏蔽、中介与集聚效应中寻求突破边界障碍的可能性，旨在探索北部湾区域旅游合作实现跨越式发展的实施对策，以应对现实工作中已经或可能遇到的难题。

一　选题背景及意义

（一）选题背景

　　2006 年 3 月，十届全国人大四次会议表决通过了国民经济和社会发展第十一个五年规划纲要，2007 年 3 月，国务院正式批复西部大开发"十一五"规划，两个规划的制订与实施为北部湾经济区的加速发展提供了重大机遇，而 2008 年 1 月 12 日批准实施的《广西北部湾经济区发展规划》则为北部湾经济区制订了基于科学发展观的发展蓝图。北部湾经济区的迅速升温是国家经济发展总体战略调整的直接反映。在西部大开发与兴边富民的战略行动中，我国东部地区的优势产业和外资被鼓励向中西部地区转移，一些重大项目的布局将与中西部地区发展结合起来予以通盘考虑，以此为西部民族地区、边疆地区发展提供支持。西南地区经济协作、泛珠三角区域合作的加强使北部湾经济区连接东西部地区的枢纽作用得以凸显，从而为北部湾经济区加快发展注入了新的活力。

另一方面，与全球自由贸易区的迅猛发展相适应，中国—东盟自由贸易区自1999年提出、2002年签署《中国—东盟全面经济合作框架协议》以来，其建设进程不断加快，中国—东盟自由贸易区建设的迅速推进、中国—东盟博览会和商务与投资峰会、大湄公河次区域合作、"一轴两翼"经济带的建设等在深化中国—东盟合作的同时，也确立了北部湾经济区作为面向东盟合作的前沿和桥头堡的地位和作用。正如《广西北部湾经济区发展规划》中所说："国家高度重视广西沿海地区发展，明确将北部湾经济区作为西部大开发和面向东盟开放合作的重点地区。"① 有学者甚至把北部湾经济区喻为继珠三角、长三角与环渤海地区之后的"中国经济增长第四极"②，北部湾经济区在中国经济的未来发展中无疑具有重要地位并已经引起了众多学者的研究兴趣。

北部湾经济区旅游资源丰富，自然旅游资源品位高，文化旅游资源地域文化特色鲜明，为旅游业的发展提供了十分有利的条件。《广西北部湾经济区发展规划》明确提出了"立足旅游需求，发挥特色优势，依托中国优秀旅游城市，把北部湾经济区培育成为区域性国际旅游目的地和旅游促进中心"③的目标。随着经济全球化和区域经济一体化的发展，作为地方旅游业参与市场竞争、实现联动发展的重要途径，区域旅游合作向人们展示了颇具纵深度的发展前景。但是必须承认区域旅游合作并不具有无限的可能，在区域旅游发展的各个要素之间，以及合作的整体进程中无疑存在着诸多限制性因素，需要追问的是：区域旅游合作的边界在哪里？区域旅游合作的跨越式发展应该建立在充分认知合作的有限性的基础上。

（二）研究对象及意义

北部湾、环北部湾与泛北部湾这三个概念虽然在研究者的论著中多

---

① 广西北部湾经济区规划建设管理委员会：《〈广西北部湾经济区发展规划〉解读》，广西人民出版社2008年版，第194页。

② 韩康等：《北部湾新区：中国经济增长第四极》，中国财政经济出版社2007年版，导言。

③ 广西北部湾经济区规划建设管理委员会：《〈广西北部湾经济区发展规划〉解读》，广西人民出版社2008年版，第210页。

次出现，但是其内涵与外延尚缺乏明确界定，本书使用的"北部湾"主要指广西北部湾经济区，它地处北部湾顶端的中心位置，包括南宁、北海、钦州、防城港所辖区域范围，也包括玉林、崇左的交通和物流。在此基础之上，本书设定北部湾区域旅游合作的核心区即广西北部湾经济区，与国务院批准的《广西北部湾经济区发展规划》的范围一致。其主体区即环北部湾旅游圈，包括广西的南宁、防城港、钦州、北海、崇左和玉林六市，海南省的海口、儋州、临高、澄迈、昌江、东方和乐东等海南西海岸的市县，以及广东省的湛江市，并从市场和产品联系角度考虑整合越南北部沿海地区。联动区即泛北部湾跨国旅游圈，既与泛珠三角地区联动，又要加强与越南、马来西亚、新加坡、印尼、文莱、菲律宾、泰国、柬埔寨等东盟国家的合作。

区域旅游合作是北部湾区域旅游发展的关键。国内区域旅游合作形式多样，合作内容日益全面，合作机制日益完善，合作效果越来越明显。国内区域旅游合作目前开展比较成功的案例，如长江三角洲地区旅游业合作、环渤海地区旅游业合作，以及其他一些跨国跨境的旅游合作，如粤港澳旅游业合作、大湄公河次区域旅游业合作、图们江地区旅游业合作等。但是北部湾区域旅游合作的跨边界特征无疑更明显，它需要跨越政治、经济、文化等诸种边界，仅以行政区边界而论，它就需要跨越地市级、省级乃至国家边界才能实现联动发展的效果。

北部湾区域旅游合作研究具有重要的理论与实践意义。在理论方面，区域旅游合作是近年来国内学界的一个研究热点，但是合作的有限性问题却是学界尚未认真关注的一个理论盲点，而以边界效应为理论视角研究区域旅游合作的有限性与有效性，则是对国内区域旅游合作理论研究走向的有力反拨。迄今为止，国内的区域旅游合作研究大多集中于旅游业发达地区，对旅游业欠发达地区的研究显得不足。本书将在对国内外现有的区域旅游合作进行总结与反思的基础上，借鉴区域经济学、旅游经济学、系统学等相关学科理论，分析区域旅游合作的边界效应及演变规律，尝试构建一个适合发展中大国国情的区域旅游合作理论框架，为旅游业欠发达地区的旅游开发和发展走向科学化作出贡献。这同时也是对区域旅游合作理论的一种丰富，国内的跨界旅游合作研究还是一个崭新的领域，因此对北部湾跨界旅游目的地系统的研究，将有助于弥补这方面理论和实证研究的不足，丰富区域旅游开发的研究内容和研究方法，从而促进旅游学学科体系的完善。

在实践方面，以边界效应理论为视角探讨北部湾区域旅游合作问题主要立足应用，北部湾经济区被国家定位为面向东盟的重要国际经济合作区，带动、支撑西部大开发的战略高地，北部湾能否完成这一伟大的历史使命，已经引起政府和学界的高度关注。本书探讨北部湾区域旅游合作的边界效应目的正在于参与北部湾区域经济发展的讨论，旅游业是北部湾经济区国民经济发展的先导产业、支柱产业和第三产业的龙头，区域旅游跨界合作能否有效进行对于北部湾区域旅游的健康发展至关重要。从边界效应的角度探讨北部湾区域旅游合作的边界，并从诸多限制性因素中寻求突破的途径，可以为政府管理部门制定本区域相应的经济发展战略与产业政策等提供有效的参考。另外，对旅游业欠发达区域进行探讨，尤其是从边界效应的角度探讨后发地区跨界旅游合作如何破解"行政边界经济"束缚的难题，对于我国西部广大地区的旅游开发具有一定的现实指导意义，对于改变目前我国区域旅游合作理论倡导与实际操作脱节的现状也应该是一种有益的启示。

二 国内外相关研究综述

与本书有关的国内外研究可分为边界效应理论、区域旅游合作与北部湾旅游合作开发三个专题，国内外相关文献主要通过图书馆及个人藏书、期刊、网络进行资料收集。其中国外文献 1995 年以后的检索主要是依据 Elsevier Science 全文学术期刊数据库，1995 年之前的一些学术期刊在 Annals of Research 的全文和其他一些数据库的文献摘要中检索。本书检索主要在典型旅游区域、边界区域旅游发展、边界区域旅游合作等方面进行，检索的关键词为"tourism region"、"regional tourism"、"co-operation/collaboration"、"cross-tourism"、"border-effect"等。也包括一些研究区域旅游发展及其结构、旅游地联盟或整合，如关键词为"alliance"、"integration"的文献。

（一）边界效应理论及其应用

边界效应理论在区域经济一体化的研究中运用相当广泛。国外较早测算边界效应的是 Bröcker（1984），他运用区际贸易重力模型分析了欧共体的边界效应，其结论是边界对贸易具有明显的壁垒效应。Mccallum（1995）用 1988 年加拿大各省之间的贸易数据、加拿大各省与美国各州之间的贸易数据，用重力模型测算了边界效应，得出了边界对双边贸易有显著性影响的结论，这项研究被认为是开创性的。James E. Anderson 和 Eric van Wincoop（2001）对边界效应进行了进一步研究并扩展了其理论，他们认为国家经济规模越小，自由贸易协定下边界效应下降对国内贸易的促进作用越大。克鲁格曼（Krugman，1991）等学者提出了 NEG（新经济地理学）模型，指出由于向心力（促使经济活动地理聚集）和分散力（促使经济活动地理分散）以及前向和后向联系，一体化影响国际贸易的运输成本，使跨边境的要素流动更容易，从而会改变空间均衡。Elizondo 和 Krugman（1996）、Fujita（1999）扩展了克鲁格曼的 NEG 模型，认为一体化使国内市场变得相对不重要，国内中心地带的吸引力下降，边界地区的吸引力增强。

国内的边界效应研究始于 1998 年 5 月举行的港澳回归后华南区域一体化理论与方法研讨会，会议论文集《一国两制模式的区域一体化研究》成为后来许多国内学者研究边界效应问题的基础。在此之后，方维慰（1999）认为，边界具有隔离、接触和渗透三项功能。杨汝万、胡天新（1999）认为，边界是一个重要的空间影响要素，对边界两侧的人文经济差异和空间联系有重大影响，其屏障作用与中介作用相互依存、相互转化。汤建中等人（2002）则认为屏障效应是人为的，而中介效应是天然的，边境口岸是直接而集中展现边境效应的核心空间。李铁立（2005）在以上研究成果的基础上进一步探讨了边界效应问题，明确定义了边界效应是指边界对跨边界经济行为的影响，并认为边界效应包括"屏蔽效应"和"中介效应"。

边界效应理论应用于区域旅游合作研究还处于起步阶段。如王凯（2007）对跨界旅游目的地的整合发展从边界效应理论层面上进行了系统研究。郭舒等（2008）在村镇层面上讨论了边界地区旅游目的地实现合作的理论模型与现实途径。靳诚、陆玉麒（2008）以长江三角洲地区入境旅游为例对区域旅游一体化进程中的边界效应进行了定量化研究。叶如海等（2009）认为边界效应理论运用于景区规划有助于突出景区休闲活动的空间层次和场景，提升景区品质和活力。

（二）区域旅游合作

1. 国外研究进展

区域旅游合作在国外学者的研究中并不是一个陌生的话题，Gunn、Inskeep、Stewens 等人的著述中曾多次涉及"协作"、"协调"或"合作"等术语。国外关于区域旅游合作的研究注重理论建设，其主要论题如：旅游区组织行为模式、区域旅游利益主体的合作、旅游企业的合作、公共与私有部门的合作，等等。主要内容包括旅游区及相关旅游企业的组织结构、各部门之间的协调；旅游区与其他相关行业、整个社会之间的互动。

Selin（1991）曾对美国阿肯色州国家森林公园附近的林业服务、商业协会和旅游协会合作的关系进行研究，阐释了合作的行为、动机以及限制性因素。Tazim B. Jamal、Donald 和 Getz（1995）提出旅游合作的理论框架，重点讨论社区基础上的旅游规划，提出了一种解决规划问题和协调地方旅游业发展的动态机制，同时论及了旅游区之间的合作与协调。Alberto Sessa（1988）从区域旅游角度用定性与定量相结合的方法分析了旅游科学体系的相关因素。Philip E. Long（1992）论证了在城市旅游发展中强化内部组织合作的必要性，为研究的深化提供了一些基本方法论方面的指导。Steven Selin 与 Kim Beason（1995）探讨了旅游企业内部组织合作的理论框架，并通过实证研究检验其正确性。

Mccarm（1983）以提出问题、指明方向和具体实施概括了区域旅游合作的三个发展阶段。Gray（1989）认为不可忽视旅游合作进程所具有的五个特点，即：①利益主体的独立性；②解决分歧的办法；③决策的联合参与；④利益各方共担区域发展责任；⑤协作是自然发生的过程。

Fagence 提出了旅游合作的基本方式：信息和数据共享、比较研究、技术援助、运行方针的准备、规划模式与工具的发展、评价与管理、改进设施的程序、人力资源发展方案、区域或次区域合作与联合项目、次区域组织（跨边界）、私有与公共部门高级主管会议、代理之间的合作、常规网络与通信等。

Arauj（2002）通过调查巴西北部的区域旅游发展合作，认为合作集中于不同尺度上的政府组织与不同职能的公共部门的各方参与。Huybers 等（2003）认为集群的概念也适用于旅游目的地建设，区域内旅游经营业主之间为追求共同的利益会产生基于各自能力的相互竞争与依赖，如集群规模、企业间互动的频率、持久性等因素都可能影响旅游合作。Young（2002）认为公共与私有旅游部门合作的研究应该关注：①公共部门与私有部门的合作是否与旅游竞争力有关，或是否可以促进竞争力的提升；②为了目的地的可持续开发，公共—私有部门合作应该采取哪种形式，并对竞争计划的有效性、旅游集群的重要性和合作文化进行了深入思考。

国外的区域旅游合作研究也有不少集中于实践性方面：Marlan Guclk（1997）对建立旅游市场信息系统的探讨；Kermeth M. Johnson（1994）对企业扩张后的市场选择与定位所进行的研究；Vinka Cetinski 和 Sanda Webber（1996）关于在国家之间建立健康的旅游市场合作可能性的讨论，主要涉及了旅游目的地市场战略、市场划分以及市场选择等论题。Hrvo je Turk（1999）对旅游资源的管理问题进行了探讨；Marc R. Freedman（1986）对行政部门管理中的合作问题进行了分析；Kari Aanonsen 等人（1997）提出以信息网络系统作为旅游产品营销、旅游企业之间合作与交流的工具，并探讨了合作的组织模式、资金的运作模式及其具体操作方法。

Richard T. Lesley 等人（2000）重点分析了旅游企业内部组织行为管理，以及利用部门之间的合作获得更大的业绩；而 Bill Bramwen 与 Angela Sharman（2001）就地方旅游业合作决策制定提出了一个理论框架，探讨了合作的范围、强度以及参与者参与合作的一致程度，特别是提出了部分一致（或有限性合作）的概念。

从总体上看，国外学者研究区域旅游合作的视角多种多样，内容侧重也各有差异，这也恰恰说明了他们关注区域旅游合作问题的广泛性、深入性与持续性。

2. 国内研究进展

国内的区域旅游合作研究大致可以分为三个阶段：20 世纪 80 年代至 90 年代初为概念提出阶段。如范家驹（1985）指出树立"大旅游"观念对于旅游业全方位、多层次、高效益发展的重要性。王大悟（1987）针对华东区域旅游联合发展中存在的问题提出了该区域旅游联合发展的机制改革建议。李明德（1988）认为要从资源优势互补、整体效益、规模效益等方面来认识区域旅游合作。

1994—2002 年区域旅游合作研究进入发展阶段。这一时期的区域旅游合作研究一是对区域旅游合作的动力机制问题的关注，如涂人猛（1994）探讨了区域旅游合作形成的基础及动力机制，唐德鹏（1994）指出旅游区域协作只有在市场机制作用下才有可能得以发展；二是区域旅游合作原则的探讨，如宋家增、明庆忠、王兴斌等（1997）从区域旅游合作的实现方式角度阐述了区域旅游合作的原则；三是区域旅游合作的可操作性问题，如郑耀星（1999）就区域旅游合作的指导思想和原则、目标和内容、对策和保障等问题提出了建设性的思路。

2003 年以来区域旅游合作研究趋向深入。这一阶段的主要理论进展表现在：一是对中国改革开放 20 多年来区域旅游合作发展实践和理论进行了总结，如王雷亭、崔凤军等（2005）对国内外区域旅游合作研究进行总结；二是从理论上对区域旅游合作的机理、模式及机制等的探讨式总结，如秦学（2006）对粤港澳金三角旅游合作的模式与原理的探讨；三是旅游合作从区域合作走向跨国跨境合作，如徐红罡、保继刚等（2005）分析澜湄次区域旅游合作的特点并提出西双版纳旅游发展对策。

（三）北部湾旅游合作开发

21 世纪初，北部湾地区开始成为我国沿海发展战略中耀眼的明星之一。根据全球最有影响的 Google 和百度等搜索网站的检索结果，截止到

2009年11月11日可搜索到与北部湾相关的网页394万个，北部湾已成为目前相当受关注的区域；不过根据中国期刊网相关文献搜索，1980—2009年度关于北部湾区域旅游开发的文章只有130篇，这说明北部湾区域旅游发展在过去很长一段时间内并未引起学术界的普遍重视，具体到区域旅游合作的研究则更少，只是随着北部湾经济区的迅速升温，情况才开始出现一些改观。

20世纪90年代，徐炳松（1994）即著文呼吁"共同写好海洋渔业这篇文章"，指出北部湾海洋资源非常丰富，应该充分利用其地理优势开发海洋经济；韦善豪（2000）提出构建"环北部湾旅游圈"的大胆设想；陈桂秋（1994）分析了广西边境旅游的优势和成就；王雪芳、廖国一（2004）的"环北部湾地区边境旅游研究系列"通过对环北部湾经济区区域旅游合作的可行性分析，提出了完善环北部湾经济圈区域旅游交通建设、建立区域旅游合作机制、整合旅游资源以及旅游企业集团化等策略；古小松（2007）认为旅游业最有条件成为泛北部湾区域合作的先导产业，他进一步从北部湾区域经济发展的新格局以及带来的机遇和挑战入手，提出以东兴为突破口构建北部湾旅游合作新格局的战略构想；阳国亮等（2008）认为旅游合作是泛北部湾经济合作的先导领域和重要内容，其首要任务是优化泛北部湾旅游合作各方的空间结构，并从空间上区分了北部湾、环北部湾与泛北部湾三个旅游圈层，同时从合作的微观主体——旅游企业入手，分析了泛北部湾区域旅游企业发展之路。

总之，对北部湾区域旅游合作研究现状的总体评价是：北部湾经济区长期处于国家发展战略的边缘，北部湾区域旅游合作问题过去少有研究者关注并不奇怪。目前已有的研究成果主要出自本地学者，无论是质还是量都无法与对珠三角、长三角、环渤海等地区的研究相比，主要表现在对北部湾、环北部湾与泛北部湾旅游的功能定位及相互关系缺乏深入辨析；一些研究成果注意到了北部湾区域旅游发展的个别方面，但缺乏全局意识下的整体观照；相关的研究尚不够深入，既没有有效的理论支撑，也不能较好地应对实践中产生的具体问题。区域旅游合作对于北部湾区域旅游发展具有重要意义，国内区域旅游合作研究取得了相当大的进展，但区域旅游合作理论的共性与北部湾区域旅游发展的个性还没有实现结合，北部湾区域旅游合作的一般成长过程和扩张机制还缺乏相应的研究。多角度、多学科地对这一领域进行深入研究是学术界亟待进行的重要课题之一。

三　研究思路与方法

（一）基本思路

本书以边界效应等理论为研究视角切入北部湾区域旅游合作研究，所关注的核心问题是北部湾区域旅游合作的现实及未来发展出路，其基本研究思路略述如下：

1. 关注旅游发展的现实

在北部湾经济区国民经济发展总体思路中，旅游业属于先导产业、支柱产业和第三产业龙头，而旅游业的发展现状与这一要求还相去甚远，开发新思路、寻求新突破是旅游业实现跨越式发展的当务之急。近年来国内外的旅游业发展实践表明，大力开展区域旅游合作是推动区域旅游发展的重要切入点。北部湾区域旅游合作研究首先是现实发展的需要，本书以这一问题为中心论题，目的正在于针对北部湾区域旅游发展现实中涌现的种种问题展开研究，并试图提供有效的解决办法与出路。北部湾区域旅游合作是个性的，同时也是共性的，北部湾属于经济欠发达地区，老少边贫地区在我国还有相当广阔的分布，因而对北部湾问题的探讨也将不可避免地涉及区域旅游发展中某些具有一般意义的现象和问题，并尝试建立一种欠发达地区跨边界旅游合作的分析范式及发展模式。

2. 寻求前沿理论的支持

区域旅游合作研究不能离开区域特点，所谓研究从根本上说就是要充分发挥区域自身的优势，因此结合区域特点寻求相应的理论支持就显得十分必要。北部湾经济区有其独特的区域特征，从地理方面看，它既是我国东西部之间的枢纽，也是中国—东盟之间的桥梁；从文化方面看，这是一个多民族聚居区，有十多个民族共同生活在这一区域内，另外这一地区还与越南、老挝、泰国等国家山水毗连。换句话说，它一直处于一个边界的位置上，这里所说的边界包括地理边界、行政区边界与文化边界等，因而边界效应在区域旅游合作中是不可忽视的一个要素。边界对于区域旅游合作既可以产生正面作用，也可能产生负面作用，那么如何充分驾驭区域边界效应、促进旅游业快速发展呢？本书从边界效应出发，研究区域旅游合作的诸多限制性因素，目的正在于澄清区域旅游合作的边界，同时从边界的屏蔽、中介与集聚效应中寻求突破边界的可能性。

3. 相关结论的数学验证

旅游学研究已经越来越倾向于接受定量分析的方法，这与学科发展的内在需求密切相关，北部湾区域旅游合作研究也是如此，只有在新经济地理学、计量经济学及数理模型等理论指导下，才能对作用于本区域旅游合作的种种要素之间相辅相成的关系有一个精确的评估和描述。边界效应是否以及在何种程度上对区域旅游合作形成作用力，不能只停留在粗略的描述上。本书将通过建模分析广西所辖南、北、钦、防之间的旅游接待人数，广西与广东、广西与越南的入境旅游人数，来评估北部湾区域旅游合作的边界效应及时空演进规律；从而对北部湾区域旅游合作边界效应的定性研究进行进一步验证，以对北部湾区域旅游合作的未来发展做出预测。

4. 科学的建议与对策

如果说北部湾区域旅游发展的现实是本书研究的起点，那么为北部湾区域旅游发展中产生的问题提供有效的解决办法，并对可能出现的问题提前做出预警则是本书的目的与归宿。北部湾区域旅游合作的深化是一项系统工程，所有解决问题的正确方法无不寓于系统之内各要素的相互作用中，政府与市场、品牌与资源、机制与措施、区内与区外，它们在北部湾区域旅游的发展中共同发挥着不可替代的作用，同时又彼此相互作用，推动着整个系统的变化，而自身也在这一过程中发生着变化。认知各要素的主体作用，并对其内在机理进行条分缕析是必要的，为它们在系统之内找到一个确定位置同样是本书的一项重要工作，而这些也正是科学的建议与对策的前提。

（二）研究方法

在研究方法上本书将综合运用新经济地理学、计量经济学、旅游学、管理学与系统科学等学科的理论、思维方法与手段来实施论文的研究，强调理论研究与实证研究方法的相互结合；采用广泛的资料分析与实地调研相结合的方法手段；针对论文研究的实际需要，在部分研究内容中适当采用定量研究方法，并将定性分析与定量研究相结合。但是需要指出的是北部湾区域旅游合作研究涉及诸多学科和相关领域，因此在相关理论的综合把握上肯定会存在一定难度，因而需要参考多学科知识，进行专门的提炼总结；所构建的边界效应的模型、实现途径与合作模式可能与实际应用操作存在一定差距，必须进一步结合实际情况进行深化和可操作化。另外相关研究资料收集上也存在一定的困难，特别是境外相关地区的资料数据，需要通过实地调研并及时跟踪进行专门收集。

四　本书结构与创新目标

（一）结构框架

全文包括七个部分，即导论、正文（包含五章）和结论。

导论。提出并探讨北部湾区域旅游合作发展战略问题，归纳与此相关的研究进展，并制订具体的研究思路与方法。

第一章阐明区域旅游合作及边界效应理论。区域旅游合作目前在国内外均受到普遍重视，但是许多具体实践表明合作的可能性并不是无限的，在实际运作中需要客观面对合作边界的存在。本章拟从边界的本质出发探讨合作的边界与边界区域的形成；分析边界效应的屏蔽效应、中介效应、集聚效应，阐述边界区域旅游合作的过程实际上就是边界效应转化对区域合作空间结构的影响过程。

第二章剖析北部湾区域旅游合作问题的产生。北部湾区域旅游合作面临不同规模与类型的边界，本章将梳理北部湾地区的历史与现实、区域旅游合作的进展及限制其深入发展的诸多因素，分析不同范围、多种层次的行政区边界、制度边界、市场边界与文化边界在区域旅游合作中形成的屏蔽效应。

第三章探讨北部湾区域旅游合作的转化与突破。中介效应导致边界障碍消减,北部湾的开放开发上升为国家战略使本区域从边缘地区成为国内东西部开发的纽带及中国—东盟合作的前沿。集聚效应促进边界区域扩张,北部湾的区位优势将凸显:集合各种旅游要素,如交通格局变化引起的空间结构变化、产业延伸带来市场的扩张、向海洋进军带来产品复合型发展。而京族文化旅游开发的具体案例足以说明多重边界尤其是文化边界障碍对于旅游开发的迟滞作用,同时也向人们展示了在制度创新中突破边界障碍、谋求跨界合作创新的可能性。

第四章对北部湾区域旅游合作的边界效应进行定量评测。依据 Barro 回归方程与邹检验(Chow Test)方法构建边界效应定量分析模型,通过对广西与越南的旅游接待人数,广西与广东、海南的入境旅游人数的具体分析,评价北部湾区域旅游合作边界效应的时空演进。对上述北部湾区域旅游合作边界效应的定性研究进行验证,并对北部湾区域旅游合作的未来发展做出预测。

第五章提出北部湾区域旅游合作的对策与建议。研究北部湾区域旅游合作的边界效应主要是为了应对现实发展问题,本书认为北部湾区域旅游合作的跨越式发展应发挥政府引导、市场主体、全民参与的作用,共建机制以保证旅游合作有效实施;以品牌战略来整合旅游资源;共同开拓区内外两大旅游市场;构筑旅游通道以实现旅游线路对接;以政策为突破口,推动中国—东盟自由贸易区建设进程。

结语。主要进行本书研究的学术总结,并指出本书的遗留问题与研究进一步深化的方向。

(二)主要创新

本书关注北部湾区域旅游合作的现实发展,运用边界效应理论分析区域旅游合作有限性的原因,尝试性地提出边界效应具有屏蔽、中介与集聚三种功能;通过对边界效应的计量经济学测定,论证边界效应与北部湾区域旅游合作的关系;从现实问题出发,最终归结于建立一种欠发达地区跨边界旅游合作的分析范式及发展模式。在此研究基础之上，本书认为：

第一，区域旅游合作并不具有无限的可能，突破边界实现有效的旅游合作，必须以充分认知各种限制性因素为基础。

第二，边界具有屏蔽、中介与集聚三种效应。不同规模与类型的边界对旅游要素的跨界流动形成屏蔽，但是在一定条件下边界可以转化为跨界交流的中介。

第三，边界的集聚功能有助于增强边界的吸引力，提升跨界旅游目的地的竞争力，形成北部湾区域旅游发展新的增长点。

第四，北部湾区域旅游合作的深化需把握四"动"：和谐共鸣，多级推动；整合资源，龙头带动；创新发展，企业主动；依托城市，产业融动。

第一章

区域旅游合作及其边界效应

第一节　边界典范形态举隅

旅游业发展从景点竞争、城市竞争、线路竞争走向区域竞争是一个不争的事实，跨界区域的竞争乃是旅游研究目前所特别关注的热点问题之一。广西北部湾经济区属于经济后发地区，即以旅游业的发展而论，当北部湾区域旅游合作还在谋划、摸索时，国内外其他许多地区已经进入旅游一体化的具体实施阶段，并取得了极大进展。区域旅游合作开展较为成功的范例，国外方面一般认为欧盟合作成效最为突出，国内方面如珠三角、长三角亦是跨越不同社会制度、不同行政区边界的成功个案。欧盟、珠三角与长三角各有其政治、经济、文化的地域特殊性，但是它们在旅游一体化道路上能够取得长足进展也有一些共性，即它们都较好地解决了区域旅游合作所必须面对的边界问题。基于借鉴成功经验的初衷，以下将从不同角度分别对它们进行评述。

一　欧盟的跨国边界

（一）欧洲一体化的副产品

欧盟旅游合作的突出特色是跨越国家边界。欧洲土地面积约 1000 万平方公里，却分布着 45 个国家和地区，遍布欧洲大地的国家边界把完整的大陆划分成了一个个零散的小块，每一区域内部均有其民族与国家独立性，欧盟区域旅游合作面临的首要问题就是如何消除众多的国家边界所形成的障碍。有研究者将欧盟旅游一体化进程划分为四个主要的阶段："冷落"（欧盟成立之初到 20 世纪 80 年代中期）、规范（20 世纪 80 年代中期到 80 年代末）、发展（20 世纪 90 年代）、深化（21 世纪以来），① 试图以此来说明其一体化的曲折进程。不过，如果从区域旅游突破边界走向合作这一角度来看，欧盟旅游业一体化的进程也可以粗略地划分为两个阶段。第一阶段：作为欧洲一体化的副产品，这一时期旅游一体化尽管并未成为共同关注的问题，但是与旅游交流相关的许多边界问题却在欧盟的建立与发展中得以解决；第二阶段：引起欧盟各成员国的普遍关注，一系列推动和促进旅游一体化发展的政策、协议陆续制定，区域旅游合作获得了独立发展的形态。

欧盟旅游一体化是伴随着欧洲一体化进程逐步发展起来的，这在第一阶段表现最为明显。这一时期旅游业虽然并不为人们看重，但是欧洲一体化的进步却带动解决了区域旅游合作所面临的重要问题。目前欧洲一体化已经取得了巨大的进步，欧盟的成员国已增至 27 个，它是"当今世界一体化程度最高、规模最大的区域经济贸易集团"②。但是我们必须看到欧盟并非所有欧洲人的欧盟，它只是部分欧洲人的欧盟，即便在可预见的将来欧盟成员国增至 30 个，也仍然有十多个国家和地区处于欧盟之外。广泛存在于社会、经济与文化领域之内的边界问题在欧盟发展壮大的过程中并非不突出，而是以一定方式得到了妥善解决。欧盟成立的过程就是一个不断克服边界障碍的过程，欧盟成立过程中所发生的一系列重大事件可参见表 1—1。

表格中详细地罗列了欧洲一体化进程中的重大事件，也许我们可以说它是欧洲一体化进程的记录，但是必须指出的是，它仅仅是对这一进程某个侧面的记录，而不是关于这一进程的完整记录。至少从欧洲一体化突破重重国界的障碍建立欧洲联盟这一角度来看，它就是不完整的，而它有意无意忽略掉的那一部分却正好反映了边界问题的存在及其不可回避性。

① 冯学钢：《欧盟一体化及其对中国"长三角"地区旅游业联动发展的启示》，《世界经济研究》2004 年第 4 期。

② 中国商务部欧洲司中国驻欧盟使团经商参处：《欧盟商务政策指南》，清华大学出版社 2006 年版，序一。

表 1—1

欧洲一体化进程大事一览

发展阶段	取得成果	成员国变化情况
初创时期 （1951—1965）	1951 年 4 月《关于建立欧洲煤钢共同体的条约》（简称《巴黎条约》）	法国、联邦德国、意大利、比利时、荷兰、卢森堡（1951.4.18）
	1952 年 7 月欧洲煤钢共同体（ECSC）成立	
	1957 年 3 月《建立欧洲经济共同体条约》和《建立欧洲原子能共同体条约》（两者简称"罗马条约"）	
	1958 年 1 月欧洲经济共同体（EEC）和欧洲原子能共同体（EAEC）成立	
欧共体时期 （1965—1992）	1965 年 4 月 6 国签订《布鲁塞尔条约》（决定合并 3 个共同体，统称欧洲共同体）	新增成员：英国、爱尔兰、丹麦（1973.1.1），希腊（1981.1.1），葡萄牙、西班牙（1986.1.1）
	1967 年 7 月欧洲共同体（EC）成立（它是由 3 个共同体合并而成，标志着欧洲联合运动进入实质阶段）	
	1986 年 2 月《单一欧洲文件》签署（欧共体迈向联盟阶段的第一步）	
	1990 年 7 月经济与货币共同体（EMU）成立	
	1992 年 2 月《欧洲联盟条约》（简称《马约》）（欧洲一体化进程由共同体阶段进入联盟阶段）	
欧盟时期 （1993—2002）	1993 年 11 月欧盟（EU）正式成立	新增成员：奥地利、芬兰、瑞典（1995.1.1）
	1997 年 11 月《阿姆斯特丹条约》（对《马约》进行了修改）	
	2001 年 3 月《尼斯条约》（欧盟东扩取得实质进展）	
	2001 年 11 月《莱肯宣言》	
	2002 年 1 月欧元正式流通（1999 年欧元诞生）	
欧盟制宪时期 （2003 以后）	2003 年 6 月《欧盟宪法条约草案》提交讨论	新增成员：塞浦路斯、爱沙尼亚、匈牙利、拉脱维亚、立陶宛、马耳他、波兰、斯洛伐克、捷克、斯洛文尼亚（2004.5.1），保加利亚、罗马尼亚（2007.1.1）
	2004 年 10 月欧盟各成员国首脑正式签署《欧盟宪法条约》	
	2005 年 1 月欧洲议会批准了《欧盟宪法条约》	
	2005 年 2—7 月已有西班牙、斯洛文尼亚、立陶宛、匈牙利、意大利、希腊、奥地利、斯洛伐克、德国、拉脱维亚、卢森堡 11 个欧盟成员国通过议会表决或全民公决批准了《欧盟宪法条约》	

资料来源：张海冰：《欧洲一体化制度研究》，上海社会科学出版社 2005 年版，据该书第 63、64 页表格综合而成，内容有增删。

18

（二）欧盟旅游合作的进程

边界的存在决定了欧盟一体化的发展进程必然是曲折的，而边界的存在又由欧盟本身的性质所决定。欧盟一方面具有某些超越国家组织的功能，比如部分让渡国家主权的超国家经营，特别是实行单一的货币和取消内部边境检查；但另一方面，从根本上来说，欧盟目前还是一个由多个民族国家所组成的联合体，一旦涉及利益攸关的重要问题还是要由各成员国根据自己的切身利益做出决定。建立欧洲大家庭的呼吁，最早出现在1946年9月19日英国首相温斯顿·丘吉尔所发表的苏黎世演讲中，他首次提出战后重建的问题应该通过一个欧洲的联盟来解决，但是经过了长达5年的酝酿，迟至1951年4月《巴黎条约》才最终签订。对于吸纳英国加入欧盟的态度各成员国最初并不一致，1963年1月14日，法国总统戴高乐将军在记者招待会上宣布，法国将否决英国加入欧洲经济共同体；迄今为止，挪威还不是欧盟成员国，1973年1月及1995年1月，挪威曾两次由全民公决反对加入欧盟；2005年5月，法国全民公决否决了欧盟宪法条约，使该条约在成员国批准的进程中受到了重大挫折。所有这些无不表明各成员国围绕国家利益产生的冲突与妥协，而克服边界的阻碍在某种意义上也就成了各成员国围绕国家利益协商并达成共识的妥协的艺术。

（三）制度导向的一体化

目前学界普遍倾向于认为欧盟的一体化是制度导向的一体化，正如表1—1所反映出来的，政府间通过制定法律文件或签署契约对所有的成员形成约束力，从而推进一体化向前发展。制度导向的原动力有推动经济发展的需要，也有明确的政治需求，正如《关于建立欧洲煤钢共同体的条约》的正文序言所说："决心以融合各国根本利益来代替彼此间的世代斗争；决心通过建立经济共同体来结束因互相流血惨杀而造成人民长期对立的局面，并在人民中建立起一个更广泛更牢固的共同体基础；决心为建成一个同舟共济、休戚与共的制度而奠定基础。"[①]在此基

---

① 欧共体官方出版局：《欧共体基础法》，苏明忠译，国际文化出版公司1992年版，第5页。

础上，欧盟形成了一套包括基本法与派生法的法律体系，创造了一种包括立法机构（理事会、欧洲议会）、司法机构（欧洲法院）和行政机构（欧洲委员会）的新颖独特的组织体制，来保证一体化的正常运行。

　　获得独立的发展形态之后，欧盟旅游一体化就迅速步入了发展的快车道。1984 年欧洲法院裁定欧盟居民出国旅游属于服务接受者，随之旅游业的服务业性质得以确认。1987 年，《单一欧洲文件》正式生效，其建立欧洲统一大市场的目标，为欧盟旅游一体化扫清了政府与市场两方面的障碍。1986 年欧洲旅游咨询委员会成立，旅游业从此拥有了"超国界"的统一协调机构，为各国在旅游业领域的信息交流、咨询与合作提供了一个便利的交流平台。进入 20 世纪 90 年代，1990 年的"欧洲旅游年"提出了"使欧洲人相互更紧密"的行动口号，随后第一个"欧洲区域旅游行动计划"诞生（1991 年）。1995 年 3 月，《申根协定》生效。协议规定取消人员边界检查，欧盟内部的所有合法公民可以在任何一个成员国迁徙、居住或就业。这一法律文件的生效，极大地促进了欧洲国家间旅游者的往来便利，国际游客只要取得《申根协定》任何一个成员国的入境签证，就可以在其他成员国开展旅游互动。2000 年以来，欧盟旅游业跨入了以"注重特色与质量"为重点的新发展阶段，进一步将特色、质量和区域内部平衡发展作为欧盟旅游业的更高目标。

　　欧盟区域旅游合作虽然拥有了一定独立发展的空间，但它终究是存在于欧盟的体制之下，享受了很多欧洲一体化带来的成果，欧盟的机构行动能力为区域旅游合作提供着不间断的动力支持。隶属于欧盟委员会指导的有关旅游的机构中，常设性机构如欧盟旅游咨询委员会、欧盟旅游产业研究中心，专项技术和行业小组如旅游可持续发展小组（TSG）。在欧盟的行政管理序列中，旅游由企业总署旅游处负责，欧盟旅游咨询委员会主要负责旅游一体化事务，直接为协调区域内国家之间的旅游合作提供服务，指导成员国在旅游领域实现信息交流、旅游合作和相关咨询。诸如此类的运作机制、专项举措使欧盟区域旅游合作有效地突破了各成员国之间固有的社会、经济与文化边界的束缚。

（一）社会制度边界障碍

珠三角有大小之分。1994 年 10 月广东省酝酿提出了建设珠江三角洲经济区的动议，自此珠三角概念开始引起媒体与学术界的关注。小珠三角由珠江沿岸的广州、深圳、佛山、珠海等 9 座城市组成，大珠江三角洲则由小珠三角拓展至香港和澳门特别行政区，本书所说的珠三角是指大珠三角。从广东省建设珠江三角洲的动议到大珠三角的概念为学界认同经历了一个概念外延的变迁过程，从最初的广东珠江沿岸 7 座城市到 9 座城市，再到粤港澳作为区域整体被纳入考虑，珠三角包含的范围逐步扩大，大珠三角跨越了两种社会制度，包含三个省级以上行政单位。

有研究者把这一经济区域的基本特点归纳为"一国、二制、三地（粤港澳）、四种文化（岭南文化、西方文化、都市文化、历史文化）交融、五大都市（香港、澳门、广州、深圳、珠海）荟萃"①。这一描述比较准确地概括了珠三角区域旅游合作中需要直面的种种边界障碍，这些边界障碍体现在政治、经济与文化等诸多方面。珠三角区域旅游合作的特殊性在于它跨越了两种不同的社会制度。在政治层面上，香港与澳门均属中华人民共和国的特别行政区，按照"一国两制"的构想，中国对港澳地区行使主权后，仍保持港澳原有的资本主义制度和生活方式 50 年不变。香港和澳门虽然同属于中国，但是在社会根本制度上却与广东存在着本质上的分野，社会制度不同导致政治体制与经济体制均存在明显差异，对港澳地区与广东的有效对接具有重要影响，珠三角区域旅游合作的边界障碍主要即由此产生。从关境的角度来看，香港和澳门都是中国的单独关税区，实行的是与内地不同的经济体制，港澳与内地虽然同属一个国家，但双方的贸易往来却是在世界贸易组织协议下进行的，世界贸易组织规则要求自由贸易协议的参加方在"一定时间内""取消

---

① 刘书安等：《大珠三角区域旅游合作的演化探讨》，《桂林旅游高等专科学校学报》2008 年第 2 期。

关税和其他限制性措施"，但是这个时间并没有确定，也许还要经过很长时间才会有结果。因此，内地与港澳之间难免会存在一些贸易、投资障碍。① 从文化的交往看，港澳地区与广东不仅地域相连，文化也同出一源，由于英国和葡萄牙的长期占据，港澳地区的文化具有一定的殖民主义色彩，目前虽然已回归祖国怀抱，但在文化特色上仍具有较浓厚的英国与葡萄牙文化色彩；又由于在英国和葡萄牙占据期间，并没有严格禁止中国传统文化，因而港澳地区在文化上更多地表现着中西合璧式的二元或多元特征。从根本上看，港澳地区与广东文化并无本质区别，一些具体文化细节上的差异并不对文化交流构成严重障碍，所以粤港澳文化边界表现并不鲜明。

除了不同社会制度所衍生的种种边界障碍之外，小珠三角地区各城市之间也存在着常见的边界问题，地方政府各自为政，各城市饱受无序开发甚至恶性竞争所带来的困扰。如各城市的区域定位不明确，造成同一规模等级的城市之间竞争多于合作；各城市在缺乏统筹的情况下，盲目上马区域性的基础设施与公共服务设施，造成项目区域布局的不合理以及投资的浪费；一些城市为了自己的局部利益，拒绝布置区域性基础设施或者不愿与相邻城市的基础设施对接；等等。

（二）珠三角旅游合作进程

自 20 世纪 80 年代以来，珠三角区域旅游合作范围不断扩大，合作内容不断深化，如今珠三角已经成为最具活力的国际化旅游区，其区域旅游合作实践也作为成功范例屡屡被人提及。珠三角区域旅游合作大致经历了理念趋同、机制构建、制度变迁与模式转轨四个发展阶段，② 具体内容如表 1—2 所示。

1. 理念趋同阶段

1983 年、1984 年，广东省分别启动了"香港游"、"澳门游"，其主要运作方式为探亲游，尽管受到配额限制，但是粤港澳区域旅游合作却从此拉开了序幕。1984 年，澳门旅游司司长提出了澳门旅游业应以广东

---

① 陈广汉：《港澳珠三角区域经济整合与制度创新》，社会科学文献出版社 2008 年版，第 102 页。

② 董观志：《粤港澳大旅游区发展模式创新研究》，《旅游学刊》2004 年第 4 期。

为后盾的观点。1987 年，澳门社会科学学会理事会副会长撰写了《澳门旅游与澳穗港旅游大三角》一文，进一步探讨区域旅游合作问题。1987年 5 月，广东省旅游局正式把建立"粤港澳大三角旅游区"作为广东旅游发展的战略重点。1988 年 7 月，粤港澳三地专家、学者、旅游界代表在中山市召开了"粤港澳大三角旅游战略研讨会"，以此为标志，"粤港澳大三角旅游区"战略成为粤港澳三地旅游合作与发展的共同理念。三地社会制度不同，经济体制、文化内涵、生活方式也存在着较大的差异，但是突破诸种边界障碍、共建区域旅游合作机制却从此成为人们的共识。

表 1—2　　　　　　　珠三角区域旅游合作进程一览

发展阶段	1980—1988	1989—1996	1997—2000	2001 以后
制度背景	社会主义/资本主义		"一国两制"、WTO、CEPA	
基本特征	理念趋同	机制构建	制度变迁	模式转轨
参与主体	民间分散性	政府紧密性	多元化整体性	
创新模式	"前店后厂"模式	分散探索模式	自由贸易区模式	区域一体化模式
标志事件	粤港澳大三角旅游区（1987）	珠三角旅游推广机构（1993）	珠三角旅游形象宣传网站（2000）	CEPA 协议正式启动（2004）

2. 机制构建阶段

1989 年 12 月，粤港澳大三角旅游界联席会议讨论了联合推销和成立粤港澳大三角旅游协调机构等问题。从 1990 年开始，每年举行一次大规模的联谊会，商讨旅游合作与发展问题。1993 年香港旅游协会、澳门旅游司和广东省旅游局在香港联合成立了"珠江三角洲旅游推广机构"，粤港澳旅游合作进入实质性的机制构建阶段。1995 年，国务院对到香港、澳门的外国游客实施"72 小时"便利签证，香港—深圳、珠海—澳门因此成为短程旅游产品热线。1996 年粤港澳旅游界在国际市场上共同推广"粤港澳大三角旅游区"，访港外国游客中有 30% 深入广东旅游，广东也因此成为香港最大的旅游客源市场。"珠江三角洲旅游推广机构"的成立从机制构建层面对区域旅游合作所面临的边界障碍发起了冲击。

3. 制度变迁阶段

1997年、1999年港澳主权相继回归,此后旅游限额逐步放松,便利签证则由深圳扩大到珠三角地区。2000年国务院批准对外国人通过香港组团进入深圳旅游扩大到"144小时便利签证",2000年香港旅游协会、澳门特别行政区旅游局、广东省旅游局共同合作开发了全球首个介绍大珠江三角洲旅游资源的网站(www.pearriverdelta.org),合力搭建"活力广东"旅游信息平台,到2007年3月,"活力广东动力100"战略协议已正式签署。"一国两制"从理论构想与具体实践两个方面解决了广东省与香港和澳门所推行的不同社会制度之间的障碍问题,从政权层面确立了社会主义与资本主义两种对立的社会制度的和平共处、相互沟通。而三地共同开发的珠三角旅游资源宣传网站的开通则标志着区域旅游合作中的边界障碍在制度层面的解决。

4. 模式转轨阶段

2001年11月11日,中国正式加入世界贸易组织(WTO),香港、澳门作为世贸中的非主权关税区,WTO的框架为"一国两制"的粤港澳经济合作提供了一个"体制相近,规则统一"的制度性基础。2002年,国务院对港澳旅游的配额限制彻底取消。2003年1月27日,深圳皇岗口岸实行24小时通关,它是深港合作走向深入的历史性转折点。2003年CEPA签署,中央批准个人港澳游政策在珠三角部分城市试行并扩展,"粤港澳联席会议制"从"署长制"升级为"行政长官制",并确立旅游合作是区域经济合作中的重点,区域合作组织的职能作用开始充分发挥。这一年,"大珠三角"这一概念正式出炉,在CEPA的合作框架下,港澳与"广深珠"联合,形成"一江珠水,三颗明珠"的国际旅游品牌形象,同时也构建了大珠三角区域旅游合作的基础格局。自2003年以来,粤港澳联合推广机构相继到澳洲、日本、德国和中国香港等国家和地区举行国际旅游展销会,推广"一江珠水,三颗明珠"的品牌形象。

2004年1月1日,CEPA协议正式启动,香港和澳门分别与内地建立了"更紧密经贸关系",内地居民个人赴港澳旅游的实施,提升了粤港澳大旅游区的影响力，也开拓了粤港澳旅游产业双向互动的运作空间。2006 年 6 月，《内地与香港关于建立更紧密经贸关系的安排·补充协议三》提出"允许在广东省的香港独资或合资旅行社，申请试点经营广东省居民（具有广东省正式户籍的居民）前往香港、澳门的团队旅游业务；粤港澳三地旅游主管部门建立专责小组，在质量监督、投诉处理、游客出入境安排展开合作"。2006 年，在广东国际旅游文化节暨泛珠三角旅游推介大会上，粤港澳三地联手打造"一国两制三地游"，吸引了国外 17 个友好省州、四大洲旅游企业和部门参加，广东旅游吸引外资 16.25 亿美元。

综上所述，珠三角区域旅游合作存在政治、经济与文化等许多方面的边界障碍，即便问题从整体上得到解决，也难以避免一些经贸摩擦的出现，WTO 框架为解决区域旅游合作中可能出现的经贸摩擦做出了制度方面的规定，而 CEPA 及其附件的签署则从操作层面为粤港澳区域旅游合作制订了具体的实施准则。①

三　长三角的跨行政区边界

（一）行政区边界的制约性

长江三角洲北起新通扬运河，南达杭州湾，西抵宁镇丘陵，面积约 5 万平方公里，受自然地理学意义上的"长三角"的影响，"长江三角洲旅游城市合作组织"最初是指坐落于长三角地区的 15 座城市。2003 年，安徽的黄山作为"15＋1"中的"1"加入该组织，2004—2005 年又有 8 座城市（上饶、池州、金华、景德镇及宣城、滁州、泰州、台州）加入这一组织，从而扩展到 24 座城市。2007 年，长三角地区旅游高层联席会议在上海召开，会议审议并通过了《关于全面推进长三角地区旅游合作的若干意见》。长三角区域旅游合作的范围从此扩大到江、浙、沪两省一市，并辐射安徽、江西等省。长三角同样经历了不断扩容、突破边界的过程，但是与欧盟、珠三角地区不同，长三角区域旅游

---

① 戴斌：《在更加开放的制度安排中促进区域旅游合作——解读 CEPA〈补充协议四〉》，2007 年 7 月 2 日《中国旅游报》第 2 版。

合作所面临的首要问题是跨越不同行政区边界。

探讨行政区边界必须面对行政区经济的制约性。有研究者指出："我国是长期实行计划经济体制的国家，社会经济活动渗透着强烈的地方政府行为，具有强烈的地方利益倾向；受行政区划的刚性约束，生产要素跨区域（行政区域）流动常常受到人为的限制与阻隔。在这种情况下，行政区经济的直接后果就是各地为本地利益，不惜掠夺资源、争夺资金和项目、争夺市场，各自为政，互筑壁垒，人为分割市场。"①长三角区域旅游合作涉及我国长江下游多个省市，在省级行政区划的刚性约束下，在行政区经济和部门条块分割的限制中，区域内诸如引进投资、资源分配、项目建设、市场拓展等方面均面临着不同行政区间的激烈竞争，其结果必然是从资源占有、项目建设到客源市场开发的相互设限、全面争夺。

在行政区经济的主导下，各行政区把自我的利益放在首位，因而当整个区域与地方利益发生冲突时，地方保护主义情绪的产生是不可避免的。地方政府往往倾向于选择对当地最有利的解决办法，政府对于当地企业为保护本地行业所采取的某些不正当手段，一般会采取纵容的态度，有时地方政府甚至直接参与到这一恶性竞争中来。地方保护主义导致区域旅游合作中竞争大于合作，其直接后果是某些本来可以共享的旅游资源被控制与独占、旅游共同大市场被人为割裂。区域旅游合作要求旅游业从"行、游、住、吃、购、玩"等方面进行全方位的合作，因其政出多家而对地方政府及旅游主管部门提出的挑战也是全方位的，它要求地方政府及旅游主管部门必须具备一定的全局意识与战略眼光，但是在发展旅游经济的实际运行中，整个区域完全达成一致并不容易。各地政府及旅游主管部门推动发展旅游经济以保护本地利益为出发点，甚至为了本地既得利益而明争暗斗，无疑增加了各行政区之间区域旅游合作的难度，使区域旅游业发展徒增了许多行政障碍。

（二）长三角旅游合作进程

长三角区域旅游合作经历了构建区域经济合作平台、政府主管部门

---

① 陈爱宣：《长三角区域旅游合作的障碍与对策》，《经济纵横》2007年第5期。

寻求主动合作、创建无障碍旅游区三个阶段，[①] 通过一系列具体措施逐步打破行政区经济制约及地方保护主义的局限，在突破行政区边界障碍方面取得了比较明显的成绩。

1. 构建区域经济合作平台

1982 年，国务院在过去华东区的基本架构上组建成立了"上海经济区"；1992 年，江浙沪借"江南六镇"申报世界文化遗产所产生的轰动效应，适时推出了"江浙沪游"的旅游合作概念，这是长三角地区政府职能部门较早进行的区域旅游一体化尝试。1997 年，第一次基于上海经济区的平台提出了"长三角经济圈"的概念，并成立了"长江三角洲城市经济协调会"，长三角区域旅游合作由此开始了其历史进程。

2. 政府主管部门寻求主动合作

2000 年 11 月，杭州市旅游局组织召开了江浙沪相关旅游部门参加的区域旅游合作研讨会，旨在寻求旅游合作的有效运行方式。2001 年 5 月，"长江三角洲 15 城市旅游经济合作会议"在绍兴召开。2002 年 4—5 月，江浙沪三地首次联合集中整治旅游市场（代号"曙光行动"），制订并实施《三地整顿规范旅游市场秩序区域联动实施计划》。2003 年 2 月，江浙沪三地继续举办"苏浙沪旅游年"活动，并拟定以大型旅游节庆活动为载体，共同宣传，联合促销。这一时期政府主管部门表达了加强区域旅游合作、突破行政经济制约的强烈意向，在对共同旅游市场的打造中，政府主管部门成为打破行政区边界的主角，长三角区域旅游合作进入实质性发展阶段。2003 年 7 月，杭州市人民政府、国家旅游局政策法规司、国家发改委国土开发与地区经济研究所共同主办，上海、浙江、江苏旅游局（委）支持，杭州市旅游委员会承办的"长江三角洲旅游城市 15 + 1 高峰论坛"在杭州举行，并签署了《长江三角洲旅游城市合作（杭州）宣言》。是年 10 月起，上海、无锡两地公交公司在全国率先推出"一卡两地刷"，紧接着，沪杭公交"一卡通"也随之实施。《杭州宣言》以制度化的形式确立了"年度论坛式"的会商机制，为长

① 何小东：《中国区域旅游合作研究——以中部地区为例》，博士学位论文，华东师范大学，2008 年，第 83—84 页。

三角区域旅游合作突破行政区边界提供了制度保障，是区域旅游合作机制的重要创新。

3. 创建无障碍旅游区

"杭州宣言"首次提出建立中国第一个"无障碍旅游区"的战略行动计划。2004 年 10 月，长三角旅游城市第二次高峰论坛在安徽省黄山市举办，论坛通过了《黄山共识》。11 月，第二届长三角旅游集散中心（企业）合作会议在杭州召开，会议正式启动旅游客运网络，要求各地旅游企业"资源共享、统一采购、联网售票"；并出台了《长三角旅游景点道路交通指引标志设置细则》，计划用 3 年左右的时间，实现区域内主要旅游景点道路交通指引标志的一体化。长三角旅游区新吸收了江西省上饶市、江西省景德镇市、安徽省池州市、浙江省金华市 4 个城市，长三角旅游城市扩充到 20 个，区域旅游合作范围辐射到了安徽和江西两省。2005 年 9 月，长三角旅游城市在无锡举办了第三次高峰论坛，进一步推进"无障碍旅游区"行动、打造"中国长三角区域旅游"品牌，倡议建设"旅游强市"和"旅游强区"。无锡论坛进一步拓展了长三角无障碍旅游区的范围，参与无障碍旅游区行动的旅游城市达到 24 个。2006 年，长三角旅游城市高峰论坛在浙江省金华市举办，论坛通过了《长三角旅游城市"十一五"合作与发展（金华）纲要》，将合作目标锁定为打造"长三角国际旅游圈"。至此，长三角旅游城市联盟扩大到 25 个城市。2007 年 5 月，长三角地区旅游高层联席会议在上海召开，会上审议并通过了《关于全面推进长三角地区旅游合作的若干意见》。自此，长三角区域旅游合作范围已经扩大到沪、浙、江两省一市，辐射影响安徽、江西两省，区域旅游一体化进入一个全新的局面。同年 9 月，长三角旅游城市的代表再度云集江苏南京，召开了第四次长三角旅游城市高峰论坛，会议发表了《南京宣言》，就推进无障碍旅游区展开了进一步的研讨。2008 年 8 月，国务院审议并通过了《进一步推进长江三角洲地区改革开放和经济社会发展的指导意见》，地域面积覆盖两省一市的"长三角一体化"被正式提升至国家战略层面，无障碍旅游区的建设将因此得到国家发展战略的支持。

无障碍旅游区的建设是对于行政区边界的全面突破，是在正视我国现行行政区划的基础上向行政区经济发出的全面挑战，它对区域旅游一体化提出了全方位的要求，包括"交通一体化"、"产业一体化"、"市场一体化"、"信息一体化"、"制度一体化"、"环境一体化"等诸多方面。从更深刻的意义上说，长三角区域旅游合作要想走得更远，就必须解决区域旅游的合作平台和运作机制问题，正如"金华纲要"所指出的，只有有效地建立旅游城市合作组织的工作平台和工作机制，建立产品开发、宣传促销、信息发布、环境营造等方面的联动机制，才能打破区域旅游合作被动、迟缓与观望的局面，才能真正消除行政区边界为区域旅游合作带来的障碍。

第二节　区域旅游合作的边界

区域旅游合作是近几年来我国旅游业发展的一个热点话题，但是目前旅游学界对于诸如合作主体、空间范畴和运作机制等很多基本问题都还没有达成共识，对于这一新生事物的认知分歧在一定程度上妨碍了从理论层面为旅游业的发展寻求支持。正如欧盟、珠三角与长三角无不在克服重重边界障碍的过程中实现了区域旅游合作的进步，边界现象的存在是无法回避的客观事实，是深化区域旅游合作必须面对的一个议题。从某种意义上说，区域旅游合作的本质就是跨越形形色色的边界，通过区域之内各种旅游要素资源的有机整合，改善长期以来旅游业发展中对于资源、资金、管理、市场的分割状况，通过统一规划、规模发展创造更大的经济效益。鉴于边界在区域旅游合作研究中的重要意义，在北部湾区域旅游合作研究中引入边界视角，对边界概念、边界的层级、类型及特性予以认真梳理是必要的。

一　边界与边界区域

（一）何谓边界

人们对"边界"一词并不陌生，它既是生活中一种寻常可见的现象，同时又是一个重要的学术范畴；它自由地出入于自然与人文两大领域，涉及众多学科，内涵十分丰富。区域经济学关注"边界"问题，对于区域经济合作而言，科学划定区域经济合作的边界，有助于明确界定区域合作的地域范围，从而有效地整合区域内的各种发展资源；反之，则不利于认知区域内的各种发展资源，并妨碍有针对性地制订区域经济发展规划。关于区域经济学视阈中的边界，李铁立认为："从普通的意义上讲，它是指事物间本质或现象发生变化的标志线或带。"政治边界对于区域边界的形成往往产生重要影响，因而会受到特别的关注。按照区域行政、政治实体的级别或层次，区域边界自上而下区分为：国家边界、省际边界、地方边界。通常情况下区域边界的级别或层次越高，它的政治、经济职能也就越强；反之亦然。[1]边界对区域经济活动可以发生如关税和非关税贸易壁垒的显性干预，也可以对诸如经济交流活动的心理和行为造成影响，而后者主要与边界的经济、社会、文化、心理等属性有关，且这种影响可能持续时间更长、更隐蔽。

作为一项特殊的经济活动，区域旅游合作需要面对合作边界的问题，而随着合作的不断深化这一问题的重要性已经越来越突出。Matznetter（1979）特别重视旅游与边界的关联，尽管他没有对边界予以明确定义，但却对两者之间三种类型的空间关系进行了研究：①边界线离旅游区很远；②旅游区紧靠边界线的一侧；③几个旅游区跨越边界线或在边界线聚集。他指出，在第一种情形下，边界是一种屏障，或者单纯的中转界线，边界的影响力主要取决于它向外围的渗透程度。在第二种情形下，Matznetter认为除了旅游者会被吸引到旅游地一侧，也会有一些人被吸引到边界的非旅游目的地一侧，为当地提供迅速发展旅游业的机会。在第三种情形下，边界两侧可能会产生交流与合作，其自然与文化吸引物系统将作为一个整体来运作，或者正相反，边界完全成为两侧交流与合作的重大障碍（见图1—1）。[2]

对于相邻地区旅游要素转移来说，边界一方面是障碍，另一方面也是桥梁，只要条件适当这一转化并非不可想象，如果我们承认跨越边界

---

① 李铁立：《边界效应与跨边界次区域经济合作研究》，中国金融出版社2005年版，第18—20页。

② Dallen J. Timothy, *Tourism and Political Boundaries*, London：Routledge, 2001, p.10.

图1—1　旅游与边界的关系

注：引自 Dallen J. Timonthy. 2001, p. 11, 有修改。

属于区域旅游合作的题中应有之义，那么从边界的双重特性中就可以窥见区域旅游合作的有限性与有效性。

　　边界以明确的标志把不同层级的政治实体区分开来，进而对相邻两侧的经济、文化交流施以影响。大多数情况下边界的影响是负面的。在中国，"政府主导型"是旅游业发展的特色，因此造就了各地旅游业发展的辉煌和进步，但缺陷也是明显的：由各级政府主导的区域旅游发展规划大多以振兴地方旅游经济为目标，对地方利益最大化的追求和从区域合作中寻求获利机会的期待，是各级地方政府愿意主导并推动区域合作的内在动力，区域间的旅游经济互动与行政管理关系的交叉与重叠，其结果是整个区域旅游合作的无效率或低效率。如果区域旅游合作不充分考虑旅游资源基础、社会文化心理基础、旅游通达条件、经济社会发展水平与地缘因素等门槛限制，那么，尽管声势浩大，其预期效果或实质性进展也可想而知。一些具体实践表明，在边界广泛存在的情况下，区域旅游合作是有限的，并不具有无限的可能性。

　　但是，在适当条件下边界完全有可能对区域旅游合作施加正面的影响，这与边界的复杂特征有关。边界远离政治实体的权力中心，处于权力辐射相对薄弱的边缘地带，有时甚至不排除成为权力真空地带的可能。因其正处于从一个权力中心向另一个权力中心的过渡，这种情形也从另一种意义上造就了边界政治、经济与文化特色的丰富性。作为"相邻两个群落之间的交错区"[①]，边界区域内必然存在着较高程度的合作环境异质性，成为两个或多个行政区诸种旅游要素的交汇、碰撞与融合之地，不但能够担负沟通边界两侧的重任，而且有望成为区域旅游合作中更具号召力的地区。正是从这个意义上说，尽管经常受到边界障碍的种种限制，但如果能全面发掘边界的积极作用，区域旅游合作也完全可以有效地开展。欧盟、珠三角与长三角的旅游合作能够克服重重困难取得巨大进步就是这个道理。边界对区域旅游合作的影响与其开放程度有极大关系，开放的边界有利于边界两侧的社会经济交流，从而可以更好地发挥区际比较经济优势并产生规模经济效应，而完全封闭的边界只能使本区域的经济布局与发展处于不利的地理区位。但是开放型是理想状态，而封闭型则是经常情形，出于发展经济的需要边界会以适当的程度开放，出于巩固权力的需要边界则会趋于封闭，在开放与封闭的双向运动中，区域旅游合作所面对的边界会经常处于"半封闭"状态。

（二）边界区域

在大多数情况下，对区域旅游合作造成实际影响的并不只是单纯的边界线，而是边界区域。边界区域（borderlands）通常是指相邻地域间具有一定空间范围且直接受到边缘效应作用的过渡区，尤其是自然地理单元与行政地理单元的耦合地带。[②] 边界区域是以行政边界为起点向行政区内部横向延展一定宽度所构成的、沿边界纵向延伸的窄带型区域。区域的宽度与行政区的面积、级别、自然条件及与行政中心的传统社会经济联系等有关。[③] 边界区域处于两个或多个"核心地区"的"之间"、"交界"地带，依据核心地区的辐射强度，地理学和规划学对这一区域空间进行等级划分，并从中分解出中心和边缘。

旅游边界区域往往包含两个方面的特征：①边界线本身即是旅游吸

---

① 李丽光等：《景观边界影响域研究进展》，《应用生态》2006年第5期。

② 郭荣朝：《省际边缘区城镇化研究》，中国社会科学出版社2006年版，第30—33页。

③ 陈钊：《行政边界区域刍议》，《人文地理》1996年第4期。

引物；②旅游活动不仅仅集中在边界线，而且还向边界两侧的区域发展。边界是一种障碍，但是在一定条件下边界区域自然与人文景观也完全可能成为独特的旅游吸引物。利用边界的特殊条件发展旅游，使边界区域成为风格独特的旅游目的地，目前已经引起了旅游业界的注意。有些自然奇观位于边境地区，如界山、界河、界湖，等等，因其跨越两国或多国边境而成为相邻国家共同拥有的景观。例如，美加边境的尼亚加拉大瀑布，赞比亚、津巴布韦、纳米比亚、博茨瓦纳边境的维多利亚大瀑布和巴西、巴拉圭、阿根廷边境的伊瓜苏大瀑布都是世界驰名的旅游地。同一景观从不同的国家观看自是一番独特的风景，与当地特色文化氛围融合更易于令人产生独特的感受。边界区域所特有的边境标识和富于代表性的建筑，因其独特的国界文化和边境的神秘色彩而成为旅游吸引物。例如，朝鲜和韩国之间的战争状态目前已大大淡化了，然而作为非军事分界线的"边界"依然保持着战时的威严，双方的军人仍然荷枪实弹分站两旁。虽然，三八线两侧和解的政治谈判相当艰难，但利用这个特殊的地点、特殊的氛围来发展旅游似乎得到了双方的共识，现在处于非军事区的板门店成了韩国和朝鲜共同利用的旅游吸引物。村落、住宅、商店、旅馆甚至剧院等建筑物，在许多地方可能属于寻常之物，但是在一些边境地区它们坐落在国界线上，并因此成为边界区域一道独特的风景，吸引着成千上万好奇的旅游者。

还有一种情况是边界区域的人造景观。有些国家利用边境特殊的区位和氛围，在边境地区建造人工景观构成旅游吸引物。例如，美国的北达科他州和加拿大的马尼托巴省的交界处，建筑了一个举世闻名的国际和平公园，这个公园是一个以和平和国际合作为主题的植物园。公园的入门处用水泥柱标出了国境线，公园内有溪水、花圃和各种各样的树木，幽静而漂亮。但最吸引人的是设在公园内边境两边的纪念品商店，那里出售各种各样的和边境有关的纪念品。在北欧的芬兰、挪威和瑞典三国交界处，有一座三点状的纪念塔，这个独特的边界纪念塔须步行才可到达，于是成为当地最吸引游人的景点。美国和墨西哥最西部的沿海边境上美国一方有个边境州立游乐园，它的吸引力在于这个游乐园靠近美墨边境的隔离栏杆，可以隔栏观望墨西哥，而且它离墨西哥最著名的蒂华纳"海滨斗牛场"只有几百米远。[①]

现在可以对区域旅游合作的边界进行如下归纳：所谓区域旅游合作的边界是指在某一具有相对独立性的区域内存在的自然地理单元或行政地理单元之间的标志线或带；它处于地区权力的边缘，是相邻地区权力的交接地带，通常具有一定空间范围，其具体形态可以是山脉、河流、湖泊、海洋等自然屏障和景观，也可以是在历史沿革中由边界两侧双方人为约定的界线；但无论是自然边界还是人为边界，对于区域旅游合作的发展与深化均具有重要作用。

二　边界的层级与类型

（一）边界的层级

区域旅游合作的边界存在不同的层级与类型。Dallen J. Timothy 认为，边界存在不同层级，且每一层级各有其独特的作用。国家边界属于政治控制的第一层级，它对自然环境、经济运行和社会—文化互动发展的方式产生特别明显的影响。亚国家边界，比如州、省、区、县之间的边界属于第二层级的边界，这些边界对于人类活动影响深远，比如，教育水平与法律制度可能存在差异，因而其社会基础结构的运转也会不同。例如，在美加边境，出口税、驾车年龄、喝酒年龄以及关于赌博的法律从一个州到另一个州、从一个省到另一个省的规定都会有所不同。第三层级是国内行政区划包括县、镇及直辖市，这种最低层级的边界对两侧的人类活动的影响较小，但其意义仍然很大，这些边界影响并决定其产权税率、立法程序及保险范围。[②]

结合我国区域旅游合作的进展，同时根据北部湾区域旅游合作相关政治实体的具体情况，本书将北部湾区域旅游合作的边界区分为国家边界、省际边界与市县边界三个层级。

国家是国际舞台上一国之内全体人民的主体，是政治权力与领土、人民三个要素的统一。作为国家的基本要素，政治权力体现为高高在上

---

① 张广瑞：《中国边境旅游发展的战略选择》，经济管理出版社1997年版，第5—8页。

② Dallen J. Timothy, *Tourism and Political Boundaries*, London：Routledge, 2001, p. 4.

的制度性权力运作机构，以垄断合法的人身强制的方式推动其规则的实施；领土是供人居住的一片土地，同时也构成了国家、民族的历史、文化、宗教记忆的一部分。在国际关系中，国家的概念比在国内政治中要宽泛一些，此时的国家是国际法中的主体，是该国范围内的整个社会的代表，是这个国家全体人民利益的代表。自 19 世纪以来，国家边界的神圣性逐渐得到了国际社会的广泛承认，成为了国家主权的载体。

"省"是国家结构最高层面的一种一般地域型建制。作为中国国家结构中占据主导地位的建制单位，省是一种具有相当规模的地域政治实体，其地域面积和人口甚至同世界上一些中等国家不相上下。毫无疑问，省在中国的政治结构中分担着中央的部分功能，是由中央行政分治单位发展而成。在当代中国除少数职能，如外交、国防、金融、货币等需要由中央政府承担外，其他不少职能在统一领导、分级管理原则下，是由中央与省共同来承担的。在中国历史上，省是一种具有悠久历史的地域性政治实体，其存在的时间普遍超过当今世界上的大多数国家。一个地域政治实体存在的时间越久，在其内部越易形成强有力的内聚意识，以及对于地域文化的浓厚的认同感，事实上，中国的多数省份都有持续不断地编修地方志书的传统，并大都发展出有自身特色的文化传统。

在省级行政建制之下，是广泛分布的市、县级行政单位。县是中国历史上最早出现，且一直持续至今的一般地域型建制单位。中国地域辽阔、民族众多，国土面积超过欧盟，拥有 56 个民族。地理条件、自然气候和历史因素的不同，导致各地在经济、社会、文化、政治诸多方面的发展呈现出一种不均衡的状态，县与县之间在发展水平上存在较大差异。市、镇是国家基于其维护政治统治和稳定社会秩序的政治考虑，因应城镇发展的社会需要而设置的。国家可以在城镇地区设置市或镇的建制，也可以不设市、镇，这取决于国家的意愿。[①]

从国际法的层面上讲，边界是国家领土主权范围的界线。国家领土由领陆、领海、领陆和领海的底土以及领空这几部分组成，因而国家边

---

① 田穗生：《中国行政区划概论》，北京大学出版社 2005 年版，第 71—107 页。

界可以分为陆地边界、水域边界、海上边界、空中边界和地下边界。在所确定的边界范围之内，国家有权行使其最高的、排他的主权，这就是国家边界在法律上的意义。侵犯国家的边界就是侵犯该国的主权和领土完整，是国际法所禁止的国际不法行为。[①] 正如国家之间存在法定边界线一样，一国之内的省市县行政区之间也有法定边界线，尽管这两者之间存在区别。国家边界是一个国家的领土主权的象征，省市县边界也是一个行政区域管辖权力范围的标志，同样具有不可侵犯性。与国家边界线相似，行政区边界线按划分的标志有自然地理界线和人文界线，前者包括山脉、河流、湖泊、高原、沙漠、海岸、岛屿等；后者包括公路、铁路、建筑物、田埂、地块等。[②]

　　行政区与经济区功能定位不同，其边界也并非完全重合，主要表现在：行政区具有明确的和相对稳定的区域界定，并有法律效应；而经济区的界线在现实生活中具有模糊性和动态性的特点，没有法律效应。相邻的经济区边界不一定泾渭分明，往往形成一个过渡带。[③] 至于行政区与旅游合作的区域划分就更是隔着一层，但是我国历史上行政中心与经济中心历来就有合二为一的传统，行政区边界与区域旅游合作边界的高度一致性也是显而易见的。在行政区划的制约下，旅游要素跨越边界的流通渠道往往不太畅通，各省区在旅游合作中的摩擦在边界地区体现得最为明显。

　　（二）边界的类型

　　区域旅游合作的边界从类型上应进行政治边界、经济边界与文化边界的划分。

　　现实社会中任何一级的政治实体都会对区域旅游合作产生影响，无论它是作为国家实体，还是中央政权控制之下的省、市或县。政治分区的空间表达即为边界的厘定，边界厘定过程在理想状态下可分为三个阶段，即定界、划界和标界过程。定界过程即在两个政治单元之间确定边界位置，以协约形式加以法律意义上的规定；划界过程即在大比例尺地

---

① 邵沙平：《国际法》，中国人民大学出版社 2007 年版，第 196 页。
② 刘君德等：《中国政区地理》，科学出版社 2007 年版，第 41 页。
③ 同上书，第 25 页。

图上标示出边界；标界过程即用标志物（围墙、绳网、界柱等）在地面确定边界。政治边界中，一般来说，最有意义的是国界。在民族、国家出现之前，并无明确国界，相应的政治集团、民族集团的边疆地区一直处于政治真空，人类活动与联系以自然界限为"准国界"。现代的国界一般在自然界限的基础上，结合军事的、文化的、历史的、经济的等原因形成。次级的省界、州界等的形成基础，更多地与经济活动联系在一起，但也常以历史上诸多的小国国界为基础。如我国中原地带省界与诸侯国的国界有关，美国的一些州界亦然。边界实际上是一种空间障碍，边界的划定，对相邻政治实体的整个空间相互作用造成明显的阻断，空间距离并没有扩大，而空间相互作用的过程却延长了。①

行政区边界线既是一种政治边界，也是一种经济边界。既然有政治权力的地域划分，就有国际市场、国内市场与地区市场的区别，就有国家及各级行政区的经济边界，即无论政治权力介入国民经济的程度如何，政府职能的发挥和行政权力的行使都会形成一个清晰可辨的内外界线，即使是古典经济自由主义者也不得不承认局限于维持秩序与正义范围内的政府职能。在资本主义的发展史中，一旦遇到周期性的经济危机，民族国家往往以反危机寻求国家安全为由对经济生活进行干预，或者转嫁危机到别的国家。而在战时，国家被认为有责任保护民族共同体的经济不受损失。第二次世界大战后，西方"福利国家"制度得到巨大的发展，建立了完整的民族国家范围内的社会安全保障网络（福利国家），国家通过各种工具如关税和非关税保证民族企业有出入国际市场的通道，保护作为民族强大的经济支柱的民族产业的发展不受外国产业竞争的冲击。在关税和非关税武器日益成为国家间经济争端和摩擦的焦点及国际多边谈判的对象的情况下，民族国家又发展出一系列新的维护国家经济安全的手段（诸如加强教育与培训、建设高度发达的基础设施、重视国家在增强企业和产业国际竞争力中的作用）。② 这些司空见惯的经济安全或经济防务问题，如果换一个角度来理解就是经济边界。

---

① 王铮：《地理科学导论》，高等教育出版社1993年版，第79页。

② 庞中英：《权力与财富：全球化下的经济民族主义与国际关系》，山东人民出版社2002年版，第160页。

在中国，由于政府行为在经济活动中长期扮演着更为积极的角色，行政区界线也就成为经济话语权力范围的直接标志。这一特色甚至可以追溯到近代税收制度由按户征收转向按地籍征收，这一转变无疑强化了行政区域边界的重要性，地方保护主义在经济活动中开始盛行。在行政区边界设关布卡，实现对区域间的经济，包括文化联系的人为控制，在大多数情况下演变成区域发展的限制因素。

文化虽然具有地域化的属性特征，但是其边界的存在情形要复杂得多，并不能简单地等同于行政区边界。文化广泛地渗透于整个社会的各个方面，包括诸如语言、知识、法律、宗教、饮食习惯、音乐、艺术、科技、工作方式、产品和其他使一个社会具有与众不同韵味的因素，因此，我们很难从空间分布中界定文化的边界。文化边界主要是指从一个地域到另一个地域逐渐明显的文化个性差异，是不同地域的特定社会成员在长期的生活中习得的信念、价值观和习俗的总和上所表现出来的不同。①

文化差异在具有不同文化背景的参与者之间所展开的社会互动中可能会产生问题。例如，语言与非语言交流的不同模式有可能产生严重错误，从而导致误解、误会与混乱，并且影响到其他人的认识。如果接触的参与者不能适应相互之间社会互动的文化模式与期望标准，而是认为他们在文化上是相同的或相似的，那么他们就可能会相互拒斥。Steward 以活动取向、社会关系取向、自我取向与世界取向四项主要因素来界定社会互动文化模式。人们如何看待行动以及他们如何通过活动来表达自己，人们如何相互联系，人们如何看待自己，谁应当受到重视和尊敬，人们如何在与精神世界及自然世界的关系中来定位自己，② 在对这些问题的澄清中，人际文化差异不断明晰，一方面社会互动由此得到实现，另一方面文化边界也逐步形成。

---

① ［美］利昂·G. 希夫曼、莱斯利·L. 卡纽克：《消费者行为学》，江林译，中国人民大学出版社 2007 年版，第 368 页。

② ［澳］赖辛格、托纳：《旅游跨文化行为研究》，朱路平译，南开大学出版社 2004 年版，第 25—27 页。

三 边界的特征与属性

对于区域旅游合作来说,边界的存在既是挑战,也是机遇,这是由边界自身构成及其外在表现的复杂性所决定的。因而区域旅游合作的深入开展必须正视边界的存在,对边界的内在特性有一个全面客观的了解。

(一)自然与人为

边界作为不同国家或地区的权力分界线,有自然与人为之分。自然边界是以自然要素作为划分的依据,大都是由自然屏障和景观构成,如山脉、河流、湖泊、海洋等。人为边界往往是由两国或行政区主管协商并达成协议,确立某一标志(如经纬线),或者以民族、宗教信仰、语言、意识形态、心理、习俗等社会性因素作为依据划分的边界。李铁立认为:从边界形成过程的角度看待边界,它不但具有"自然"属性同时也具有"人为"属性。"自然属性"是指边界的形成是由于人类具有群体划分和领土空间划分的本能,在领土空间的划分过程中,人类实现群体的认同和排斥,以实现自我心理的满足。而在实现人类群体划分和领土空间划分过程中,人类有意识地设立边界,以在空间上区别于其他群体,这就是边界的"人为属性"。在边界的形成中,"自然"和"人为"的矛盾属性是交织在一起的。[①]

自然边界与人为边界在区域旅游合作中广泛存在,并产生着深刻的影响。区域旅游合作要求各地联合打造区域旅游的整体形象,实现资源与交通基础设施的共享,区域内部资源的重新整合,大型旅游企业进入旅游投资领域,并进行跨地域的资产重组,政府与企业需要重新理顺关系以实现区域联合等。实现这一目标要求对边界的自然与人为属性有更深入的认知。对社会群体的需要是人类内在心理的正常反应,而特定空间则是群体成员集合的地域。无论自然边界还是人为边界所反映的都是人类在群体划分和领土空间划分所显现出来的本能。一般说来,人为边

---

① 李铁立:《边界效应与跨边界次区域经济合作研究》,中国金融出版社2005年版,第23页。

界线的形成过程复杂多样，而且其所产生的社会、经济效应也比自然边界线强。不过，在大多数情况下自然与人为属性存在着相通性，甚至是混合为一的，承认自然边界，却要超越自然边界的屏障特征而赋予其某种人为属性；承认人为边界，却又认为其一旦确立则不可轻易变更，经常赋予它一种客观特性。

（二）障碍与沟通

边界在不同国家和地区之间造成交流的障碍，同时也发挥着沟通的作用。从边界的形成机理来看，相邻地区旅游要素的跨边界流动受到阻挡是必然的。当地政府制定的各项政策虽然大多数力求适应经济活动国际化的需要，但是地方保护主义思想却在实际上不可完全避免，政策的滞后性也需要予以考虑，乃至政府决策成为跨界经济交往的障碍且在一定时期难以得到纠正。潜在的也更为可能的是，对于一套将不同人口区分开来的"文化"特征的需求，进一步强化了上面所提到的有关管辖权的论点。这些可能导致对商品和服务的需求方式、替代选择、质量期望、技术特征等方面的微妙不同，甚至这种不同也存在于那些在品位方面看起来完全一致的人群中。如果"全球化"意味着地方文化差异性扩大而不是更加趋同——这对于有关全球化争端的扩大化似乎是一个合理而完美的暗示——那么认为这种差异会损害那种最初是刺激了这种差异产生的经济全球化的观点就是矛盾的。还有一些有关社会化和当地居民参与的内容，这些有时候也被称为"社会资本"，可以建立起特殊的"社会网络"，这种网络的运行可以保持有关人们态度、经济参与以及品位的不同和分界。① 概括起来看，区域旅游障碍的产生主要与市场的统一性、信息的对称性、交通的顺畅性、服务的到位性以及管理的协调性等方面的问题能否有效解决有关。

但是，国内外的实践经验证明有效的制度和组织形式也是区域旅游合作得以顺利开展的重要保证。区域旅游合作的制度和组织形式应该包括两个方面：一是区域内各成员认同和遵循的、用来规范和指导区域旅

① ［英］格雷厄姆·汤姆逊：《全球化有限制吗？——国际贸易、资本流动及其边界》，袁银传、蔡红艳编译，《马克思主义与现实》2005 年第 1 期。

游合作的规则；二是实施规则的机构和组织形式。① 如不同国家或地区政府主管部门签署的经济合作协议，以及在此基础之上成立的各种合作论坛、投资峰会与专家战略对话平台等。区域旅游合作的障碍分制度性方面与非制度性方面，推动边界障碍消除的因素同样有制度性的因素和非制度性因素。文化差异旅游要素在跨边界流动中会成为交流的障碍，但是，作为独特的旅游吸引物也会成为促进边界交流的动力，其陌生与神秘会对其他地区的游客产生重要的吸引力。

（三）功能与情感

边界作为不同国家或行政区间政治、经济、文化的分界线，它对区域旅游合作的显性方面的影响，如对资本、客源、信息等旅游要素跨边界流动的阻碍作用，反映的是功能属性，它是一国或行政区为保护本地利益所设立的经济关卡或其他限制性措施；它对区域旅游合作隐性方面的影响，如对同一民族所具有的认同感和信任感，对另一国家和民族的排斥和不信任感，反映的是情感属性，它是与群体成员对长期生存的领土空间及民族情感方面相联系的。在跨界旅游合作中，边界的"功能和情感属性"总是伴生在一起，共同影响旅游行为主体跨边界的经济交往。边界功能属性大多易于为人感知，理解起来比较容易，传统边界的研究也主要集中于此；而对边界情感属性的认识则较为复杂，因为它通常是隐性的，不容易被观察到，因此而被传统边界的研究所忽视。

人类形成群体意识并产生对领土空间的情感反映了一个民族的形成过程，人类空间活动带有明显的情感指向，领土空间的划分、边界的产生常常与情感联系在一起，因此可以说边界即是情感的空间界限。边界的情感属性常常是与民族和民族化联系在一起的，在此意义上甚至可以说边界的功能属性——某一国家或行政区对其经济权益保护——建基于边界的情感属性之上。

一切实体事物均需以一定的地理空间为载体，一个民族的形成和发

---

① 章远新：《大湄公河次区域经济合作与广西》，电子科技大学出版社 2006 年版，第 312 页。

展也离不开某一特定空间，这是对共同或相近生活、居住地产生的空间认同与归属感。种族间的团结与联合最初主要源于为抵抗来自外界其他种族，或者说来自外部空间的威胁，这种对内部空间的认同和对外部空间的排斥情感，要求民族内部的趋同和外部的分异，在空间上，则表现为不同空间领土占有的民族边界的产生。但是，由于民族边界常常是民族混杂居住区，因此，民族边界常常是模糊的。在民族边界和国家边界领土空间内部，民族和国家群体成员逐渐形成了对于本民族和本国领土空间的认同感和归属感，在边界两侧形成了独立的空间情感单元，从此角度而言，民族和国家边界也就是"情感边界"。由此可见，"情感边界"的形成是一个对特定群体和特定空间认同感形成的过程。

在当前经济全球化和区域一体化的背景下，各国各地区经济联系的时空范围日趋收敛，为创造一个更有利于跨边界经济交流的条件，各国普遍弱化边界的"功能属性"。但是，其"功能属性"的弱化并不必然带来"情感属性"的降低。因为"情感属性"对经济、社会、文化的交往与互动的影响更深刻、更持久，就是说，跨边界区域经济合作要克服"情感边界"并构建跨边界的区域认同感是一个长期的过程，并且，在这个过程中还具有"路径依赖"的特征，即在历史上两国边境地区友好相处并具有较好的合作关系的边境区间更容易开展跨边界的旅游合作。[①]

第三节 边界效应对跨界旅游合作的影响

跨界合作是区域旅游发展的内在需求。从国家层面来看，当今世界经济联系已日益紧密，完全依靠内部资源与市场已很难使一个国家的旅游产业获得更大发展，追求一定区域空间之内资源要素整合与市场拓展是旅游产业发展的方向。从地方层面来看，边界地区在绝大多数情况下都远离国家权力控制的中心，也远离经济中心，出于自身经济发展的考

---

① 李铁立：《边界效应与跨边界次区域经济合作研究》，中国金融出版社 2005 年版，第 32—41 页。

虑，边界地区在利用跨界合作发展旅游产业方面会表现得更为积极，在扩大市场规模的同时，也为广阔的内地构筑起跨境旅游合作的桥头堡。从企业的层面来看，跨界合作的进步必将极大地促进其市场范围的扩大和跨边界旅游要素的获取。综合各方面因素考虑，跨界合作是北部湾区域旅游发展必须认真解决的重要问题。

研究跨界区域旅游合作无法绕开边界效应问题，所谓边界效应，是指边界施加于跨边界旅游合作行为的作用，具体包括屏蔽效应、中介效应与集聚效应三个方面。关注边界效应旨在深入了解各个层级的边界在区域旅游合作中的功能与作用，充分认识边界对于区域旅游合作的阻碍与促进，为北部湾区域旅游合作的跨边界交流走向深入提供理论支持。

一　边界屏蔽效应

边界对于跨边界经济行为的障碍作用可分为两个方面：国家为维持其经济自主和发展本地产业，往往以关税和非关税贸易壁垒等方式限制贸易和生产要素的流动，是显性方面；在隐性方面它表现为一国或地区成员的地域民族文化认同感与信任感，包括人类认知遵循空间距离衰减规律进而对边界两侧交流形成的阻碍。区域旅游合作是区域经济合作的一种特殊形式，是比一般的经济活动更为复杂的合作行为，在合作的具体内容上，它往往要涉及旅游资源的重组与共享、旅游产品的更新与提升、区域旅游的功能分工、客源市场的共同开拓与互换，也包括联合促销、旅游企业之间的优化组合以及区域旅游形象的构建等。边界显性与隐性方面的障碍因素不但会对旅游合作行为产生负面影响，为旅游要素的跨界流动设置空间障碍，使两侧的空间相互作用产生明显的中断，甚至会在极大程度上左右整个旅游合作的进程，这就是边界的屏蔽效应（如图1—2所示）。

（一）边界阻碍经济交流

边界对于跨边界交往和空间相互作用的阻碍，可以从经济学的角度寻求原因。自亚当·斯密以来，经济学家们倾向于认为，专业化和劳动分工构成了经济生产率的基础，并且允许和鼓励新技术和更有效率的生

图1—2　边界对作用强度的影响

资料来源：据 J. D. Nystuen，1967，有改动。

产方式的发展。在新古典经济学家看来，市场是一个零交易成本的世界，但是罗纳德·科斯（Ronald H. Coase）却独辟蹊径提出了著名的"科斯定理"，其主要贡献就在于指出市场的运行是有成本的，即交易成本。

交易成本应包括由以下各项行为产生的成本支出：

第一，进行市场调查，获取关于商品和劳务的价格分布及质量的信息；寻求潜在的买者和卖者，获得与他们的行为有关的各种信息。

第二，当价格可以商议时，为确定买者和卖者的真实要价而进行的讨价还价过程。

第三，起草、讨论确定交易合同的过程。

第四，监视合同签署人，看其是否遵守合同上的各个条款。

第五，贯彻合同，并在一方未履行合同并因此造成另一方损失时，后者提出起诉，要求赔偿。

第六，保护双方利益，防止第三方侵权，比如防止剽窃、侵犯专利等。

边界固有的属性决定了它在一定程度上对跨边界经济交往活动形成屏蔽效应，具体地说，就是提高跨边界经济活动的交易成本，使跨边界经济交往的频率降低。新制度经济学的另一个代表人物奥列弗·威廉姆森（Oliver E. Williamson）认为资产专用性、环境不确定性与交易的频率是影响交易费用高低的三个因素。其中与屏蔽效应提高交易成本有关的因素主要是环境的不确定性和交易的频率。他认为环境的不确定性来自于经济行为体是"有限理性的"，经济行为体收集与决策有关的所有信息并做出理性选择是不可能的，而这主要是由于市场信息的不完善性。这正好说明了通常情况下经济交往中主体的数量越多，不确定性和信息的不完全性就越严重，交易的障碍和交易成本就越高。这也是为什么在区域旅游合作中参与的主体越多、涉及边界的规模与层级越复杂，合作的难度就越大的一个原因。①

区域旅游合作并非单纯的经济交往，合作的对象既包括直接服务旅游业的要素，也包括对旅游业起间接促进作用的要素，涉及资源、市场、产品、设施、资金、信息、人才、技术、文化和政策经验等方方面面，通过旅游合作使这些旅游经济要素发生地区位移与重新组合，在各种要素的重新配置中实现增值的目的。因而对边界的屏蔽效应的认知也要超越单纯的经济边界，从它作为不同语言、历史、文化、风俗、习惯的分隔线的意义上将其纳入更广阔的范围来考虑。边界具有认知属性，主体空间认知遵循距离衰减规律，即空间认知程度通常随着距主体的距离的增加而减弱。边界阻碍了经济行为体对另一方主观感知的获得，增加了信息的不完善性和不对称性。边界还具有情感属性，它使边界成为对特定空间和群体的情感边界，正是情感边界的存在降低了彼此的认同感和信任感，增加了不安全感，从而相应地提高了交易成本。

（二）地方保护主义

从上述意义上，我们可以充分理解区域旅游合作不得不面对的地区本位主义和地方保护主义。从地方保护的行为主体可以分为地方政府的地方保护和地方职能部门的地方保护。从地方保护的动机来分析，有谋取个人私利的地方保护、谋取小集团利益的地方保护、谋取地方群体利益的地方保护以及三者结合的地方保护。从地方保护涉及的领域来分析，可以分为经济领域的地方保护、法制领域的地方保护和文化领域的地方保护。②

对于不同规模与层级的行政区域来说，地区本位与地方保护的具体

---

① 李铁立：《边界效应与跨边界次区域经济合作研究》，中国金融出版社 2005 年版，第49—52 页。

② 谢玉华：《市场化进程中的地方保护研究》，湖南大学出版社 2006 年版，第 54—79 页。

运作方式可能不同，但其实质则概莫能外，而结果都是市场分割局面的形成。这是边界的屏蔽效应在区域旅游合作中的具体体现。在我国，地方政府需要实现地方经济发展目标和政绩目标，追求行政区域内的经济利益最大化是其必然选择，本位主义思想在其为推动地区经济发展所采取的政策措施中有鲜明体现，地方保护的结果往往是以邻为壑，高筑边界，阻止生产要素、产品、资金的自由流动，在一些特殊情况下甚至出现区域市场封锁。出入境旅游较多地涉及跨界问题，因而边界的屏蔽效应也往往体现得更具体、更深入（见表1—3）。

表1—3　　　　　　　　　东道国与本国旅游的限制

东道国的限制	本国的限制
● 出境或入境持币的限制	● 对本国居民持币的限制
● 入境签证、停留时间的限制	● 获取当地旅游信息的条件限制
● 旅游者出行的限制	● 限制出境旅游的限制
● 旅游者与当地居民交往的限制	● 对外国居民的海关许可的限制
● 交通车辆或船只通行的限制	● 本国居民出境税
● 关于汽车保险与驾驶证的限制	
● 获取假日的限制	
● 外来旅行者入境税	

资料来源：Dallen J. Timothy, *Tourism and Political Boundaries*, London：Routledge, 2001，p. 16.

从整体上看，目前我国区域旅游合作中的地方保护主义主要有下述几种表现形式：

1. 资源要素限制

旅游资源是旅游业发展的基础，哪个地区拥有更具优势的资源要素，其旅游业发展的潜在竞争力和现实竞争力就更强。一些地方政府为了使本地利益最大化，大搞地方保护，往往把当地的旅游景点作为地方第二财政，直接干预旅游企业依据自身规律所进行的联合与扩张行动，在旅游景区的建设上各自为政，使本地旅游资源无法与相邻地区实现有效的整合。

2. 产品市场限制

随着竞争的加剧，扩大本地旅游产品的市场销路成为地方经济发展中必须考虑的重要任务之一。为了占领本地市场，地方政府往往设立或明或暗的行政壁垒，限制外地产品的进入。政府利用行政手段，采取一些带有强制性的措施，限制外地旅游产品和旅游活动进入本地旅游市场。

3. 旅游企业限制

一些地方政府出于发展本地旅游业的迫切愿望，在自己的地盘上关起门来搞开发，用种种行政措施，对本地旅游业进行保护，拒绝那些知名度高、实力强大的企业到本地来兼并、租赁、经营。事实上，如果说一般的产业地方保护还只是限制竞争、保护落后的话，旅游业的地方保护则无异于变相自杀，因为旅游资源需要互补，而互补需要横向联合，只有在相互促进中才能获得共同发展。

4. 基础设施限制

基础设施建设一般投资大、回收期长，邻近地区之间本应做好协调，但是在我国，近年来在机场、港口、高速公路等领域内，不顾市场容量和经济回报盲目投资、攀比建设的现象十分突出。而相邻地区的基础设施又缺少统筹规划，同类功能的设施重复建设，造成巨大浪费，边界区域不能实现有效的对接，造成区际难以共享。[①]

二　边界中介效应

区域旅游合作是一种特殊的经济合作关系，它以区域优势互补为基础，以解决资源不可移动性与旅游者选择性之间的矛盾为目的；以资源、市场和地区经济发展水平等的差异性为出发点，通过对区域旅游系统内部各要素的有效整合追求各要素之间的共生效应与互补效应。在这一整合过程中，边界也完全可能成为彼此接触和交流的空间中介。边界具有开放属性，这一属性决定了它是不同地区间经济、社会、文化等交流的中介面，是接触和交往最频繁的地带。需要指出的是，边界作为不

---

① 冯云廷：《区域经济学》，东北财经大学出版社 2006 年版，第 101—103 页。

同地区间交往的中介具有一定的"过滤功能"，即对于有利于本地区经济、社会发展的物质、信息的流动是开放的，而对于损害其社会、经济发展的物质、信息的流动则是封闭的，这就是边界的中介效应。

（一）中介效应的发生

边界的中介效应的发生机理可以从地理环境的连续性、地理邻近和梯度势能，以及腹地优势和过境需求三个维度来探讨：[①]

边界两侧多数情况下具有地理环境上的相似性和连续性，这一特征无论在自然环境还是人文环境方面均有体现。边界是人类地域政治、经济与文化竞争与妥协的产物，一些共享的河流、湖泊或者山脉等成为边界是相邻地域人为约定的结果，而在自然环境的形成中边界两侧的地质、地形和地貌特征往往是自然过渡的一个整体，因此，边境区间不仅自然地理环境基本上具有相同特征，而且具有大致相同的气候、土壤、植被。这种具有大致相同的自然地理环境的特点，使其往往同属一个自然地理单元。另外，更为重要的是自然地理的连续性往往使得跨境而居的民族在语言、文字、文化习俗上具有很大的相似性，其中甚至有许多属同一族系，具有边界无法阻隔的血缘联系，这种彼此之间天然的开放性可以为经济合作提供便利条件，大大降低双方合作的交易成本。

地理空间相互作用理论认为，区域间的相互作用遵循距离衰减规律，这一规律告诉我们经济互补性是随着空间距离的变化而变化的，相邻区域随着空间距离的增大，相互作用的强度将变小。换言之，由于具有地理邻近性的优势，相邻区域间相互作用的强度往往较大。经济互补性则表现为资源要素禀赋差异大、经济发展水平差异大的区域间相互联系的频率高，即区域间作用的强度随着区域间资源要素、经济发展水平的梯度增大而增强。边界地区的地理邻近性使得它们相互作用的强度较大，彼此间具有经济合作的基础。此外，在资源要素与经济发展水平上，边界两侧往往具有梯度差异，使得两个区域间具有经济上的互补性，生产要素的跨边界流动因此成为可能。

① 李铁立：《边界效应与跨边界次区域经济合作研究》，中国金融出版社 2005 年版，第 48—49 页。

边界区域一般都会形成两地经贸活动的集散地甚至重要口岸，边界两侧的经济文化联系通常要通过边界具体实现。在当前各个国家与地区经济文化联系日益紧密的情况下，对边界区域的过境需求比以往明显增大，而过境需求的增大为边界区域的经济发展带来空前活跃的要素流动，将促进边界区域的经济发展。过境需求主要来自边境口岸的腹地区域，因此边境区腹地范围的大小、边境口岸与腹地经济联系的强度及其经济发展水平对边境口岸的过境需求的影响巨大。

（二）中介效应的激活

在区域旅游合作的现实开展中，区域之内的参与各方要想在一体化进程中实现互赢，达到各方互为旅游目的地、互为旅游市场的目标，就必须重视并充分发掘边界的中介效应，有效地克服地方本位思想与形形色色的贸易保护主义的掣肘，促使资金、资源、产品、信息、人才、技术等旅游要素在区域之内尽可能自由地流通。在我国，现代市场经济目前还不发达，与欧美成熟的市场经济体制相比还有很大的差距，吸取发达国家在这方面的成功经验是十分必要的。而国外克服边界障碍、发挥边界的中介效应的成功经验主要集中在三个方面，即构建市场主体、实施政府干预与强化法律保障。

市场主体实力的强大、市场经济的发展成熟是治理区域旅游市场分割的根本。西方发达国家的市场分割现象产生在其市场经济的形成过程中。市场分割本身就是区域经济联系不强、市场不发达的结果，当旅游产业规模扩大、产品丰富，需要突破本地市场进行产品销售和资源要素配置时，地方市场分割的状况就受到挑战；这时，原来对地方旅游企业与地方市场予以保护的条款就成为一种障碍，成为对日益壮大的旅游产业经济的一种压制。经济联系的加强、旅游企业规模的扩大自然会打破市场分割的各种阻碍。世界经济发展史表明，强大的工商业实体是促进一国乃至世界市场走向统一的因素，欧洲行会的解体及美国国内统一市场的形成都主要依靠市场自身的力量。美国工商企业的壮大促使其打破州的界限扩大生产和经营，跨州企业的增多使全国经济联系加强，而市场分割明显地阻碍了效率的提高，因而被陆续废除。自由经济、民主观念、强大的旅游企业势力对政府干预和地区封锁行为是重要的制约力量，一切阻碍市场经济发展的落后势力都会被涤荡。

政府是区域旅游业市场走向统一的重要推动力量。市场封锁也好，地方保护也好，都可以视为一种市场垄断。市场垄断是在一个超市场力量组织的作用下形成的，这个超市场力量要么是垄断企业，要么是政府，要么是行会等民间或半官方组织。美国在统一市场形成前，州政府及垄断公司是实施市场封锁的主体；日本的市场封锁基本上是地方政府所为；欧洲则是由行会及封建领主实施市场保护和分割。在各国打破市场封锁、形成统一市场的过程中，政府发挥了重要的作用。美国的反垄断法律及联邦法院是遏制州际贸易封锁的重要力量，美国的反垄断是世界上最严厉的。美国市场经济早期，消除地方经济保护是反垄断的主要任务，但市场经济发展成熟后，行政干预造成的垄断不再是反垄断的主要任务。垄断行为主要是大工商企业所为，足见美国企业在社会中的影响，他们的实力能与政府抗衡。当然，政府的反垄断力量也很强大，各种垄断行为得以制约。日本政府在明治维新后推行了一系列促进市场统一的改革，政府的强力推动缩短了日本市场经济的形成过程，封建势力导致的市场割据得以迅速瓦解。日本狭小的岛国环境、相互联系渗透的经济使地方利益的互利多于冲突，中央集权统治也不允许地方利益过多释放，日本中央政府的地区开发政策促进了地区间的交流合作，其政治体制提供了许多协调中央与地方、地方与地方之间关系的渠道。因此，现代以来，日本的地区利益冲突并不突出，由地方政府行政干预导致的地方市场分割现象更为罕见。英国及欧洲国家的资产阶级革命更从政治上扫除了商品经济发展的壁垒，政府积极的对外扩张政策促进了国内经济的繁荣和市场的统一、成熟。所有这一切从更广泛的意义上证明了政府干预对于建立统一的区域旅游大市场的重要性。

法制是区域旅游业市场规范运作的保障。在区域旅游业实现整合的过程中地方利益冲突是难免的，关键是要有一个很好的协调机制，加强法制建设是协调地方矛盾、保证市场规范运作的条件，是现代市场经济的制度基础，美国的历史很好地证明了这一点。1890 年通过的谢尔曼反垄断法（Sherman Anti-Trust Act）被称为美国的"经济宪法"，它制定了全国统一市场规则。谢尔曼反垄断法的第一款和第二款是该法案的重点，全文如下：

第一款　本法律特此宣布：凡以限制州际贸易或国外贸易为目的而签订的合同、组织的托拉斯等联合企业或两人以上的共同策划均属非法。凡签订这种合同、从事组织这种联合企业或参与该种共谋者均属不法行为。法院可斟酌情况，判处交付不超过 5000 美元的罚金，或判处为期不超过 1 年的徒刑；或同时予以罚款和监禁两种惩处。

第二款　凡垄断或企图垄断、组织或企图组织联合企业，或同他人共谋垄断州际贸易或国外贸易者均属不法行为。法院可斟酌情况，判处交付不超过 5000 美元的罚金，或判处为期不超过 1 年的徒刑；或同时予以罚款和监禁两种惩处。

除刑事诉讼外，谢尔曼反垄断法也允许政府提出衡平法诉讼或民事诉讼，以防止或抑制违反本法律的情况发生。而且，任何人如因这条法律所宣布的非法事项而受到别人损害时，也可向法院起诉，要求偿还 3 倍于损失额的赔款。①

美国的州际贸易冲突是用法制协调的。美国是个宪政国家，美国的缔造者认为，要保证公民的自由和民主权利，就必须限制政府的权利，因此要求政府的一切行为都有法律基础。美国在处理中央与地方关系及州与州之间的矛盾时，始终遵循法制原则，在宪法的范围内调解冲突、通过法律手段来协调矛盾。日本的中央集权既促进了国内统一市场的形成，同时也带来很多弊病，成为其经济萧条的重要原因。所以，日本自 20 世纪末就不断进行地方分权的改革，由于有成熟的市场经济体系和法制基础，所以其分权改革也没有带来混乱和地方利益冲突。欧美各国市场经济发展的历史基本上就是现代法制建立的历史，这一事实也完全有必要作为区域旅游一体化顺利开展的借鉴。②

---

　　① ［美］吉尔伯特·菲特、古姆·里斯：《美国经济史》，司徒淳译，辽宁人民出版社 1981 年版，第 570 页。
　　② 谢玉华：《市场化进程中的地方保护研究》，湖南大学出版社 2006 年版，第 161—163 页。

三 边界集聚效应

在跨界区域旅游合作与交流中，边界具有空间中介效应，同时也具有集聚效应。那么，何谓集聚效应？一般的，区域的空间集聚是指经济和人口空间分布的动态变化趋向，表现为由分散的广域空间向相对狭小的地域空间集中和聚合。从广泛的意义上来看，在地区经济发展中，在一定的地点（称为增长极）上，首先由于主导产业发展的衍生作用对周围地区产生了一种吸引力，周围地区的资金、劳动力、农副产品、原材料等生产要素被吸引到增长极上；之后，随着增长极经济实力的加强，其吸引力也增大，增长极便对更远地区的生产要素产生吸引力，这两种吸引作用使增长极的经济规模与人口数量大大膨胀，这一现象被称为集聚效应。[①] 具体到跨界旅游合作来说，由于区域旅游合作更强调一种资源互补或优势突出的旅游区之间的合作，因此必然通过发挥边界区域独特的区位特征与集聚各种旅游要素的天然优势，实现旅游区的联动开发，形成旅游区的集聚，压缩内部竞争，提升外部竞争，从而形成边界区域中心化的局面。

（一）集聚效应的产生

正如一些研究者已经指出的：由于社会发展阶段不同，人类改造自然的能力不断提高，区域发展主导要素的改变也促使"中心"和"边缘"的空间结构不断调整和变化。如今的边缘地区只要抓住机遇，深入挖掘自身的比较优势，找到促进经济发展的新的突破口，也有逐步缩小与发达地区差距，甚至发展为新的区域中心或次中心的可能，并能进一步通过中心的辐射和扩散作用带动周边区域共同发展。简言之，边缘地区"中心化"就是指边缘地区在新的适宜发展模式的带动下，社会和经济发展水平提高、发展速度加快、居民福利增加、生态系统平衡、与区域中心差距逐渐缩小乃至成为新的区域中心或次中心的过程或现象。这也是研究边缘地区问题的意义和基本目标。[②] 此处所论虽然并非单纯的

---

① 李忠尚：《软科学大辞典》，辽宁人民出版社1989年版，第548—549页。

② 侯晓丽：《边缘地区区域过程与发展模式研究》，中国市场出版社2007年版，第43页。

跨界旅游，但是其中的道理是相通的。

边界集聚效应的产生也可以从生态学关于边界效应的描述中得到印证：由于交错区生态环境条件的特殊性、异质性和不稳定性，使得毗邻群落的生物可能聚集在这一交错区域中，不但增大了交错区中物种的多样性和种群密度，而且增大了某些生物物种的活力和生产力。[①] 一些城市景观研究者受此启发从景观心理学的角度论证了边界的独特效应：心理学家德克·德·琼治（Derk de Jonge）在对人的景观偏好的研究中提出了颇有特色的边界效应理论。在对荷兰住宅区中人们喜爱的逗留区域进行的一项研究中，他指出，森林、海滩、树丛、林中空地等的边缘都是人们喜爱的逗留区域，而开阔的旷野或滩涂则无人光顾，除非边界区已人满为患。边界区域之所以受到青睐，是因为处于空间的边缘为观察空间提供了最佳的条件，人站在森林边缘或建筑物四周，比站在外面的空间中暴露得要少一些，并且不会影响任何人或物的通行；这样既可以看清一切，自己又暴露得不多，个人领域减少至面前的一个半圆。当人的后背受到保护时，他人只能从面前走过，观察与反应就容易多了，人们往往喜欢在一个空间与另一空间的过渡区逗留，因为在那里同时可以看到两个空间的活动情形。这些空间亦为人的多种活动提供了行为支持。[②] 对两个空间的过渡区域的喜好是人的内在心理需求，目前这一理论已在城市景观建设中得到了广泛的运用。所有这些研究无不从一个相对微观的角度为跨界旅游合作中边界的集聚效应的必然性提供了理论佐证。

（二）集聚效应的影响因素

旅游产业集聚形成源于旅游业具有鲜明的空间集聚特性。影响旅游产业跨边界集聚的因素很多，包括资源优势、区位条件、制度因素、市场调节等，[③] 旅游产业在边界区域的集聚效应的产生是一个过程，一般

---

① 蒋涤非：《城市形态活力论》，东南大学出版社 2007 年版，第 121 页。

② ［丹麦］扬·盖尔：《交往与空间》，何人可译，中国建筑工业出版社 1992 年版，第 138 页。

③ 邓冰等：《旅游产业的集聚及其影响因素初探》，《桂林旅游高等专科学校学报》2004 年第 6 期。

情况下，初期主要是自发集聚、资源优势和交通区位的邻近发挥较大的作用，在集聚发展到一定水平以后，政策制度的推动作用开始显现，产业市场自身也开始发挥调节作用。影响旅游业跨边界集聚的因素主要包括以下几个方面：

1. 资源优势

自然优势聚集力是产业地理集中的基本作用力之一，早期的旅游产业集聚也不例外。由于大多数旅游资源是不可移动的，自然资源禀赋的差异造成了不同的吸引力，拥有全国甚至世界吸引力的核心资源就会吸引相关的旅游产业围绕建设，形成集聚现象。边界区域之所以成为不同行政区的分界线往往与区域内的自然屏障，诸如河流、湖泊、山脉有关，这些山河湖泊一方面构成了交通障碍，另一方面也因其地形和地貌的奇特而成为重要的旅游吸引物；一些人为的行政区边界，尽管没有自然的旅游吸引物可资依凭，但是那些成为行政区边界的人为边界线也大多具有丰富的人文历史意义，具有较高的旅游开发价值。因此边界区域在跨边界旅游合作中产生集聚效应具有资源优势。

2. 区位优势

交通区位指从客源地到旅游区的空间距离及可达程度。交通区位优势主要指旅游产业倾向于围绕交通便利的地区聚集。旅游产品不能迁移，旅游产品的价值依赖于旅游者抵达旅游目的地才能实现，因此，旅游目的地的可进入性成为影响旅游产业集聚的又一重要因素。边界区域存在交通障碍，如断头路的存在，基础设施也经常极不完备，从而导致地区经济运行费用的相对增加。但是这些终究不是起决定作用的因素，它们只是表面现象。边界区域在跨界旅游中的交通区位优势却是潜在的，主要是因为边界处于不同行政区的交接处，从边界到相邻的各个地区具有空间距离较短的天然便利，一旦边界的人为障碍从制度层面解决，比如，相邻的地区政府决定加强双边联系，那些自然障碍将不复存在，人为障碍也会很快消除，边界区域甚至可能由此成为新的交通区位中心。

3. 制度因素

制度因素是约束旅游要素资源自由流动的主要因素，主要包括各地旅游业的经济导向、产业定位、政策倾向、税收环境等政策变化对旅游区位选择的影响。政府的支持包括投资的行政配置，在生产、销售、进出口、税收、土地供给等方面实行种种优惠政策，以及当地政府出台的人才、技术、设备等引进政策，都有利于通过降低企业成本而吸引集聚。其中，政府在旅游基础设施建设中所起的作用是不可替代的。发展旅游业最基础的旅游通道，往往就是由政府部门组织财力进行建设。此外，除了旅游通道，景区主体投入、地区性的旅游集散中心、游客问询中心等旅游基础设施一般都由政府组织和运营。

4. 市场调节

市场调节就是各类旅游要素在价值规律的作用下为实现较好的经济机会（报酬）自发地在空间上流动，从而造成旅游业空间集聚和扩散的形成。市场在资源配置和要素组合中的基础性作用，是促进区域旅游业空间集聚的重要推动力。在市场机制影响下，追求利润最大化的旅游企业，为扩大经营规模、降低运作成本，形成彼此专业化的分工，开展业务上的协作；为实现优势互补或优势叠加，将不断强化资金、技术、人才和品牌等方面的相互置换与合作；为获取潜在的旅游收益，将共同利用旅游资源和开拓旅游市场等。换言之，市场调节的作用和利润最大化的动机，将驱使旅游企业突破行政区划界限而开展相互合作，以横向的联合和纵向的兼并来整合区域内的生产要素，提高专业化的分工协作水平，优化旅游产业的组织结构，形成区域资源更有效的配置格局。

第二章

北部湾区域旅游合作问题的产生

第一节　北部湾区域旅游合作概述

边界效应对于跨界区域旅游合作的影响是一种客观存在，这一问题能否妥善解决在极大程度上决定着区域旅游合作是走向深入还是流于形式。北部湾区域旅游合作的良性发展不能回避边界效应，其中作为合作核心区的广西北部湾经济区，尤其需要充分考虑边界的因素为自身进行明确的定位。如果北部湾经济区必须发挥中国—东盟自由贸易区的桥梁、国家东西部发展的纽带的作用，那么就需要在多重边界的语境之下予以重新解读。北部湾经济区处于周边不同经济区之间，既是各经济区的边界，又是作为边界的区域中心，同时也面临着自身发展的问题。北部湾区域旅游合作不但广泛地存在着跨界交流，并且所涉及的边界层级多样、规模不等、性质复杂，说边界效应对北部湾区域旅游发展具有重大的影响并不为过。本书研究边界效应对北部湾区域旅游合作的影响将从关注这一地区的历史与现状开始。

一　多维视角下的北部湾

（一）北部湾区域概念的由来

北部湾首先是一个地理区域的概念，它是位于南海西北部北纬20°左右以北，毗邻中越两国大陆架水域的一个半封闭海湾。其北边是中国广西壮族自治区，东边是广东湛江和海南，南边与南海相连，西边是越南。东西宽约390公里，东北至西南约长550公里，海域面积约12.8万

平方公里。从行政区划来看，北部湾包括"两国""四方"，两国是中国
和越南，四方是中国的广西南部沿海地区、广东雷州半岛、海南岛和越
南的北部沿海地区，包括湛江、北海、钦州、防城港、海口、三亚、下
龙、海防 8 座城市（见图 2—1）。

图 2—1　北部湾地区示意图

　　北部湾同时也是一个经济区域的概念。它位于东北亚与东南亚交汇
处，是中国通往东南亚国家最为便捷的通道和桥头堡，区位优势非常显
著。早在 1989 年，一些广西学者就已经根据"九五"期间广西经济发
展的布局，提出构建"北部湾经济圈"的设想。[①] 1993 年，广西政府确
定了重点研究课题《中国大西南的出海口——环钦州湾区域经济发展研
究》，该课题首次将南宁、北海、钦州、防城港四市作为一个整体，对

---

①　周中坚：《北部湾经济区构想》，《改革与战略》1991 年第 3 期。

其在未来 10 年的经济发展进行了全面、系统的研究，从环钦州湾、大西南等几个剖面，依据区域分工与合作、资源合理配置和优势互补的原则，对环钦州湾未来发展的形势、环境、机遇和条件进行了分析。同年7 月 13 日，李瑞环在广西视察时指出：发展广西经济的一项战略性措施是加快环钦州湾地区的发展，包括北海、钦州、防城港以及距钦州湾仅百余公里的自治区首府南宁，这一区域面向东南亚，背靠大西南，有较好的港口条件和多种自然资源。抓住有利机遇加快这一区域的发展，对于广西乃至整个大西南的发展具有特别重大的意义。[①] 也正是基于这一区位优势，北部湾受到了中央政府的高度重视，特别是进入 21 世纪，北部湾迎来了千载难逢的发展机会。2004 年以来，中国与东盟相继签署了《货物贸易协议》、《服务贸易协议》和《投资协议》，标志着中国与东盟结束了关于自贸区建设的所有谈判，双方在各领域的合作由此迈上了一个新台阶。目前中国—东盟自由贸易区已正式启动，中国与东盟的经贸交流进入零关税时代，相关协议的签署使北部湾的战略地位日趋凸显。为加快中国—东盟自由贸易区的建设进程，2006 年，中共广西壮族自治区区委书记刘奇葆提出了以"泛北部湾经济合作区"和"大湄公河次区域"为两翼、以"南宁—新加坡经济走廊"为中轴，构建中国—东盟地区"一轴两翼"合作格局的新构想，泛北部湾经济合作区也因此超越了原来的地理范围，延伸到隔海相望的马来西亚、新加坡、印尼、菲律宾和文莱等国。加强中国与东盟的海上次区域经济合作，不但得到中国政府的充分肯定，也引起了东盟诸国的积极响应，在这种情况下"泛北部湾区域合作"的概念产生了。

（二）北部湾旅游合作的区域范围

1. 北部湾区域经济合作

如同许多成功的旅游合作所昭示的，北部湾区域旅游合作应遵循区域相邻与接近性、旅游资源与社会经济相对一致性和差异互补性、线路贯穿与畅通性等原则，它要求参与合作的各方共同编制旅游规划，建设旅游基础设施，进行旅游产品的开发与客源市场的开拓，进行旅

---

① 陈杰：《错位经济：解读广西经济发展》，中国商务出版社 2003 年版，第 131 页。

游产品的宣传与促销，营造旅游形象和旅游环境，以及旅游企业联合经营管理等，达到区域旅游业可持续发展的目的。事实上北部湾经济圈的发育将为区域旅游合作的顺利开展提供强大的支持，北部湾经济圈之内的合作需要考虑各方参与者的行政区面积、人口数量、产业状况等，同时也要把比较合理、相对对等、具可操作性等因素纳入视野。从战略性的发展格局来看，北部湾区域经济合作区包括下述六维区域合作的概念。

（1）第一个概念是"4"，即广西北部湾经济区，由南宁、北海、钦州、防城港四市所辖行政区域组成，陆地面积4.25万平方公里，2008年底总人口约1300万，生产总值2220亿元，分别占广西的26%和31%。广西北部湾经济区位于华南经济圈、西南经济圈和东盟经济圈的接合部，是我国西部唯一既沿海又沿边的区域，是西南地区出海大通道，是我国走向东盟、走向世界的前沿和重要门户，是促进中国与东盟全面合作的重要桥梁和战略枢纽。

（2）第二个概念是"4+2"，包括广西南宁、北海、钦州、防城港4个城市，以及玉林和崇左。考虑到区域发展的需要，把邻近沿海的玉林、崇左两市的交通和物流也纳入广西北部湾经济区规划建设中统筹考虑，这样腹地面积增加3万平方公里，人口总数超过了2100万。

（3）第三个概念是"2+4"，即"两国""四方"，中国与越南，中国的广西沿海、广东雷州半岛、海南琼州海峡和越南的北部，据此构造一个环北部湾经济圈。本区海域面积12.9万平方公里，南北长500公里，东西宽390公里，人口约6000万人。

（4）第四个概念是"6+3"，指泛北部湾（或环北部湾），环北部湾地处中国—东盟自由贸易区的中心位置，内含中国三省（广西、广东与海南），外环东盟六国，即越南、泰国、马来西亚、新加坡、印度尼西亚和菲律宾。本区域面积大，人口多，其中陆地面积332.36万平方公里，海洋面积350万平方公里；2005年，区域总人口为5944万人。①

---

① 古小松：《泛北部湾合作发展报告（2007）》，社会科学文献出版社2007年版，第8页。

本区域内各地社会经济水平差异明显，资源结构、产业结构、市场结构互补性强，经济发展富有活力。

（5）第五个概念是"10＋1"，中国—东盟自由贸易区的建立，是中国作为一个经济大国的发展必需的。东盟十国加上中国，人口总数超过18亿，为世界上涉及人口最多的自贸区。从经济规模上看，中国—东盟自由贸易区将仅次于北美自贸区和欧盟，成为世界第三大自由贸易区。

（6）第六个概念是"10＋3"，中、日、韩加东盟十国，或者三个"10＋1"。之所以形成这样的发展格局，这是因为日、韩不愿意接受被边缘化的现实，中国和东盟"10＋1"，日本和东盟"10＋1"，韩国和东盟也是"10＋1"。三个"10＋1"再进一步发展，最终就不仅是一个中国—东盟自由贸易区，而是一个东亚自由贸易区的格局。如果"10＋3"的局面最终形成，中国是中国—东盟自由贸易区的核心，也是东亚自由贸易区当仁不让的领袖，这是从国家层面来考虑的。

2. 北部湾旅游合作区域的扩展性

与此相适应，北部湾区域旅游合作的范围也包括以上六个概念。北部湾旅游合作是跨国、跨省乃至跨市县边界的区域合作，作为北部湾经济区合作的重要内容和先导领域，优化北部湾旅游合作各方的空间布局，是实现区域合作的突破口和首要任务。根据目前北部湾旅游合作的基础条件和发展水平，可以用旅游圈来优化北部湾旅游合作各方的空间布局。北部湾区域旅游合作分为三个圈层（见图2—2）：北部湾旅游圈、环北部湾旅游圈和泛北部湾旅游圈，三个圈层依次扩大，后者涵盖前者。[1]

（1）北部湾核心旅游圈。该圈层由广西南北钦防和崇左与玉林6座城市构成，北部湾旅游圈是中国唯一与东盟海陆相连的区域、中国实现以东带西和东中西共同发展新格局的重要连接点、促进中国与东盟全面合作的重要桥梁和战略枢纽。北部湾旅游圈以南宁为中心，以北海、钦州、防城港、崇左和玉林为外部边缘，形成一个旅游空间系统。

---

[1] 梁继超、阳国亮：《泛北部湾旅游合作的整体战略构想》，《广西经济管理干部学院学报》2008年第1期。

（2）环北部湾旅游圈。该圈层由"两南两广"组成，涵盖了海南和越南、广东、广西，环北部湾旅游圈区内旅游资源丰富，连"边海山"为一体，熔自然风光和民俗风情于一炉，有一批名扬海内外的旅游景点，如桂林山水、三亚的亚龙湾、天涯海角、湛江的白沙湾、北海银滩、越南的下龙湾等。环北部湾是北部湾跨国旅游合作开展时间最早、线路最成熟、业务最宽泛的地区，中越边境旅游和北海的邮轮旅游已经有了相当知名度，假以时日，必将成为北部湾旅游合作的重要品牌。

（3）泛北部湾旅游圈。该圈层由中国"两广一南"和中南半岛的马来西亚、新加坡、印尼、文莱、菲律宾、越南及与其旅游市场密不可分的泰国、柬埔寨等国构成。泛北部湾旅游圈处于太平洋西岸，是东北亚经济圈、粤港澳经济圈和东南亚经济圈这亚洲三大经济圈的重要交汇区域。泛北部湾旅游圈各国海陆相连，旅游资源丰富，可以联合开发3S、自然山水等旅游产品。

由此可以更清晰地看出北部湾区域旅游合作多层级的特性，而对这一合作格局的谋划是包含着相当长远的战略眼光的。

图2—2　北部湾旅游合作的圈层结构

二 作为区域旅游合作的边界

（一）政治特征：变化中的多层级边界

从行政权力归属来看，北部湾包括两国四方，涵盖了中国和越南的湛江、北海、钦州、防城港、海口、三亚、河内、海防8座城市，其经济交往需要跨越的有国家边界、省际边界与地市级边界。事实上，这些边界的形成经历了一个不断变迁的过程。首先，两广边界历史上屡次调整，边界地区的行政归属曾几经变更。600年前广西沿海地区隶属广东，新中国成立前广西沿海的环钦州地区归属广东管辖。中华人民共和国成立后，1951年这一地区属于广西，1955年拨回给广东，1965年后又回归广西。15年时间北部湾三次易主，也因此错过了许多发展的机遇，使得各方面条件十分相似的近邻，时至今日一个是经济开放程度最高的地区，另一个却是经济开放程度最低的地区。其次，南宁与崇左撤地建市，把原来南宁地区的横县、扶绥等县并入南宁市，使南宁市作为首府城市在2006年达到一个较大城市的规模，人口600万人。另外，越南的行政区划的调整也比较大，1975年，越南南北统一以后设36个省和3个中央直辖市，此后又经过数次行政区划的重大调整，截至2004年底，全国共划分为59个省和5个中央直辖市。越南是近30年当中行政区划变动最大和最频繁的国家之一。

在广西北部湾经济区发展规划中，把崇左和玉林加进来也是为了整合资源的需要。从行政区划来看，它们虽然没有特别的联系，但是从经济联动发展来看，南宁是北部湾经济圈最重要的依托城市，它是广西的政治经济文化中心、中国与东南亚大陆的交通枢纽，距北部湾海边仅100多公里，有高速公路和铁路直通北部湾沿海各市，车程只有1个多小时，特别是中国—东盟博览会永久落户南宁，极大地提升了南宁作为区域中心城市的地位。玉林市离北部湾边较近，是连接北部湾与发达的珠三角的纽带，而且玉林市有发达的制造业。崇左是边境城市，这是一条通往东南亚的最便捷的经济通道。只有玉林与崇左的加入，广西北部湾才有实力和地位在北部湾经济圈中起主导作用。从旅游的角度来看，钦州、北海和防城港充其量只是区域性的旅游城市，短期内难以成为区域的中心旅游城市。而依靠南宁首府城市的集聚与扩散功能，充分发挥区域内各城市的联动效应，才能带动周边地区旅游业的发展。

在国家间的交往方面，中越两国曾经是同志加兄弟的关系，后来一度交恶并形成了严重的军事对峙局面。1991 年 11 月 1 日中越两国关系实现正常化，为了促进边境地区恢复和经济发展，双方共同签署《中国边境临时协定》，同意在两国边境一线的乡（镇）开设互市点开展边贸活动。自 1991 年以来，中越边界区域的口岸与边境市场已经发生了很大变化，广西与越南边境地区的口岸与边境市场情况具体见表 2—1。

表 2—1　　1991 年《中越边境临时协定》开放的陆地入境口岸对子

中国口岸名称/属地	越南口岸名称/属地	口岸类型（至 2007 年时）
东兴/广西防城港	芒街/广宁省	国家一类
峒中/广西防城港	横摸/广宁省	边民通道（现为国家二类）
爱店/广西宁明	峙马/谅山省	边民通道（现为国家二类）
友谊关/广西凭祥	友谊关/谅山省	国家一类
凭祥/广西凭祥	同登（铁路）/谅山省	国家一类
平而/广西凭祥	平而/谅山省	边民通道（现为国家二类）
水口/广西龙州	驮隆/高平省	准国家一类（现为一类）
科甲/广西龙州	河谅/高平省	边民通道（现为国家二类）
硕龙/广西大新	里板/高平省	边民通道（现为国家二类）
岳圩/广西靖西	坡标/高平省	边民通道（现为国家二类）
龙邦/广西靖西	茶岭/高平省	边民通道（现为国家一类）
平孟/广西那坡	朔江/高平省	边民通道（现为国家二类）

资料来源：李红：《边境经济：中国与东盟区域合作的切入点》，澳门：澳门学者同盟 2008 年版，第 104 页，有删节。

在漫长的中越边境线上，凭祥是一个重要口岸，承担了大量的中越物资与人员流动，凭祥段及其周边口岸的国际对应情况如表 2—2 所示：

表 2—2 　　　　　　　　　　凭祥段及其周边口岸的国际对应

中国方面	越南方面
广西·龙州·科甲	高平·下琅·秘河/河谅
广西·龙州·水口	高平·广和·驮隆
广西·龙州·布局	高平·石安·国庆
广西·龙州·平而	谅山·长定·平而
广西·凭祥·浦寨	谅山·文朗·新清
广西·凭祥·弄怀	谅山·文朗·新美/谷南
广西·凭祥·友谊关	谅山·高禄·友谊关
广西·凭祥·凭祥（铁路）	谅山·高禄·同登（铁路）
广西·凭祥·油隘	谅山·高禄·保林
广西·宁明·北口	谅山·高禄·高楼
广西·宁明·爱店	谅山·高禄·峙马
广西·宁明·板烂	谅山·禄平·三家

资料来源：李红：《边境经济：中国与东盟区域合作的切入点》，澳门：澳门学者同盟
2008 年版，第 105 页。

（二）经济特征：多边环抱的"旅游金三角"

从边界的角度来看，北部湾具有突出的二重性，一方面它是多边合作的边界，处于中国与东盟以及国内东西部合作的边界位置；另一方面它也是一个相对独立的经济区域，其自身的发展也需要突破多种层级与规模的边界障碍。北部湾位于南海西北部，东部和东北部的雷州半岛、北部的广西沿海以及越南构成一个封闭的桂南、粤西、琼北"金三角"海湾，面积约 12.8 万平方公里。从中国的近海海域看，渤海基本上已经变成了一个死海，每年赤潮泛滥，臭不可闻；黄海属于名副其实的"黄海"，渔业资源比较丰富，真正可以开发的旅游资源却相对贫乏；东海海域近年来污染的情况也越来越不容乐观。北部湾的开发程度比较低，但是蓝天碧海的纯净反而形成了一个独特的优势，一个其他海域无法比拟的优势。

广西与越南不仅"山连山，江连江"，而且海路相通，广西北部湾的沿海港口与东南亚各国主要港口联系密切，有多条公路通往越南，湘

桂铁路与越南铁路连接直达河内市。海南省西临北部湾与越南相对，东濒南海与台湾省相望，东南和南面在南海中与菲律宾、文莱和马来西亚为邻，是中国仅次于台湾的第二大岛，环岛海岸线长 1528 千米，有大小港湾 68 个。广东省在珠江三角洲东西两侧分别与香港和澳门特别行政区接壤，大陆海岸线长 3368.1 千米。湛江市有部分地区与北部湾接壤，它与广西南部、海南西部以及越南北部沿海地区共同构成了环北部湾经济圈的有机组成部分。

北部湾区域旅游合作既涉及国家边界，又有省级边界，还有最基层的地市级边界。从行政区边界来看，北部湾的边界两侧经济与文化存在较大的差异。省级边界的广西与广东分别代表中国经济最发达地区与欠发达地区，而中国与越南包括东南亚国家连接的边界，又属于经济发达的国家与欠发达国家，尤其中国与越南都处于经济转型时期，经济发展体制差异明显。北部湾涉及多维行政区边界的区域旅游合作，由于政治、经济体制差异及各自的历史文化的渊源，使多维边界表现出较强的边界效应。如中越边境地区，国家边界的屏蔽作用就相当明显，既有通关规则、旅游政策与价格等方面的限制，也有国家认同感和民族归属感方面的不同取向，这为中越两国的跨边界合作增加了难度。

（三）文化特征：多民族比邻而居

北部湾是一个多民族聚居的地区，不同的民族各有独特的民俗文化，同时又相互影响，异中有同。以广西人数最多的壮、汉民族为例，广西 12 个民族长期以来友好相处，壮族与汉族经过两千年的民族融合与文化交往，如今已经形成了你中有我、我中有你的局面。再以中越边境地区的民族关系为例，在中越边境地区，依中越两国认定民族的标准，可划分成十多个少数民族，但在许多民族内部，还存在着一些在语言、习俗、信仰等方面有一定差异的亚群体，如壮族内部有布偏、布傣、布依、布央、布衣等，汉族有客家人、广府人等，瑶族有大板瑶、细板瑶、花头瑶等，甚至某些群体内部，还可以分生出亚支系，如壮族的依人中，有依雷、依板卡之分。差异是存在的，但共性也不容忽视，越南与中国虽然民族认定标准不同，但以亚群体而言，则两国边民中不少亚群体在称谓、语言、文化上有许多共同性。因此，北部湾地区各种旅游要素的流通需要面对民族文化的边界，民族关系改善与否影响着旅游合作通道的畅通性，以及两侧旅游需求量的变化。①

自1991年中越关系正常化以来，双方的边界线既是国家主权控制的分界线，也是一条经济合作、文化交流的纽带，是两国经济、文化交流的前沿与重要门户。边境地区的城市，如东兴、凭祥已发展成中国优秀旅游城市，芒街成为重要的边贸旅游集散地。边界也逐渐成为旅游目的地，边境的界标、"国门"建筑，包括工作人员的仪表、工作方式和各式各样的标识物、纪念物、告示牌等都成为旅游吸引物（见图2—3）。

图2—3a　东兴国门　　　　　图2—3b　凭祥友谊关

中越边界的德天瀑布因其作为世界第四、亚洲第一大跨国瀑布的特殊地位而吸引了众多游客。中越边界现在已经发展成为业务繁忙的旅游通道，20世纪90年代以来，接待游人已经达50多万人次，为当地创造旅游收入5000多万元。中国已经成为越南的最大国际客源市场，而越南也是广西最大的海外市场。随着双方边界旅游的开展，中越两国正致力于在边境地区构建一个无国界旅游区。

三　北部湾旅游跨界合作的意义

北部湾经济区是我国沿海开发程度最低的地区，南宁虽然是广西的政治、经济与文化中心，但它大体上只是处于从工业化的中期到后期的

---

①　张有隽：《中越边境边民的族群结构——以龙州金龙峒壮族边民群体为例》，转引自徐杰舜《族群与族群文化》，黑龙江人民出版社2006年版，第504页。

发展阶段，其他的各个地方基本上都在从工业化的早期向中期发展，和我国其他沿海地区相比，这里要落后一到两个阶段。判断一个地区的工业化发展阶段主要是看产业结构的比例，比如，北京现在第一产业占2%，第二产业占25%，第三产业占73%，属于典型的后工业化社会；上海大体上也是如此，基本上进入了工业化的后期。沿海地区的许多城市现在都已经进入了后工业化时期，但是北部湾经济区的几个主要城市大体上还处在工业化发展的早期，或者正在向工业化发展的中期过渡，其中的主要问题是城乡二元结构的矛盾还比较突出。

从所具有的战略地位来看，北部湾经济区的优势也相当明显。北部湾经济区发展势头迅猛，速度很快，随着沿海港口吞吐能力的扩大和功能的不断完善，北部湾经济区必将成为我国发展临海工业不可多得的重点地区。北部湾是中国国际区域合作的前沿阵地和热点地区，处于"一轴两翼"战略的中心点，具有强大的发展动力；拥有丰富的、富于南国特色的海洋旅游资源，是我国最纯净的一片海域；是我国唯一的沿海跨国、山海互动、国际合作顺畅的旅游区；是中原文化延伸、少数民族文化弘扬，并与海洋民族文化实现对接的交汇之地。北部湾旅游业如果能够克服边界障碍，必将成为一个财富湾、动力湾、风情湾、生态湾、国际湾与和谐湾，其重要意义将是多方面的。

（一）打破行政条块分割，促进地缘政治稳定

以广西北部湾经济区为核心的北部湾地区是包括环绕北部湾北部、东部和西部的一个广大区域，是在中国沿海地区除长江三角洲、珠江三角洲和环渤海湾三大经济圈之外的一个跨国界、跨省区的新的经济圈。北部湾与东盟各国陆海相连，北部湾区域旅游的跨界合作如果能够成功进行，将为打破行政区边界的束缚、有效提高区域治理的水平积累经验。在长期的计划经济体制下，行政权力的运作通过各级政府实施，不同行政区间边界高筑，壁垒分明。由于条块分割，无视生产要素的优化配置，这种模式已不能适应世界经济一体化的要求。北部湾区域旅游合作探索广西与广东、广西与海南，包括广西区内相关地市之间基于市场机制的区域旅游一体化的发展模式，寻求加强关联的解决途径，是突破行政区政治边界束缚的一种有益尝试。

另一方面，北部湾区域旅游合作必将使我国对外战略的调整变得更加具体，在极大程度上丰富我国"与邻为善、以邻为伴"的周边外交政策的内涵，促进我国"睦邻、富邻、安邻"的周边外交策略的实施。北部湾地区以其得天独厚的地理位置，在中国参与世界旅游合作特别是东南亚旅游合作中具有其他地区不可替代的作用，该地区是我国东、中、西三大地带在南方的接合部，在全国区域旅游发展战略中具有承东启西、吸纳腹地的功能和作用，而且是沟通我国与东南亚各国联系距离最短、最便捷的出海通道。北部湾旅游业的发展有助于面向东盟海上通道的开拓，保障国家经济安全；深化利用海洋资源，强化中国在领海的存在，促进地缘政治稳定；推进对外开放，建设新型国家窗口，成为新的国家形象的集中体现。加强北部湾旅游合作，推动泛北部湾区域合作，对于推进与东盟各国的友好关系、营造长期稳定的周边环境具有深远的意义。

（二）优化地区产业关联，形成新的消费亮点

北部湾经济区及其外延的扩展是经济全球化和区域一体化双向运动的必然结果，北部湾经济区肩负着带动广西乃至中国西部地区经济发展和对外开放的重任，中国—东盟自由贸易区建设对于中国—东盟全面合作的深化和我国对外开放合作水平的提升具有重要意义。旅游合作是北部湾区域经济合作的重要内容，它将跨越泛北部湾地区不同国家与行政区划的限制，广泛推动该地区旅游部门、行业组织、旅游企业以及旅游城市之间开展务实合作，充分发挥区域旅游的整体优势，不断完善区域旅游合作机制的功能，从而打造区域联动、协调发展的新格局。通过跨国跨区域旅游合作，可以提高北部湾地区各城市的城市化程度、经济发展水平、旅游产业的经济实力以及旅游市场的发育程度。20世纪90年代以来，东南亚国家凭借美丽的自然风光、悠久的历史文化、良好的旅游设施和服务质量，成了亚洲旅游业发展最快的地区，并有力地推动着国际旅游业的重心东移。随着国际旅游业的重心东移，加快环北部湾地区旅游业的合作步伐，不仅有利于区内各地，而且对于带动我国其他地区旅游业的发展、发挥我国在东南亚区域旅游中的作用和影响力无不具有重要的战略意义。

把旅游业培育成北部湾地区国民经济的支柱产业，这一战略性的产业定位充分肯定了旅游在国民经济中的地位，这一定性意味着一系列政策可以循此展开，既把握了眼前也兼顾了长远。发挥北部湾地区的后发优势，就是要大力推进旅游产业结构从观光型向休闲型战略转变，使旅游这一新兴产业转化成新型产业，把开发新兴旅游休闲产品、提升国民生活品质提高到产业战略的高度，这就为旅游产业下一步的发展开拓了一个广阔空间。因此，北部湾跨界旅游合作的深化将有助于优化产业结构，形成新的消费亮点，全面促进区域内所有国家和地区的经济发展步入良性循环。

（三）促进民族跨界交流，加快文化产业发展

北部湾是一个多民族聚居地，每个民族都拥有独特的个性文化与生活习俗，民俗文化旅游开发是北部湾区域旅游合作的重要内容，跨越各不相同的民族文化的边界是北部湾区域旅游发展的关键一环。加强北部湾区域旅游合作是旅游业发展的需要，对于不同民族文化的沟通也将起到促进作用。北部湾区域旅游合作，一项十分重要的工作就是激活周边相关各方共同的文化元素。北部湾地区拥有丰富、独特的非物质文化遗产资源，北部湾相关各方应借中国—东盟自由贸易区建成的机遇，研究和运用自由贸易区的政策，加强对本地区非物质文化遗产资源的保护，同时规划开展各地非物质文化遗产旅游开发中的交流与合作。

北部湾区域旅游合作的目标是构建广西北部湾文化产业圈。这一举措有助于本地区分散的民族文化旅游资源走向整合，形成各民族跨文化交流的良好态势，构建具有国际影响的高品位的文化旅游目的地；同时也将推动北部湾丰富的民族文化资源转化成旅游商品，将使民族文化旅游更具有国际性和知名度，吸引更多的国内外游客到广西旅游，促进旅游业的发展；而旅游业的发展又使人们更加认识到保护和集成民族文化旅游资源的重要性，并自觉保护、挖掘和利用好民族文化遗产，对民族文化的传承和发展起到积极的作用。文化产业是 21 世纪蓬勃发展、前景广阔的产业，在北部湾文化产业圈的建设中，广西的文化产业从规模到质量都有了极大的提升。"八桂大歌"、"印象·刘三姐"、"漓江画派"、南宁国际民歌艺术节等已经成为颇具影响力的文化产业品牌，在

丰富群众生活、优化产业结构、创造就业机会、促进国民经济增长诸方面均发挥着越来越重要的作用。

第二节　北部湾区域旅游合作的进展

在核心—延伸的张力之间，北部湾区域旅游开发形成了核心区、主体区与联动区三个圈层，正是这一圈层结构赋予了北部湾区域旅游开发一种整体优势。区内可供开发利用的旅游资源丰富多样、品位高、组合度高、特色明显，且各地旅游开发已具备一定规模，为下一步旅游业的协同发展提供了良好的资源保证和开发基础。但是我们必须清醒地认识到北部湾区域旅游业整体上主要是以初级性产品进入发育中的市场，诸如投资环境不完善、产品的品位不高、精品化程度不够、品牌影响力较小、经营方式单一等，都是产品仍处于初级阶段的具体体现。而另一个不容忽视的事实是随着广西北部湾成为我国西部大开发和面向东盟开放合作的重点地区，北部湾区域旅游获得了一个转变思路，一个实现跨越式发展的契机，并且这一转变已经发生了。相对较低的起点与相当光明的前景，评价北部湾区域旅游合作的进展应围绕这一基本判断进行。

一　北部湾区域旅游合作的基础

北部湾区域旅游合作与经济合作既相辅相成，又具有各自的独立性。旅游合作以经济合作为基础，同时也要体现旅游自身的特点，遵循旅游产业扩张的一般规律。北部湾区域旅游合作的每一次进步都与区内旅游资源的特点、客源市场的特点、交通网络的完善等方面密切相关。

（一）资源要素

北部湾地区包括四大旅游区（广西北部湾区、广东雷州半岛、海南岛和越南东北部），有8个旅游城市坐落其间。北部湾旅游资源分布广泛，丰富多样，既有现代国际旅游所追求的"绿色、阳光、海水、沙滩、气候"五大自然要素，又有最热门的"港口、岛屿、河流、山峰、岩洞、森林、田园、风情、动物"十大景观要素，且每个子区域的旅游资源也都大体能够做到与众不同。按照国家《旅游资源分类、调查与评价》标准，北部湾拥有 8 个主类，32 个亚类，133 个基本类型。其中，自然类旅游资源有 351 种，约占北部湾旅游资源种类的 23.7%；人文类旅游资源 1132 种，约占 76.3%。

在广西北部湾经济区，北海以南亚热带海洋系列景观和滨海海滩的旅游资源为代表，有享誉"天下第一滩"美名的北海银滩、涠洲岛、斜阳岛和合浦星岛湖；钦州有"南国蓬莱"之称的"七十二泾"、麻兰岛；防城港有十万大山、江山半岛、金滩，东兴有与越南芒街的边贸互市、京族文化。广西旅游"上山下海又出国"的基本思路正是在此基础上形成的。

在雷州半岛，有清澈的海水、洁白的沙滩，有中国内地最完善的逾 2000 平方公里的浅海珊瑚礁，有世界仅有的两个玛珥湖之一的湖光岩景观，还有独特的雷州古文化和南亚热带现代农业景观。在海南岛，有自然风光、人文景观、民族风情、珍稀动物、热带海滨沙滩，著名的旅游景点有三亚的天涯海角、亚龙湾、鹿回头、崖州古城和琼中五指山。

在越南东北部，旅游资源同样丰富，首都河内是越南主要的旅游城市，不仅有"万花"之称，名胜古迹也位居全国之冠；海防市是越南北方最大的港口城市，有著名的涂山旅游区，被称为"海上桂林"的下龙湾堪称海上奇迹，联合国教科文组织已将其列入"世界自然文化遗产"名录。

（二）客源市场

北部湾的旅游客源市场主要由三部分构成：一是国内游客，主要是西南、西北和中部地区的游客；二是欧美地区的游客；三是东南亚国家的游客，随着中国与东盟国家关系的改善，中国—东盟已发展成为重要的双向旅游目的地。2008 年北部湾地区总游客量达 7450.44 万人次，入境游客 147.94 万人次，国内游客 7302.5 万人次；旅游总收入达 479.86 亿元，外汇收入换算人民币为 33.51 亿元，国内旅游收入 446.35 亿元。入境游客人均消费 327.6 美元，平均停留时间 1.09 天；国内游客人均消费 611.2 元，平均停留时间 1.75 天。2008 年旅游总收入相当于 2001 年的 2.32 倍，2001 年旅游收入仅为 192.7 亿元，7 年时间增长了 1.5 倍。

但是，北部湾旅游市场无论国内还是国际方面都还处于起步阶段。2008 年区域国内旅游收入仅占中国国内旅游收入的 5.1%（8749 亿元）；而国际旅游收入仅为中国入境旅游收入的 1.18%（2819 亿元）。2008 年北部湾区域国内游客占游客总量的 98.01%，入境市场仅仅占 1.99%。区域内市场冷热分布不均衡，存在一定差异，如海南市场较热，广西沿海、广东雷州半岛市场偏冷。2008 年，北部湾海南片区接待入境游客 97.9 万人次，占北部湾入境游客总量的 66.02%；广西北部湾地区接待入境游客 43.71 万人次，占总量的 29.53%；湛江接待入境游客 6.33 万人次，占总量的 4.28%。三亚、南宁、湛江、北海、海口等城市旅游发展较好，崇左、防城港、钦州、玉林等市旅游发展比较滞后。

（三）交通条件

北部湾区域内基础设施建设的一体化趋势日渐明显。作为传统意义上的中国陆上交通的末梢，北部湾现在正逐步转变为一个区域性的国际交通枢纽，这一转变将有助于北部湾区域旅游的可进入性，使线路的连接日益便利。

北部湾海岸线漫长，可供开发的大小港口有 32 个，万吨级以上的泊位已建成 43 个，是国际海港密度最大的区域之一，海上交通比较便利。近年来，环北部湾经济圈交通发展较快，陆上交通正在逐步趋于完善。现有黎湛、南（宁）防（城）、凭（祥）河（内）、河（内）海（防）铁路及用火车、轮渡连接的广（东）海（南）、海南岛内铁路等，此外还有目前正在修建的洛（阳）湛（江）铁路等。公路方面，有纵贯广西南北的桂（林）北（海）高速公路和成都至北海的西南公路出海通道、桂林—南宁—防城的高速公路以及南宁—友谊关的高速公路。广（州）湛（江）高速公路、海南环岛高速公路以及目前正在修建的广西沿海高等级公路，把珠江三角洲与环北部湾经济圈进一步紧密地结合起来，连接港澳、广东、海南、广西同越南的广宁、海防等沿海地区，成为环北部湾的主要沿海通道。航空方面有北海、海口、湛江、三亚、南宁、河内等航空港，航空线可达东南亚的很多国家和中国国内的各大中城市。①

（四）产业延伸

本区域日益成为接受世界各地经济辐射和产业倾斜的重点领域。近几年，一批重大产业项目相继落户经济区，在建和拟建的重大产业项目总投资达 3000 亿元，其中投资超过 10 亿元的重大产业项目达到 32 个。石化、钢铁、能源、林浆纸、电子信息、轻工食品等产业布局正加快形成，两年多来共完成投资 400 多亿元。同时，为推动产业聚集，提出加快钦州保税港区、钦州港工业区、防城港企沙工业区、铁山港工业区、凭祥综合保税区、北海电子产业园、龙潭产业园和南宁国际物流基地等"五区两园一基地"建设。港口工业、临海工业等产业的壮大必将带动港口旅游、工业旅游、滨海旅游等新兴产业的兴起，并推动区内旅游合作的进一步发展。

二　北部湾区域旅游合作的进程

北部湾区域旅游合作是一个逐渐推进的过程。这一进程始自 20 世纪 90 年代，具体可以划分为三个阶段，即起步（20 世纪 90 年代）、形成与发展（2000—2004 年）、全面推进（2005 年至今）。在这一进程中，区域旅游合作的边界障碍逐步削弱，合作范围不断扩大：从广西北部与南部、东部与西部的资源整合，到两广无障碍旅游区的建设，再到中越跨国界合作的稳步推进。合作内容也在不断深化：旅游线路的开辟，客源市场的互送，共同的市场促销，以及区域旅游合作信息平台的逐步搭建，等等。

（一）起步阶段（20 世纪 90 年代）

1. 广西内部旅游资源的整合

进入 20 世纪 90 年代，广西旅游业发展步伐加快，主要是进行广西旅游资源的内部整合。根据《广西旅游产业总体规划》和《广西旅游业十五规划》确定广西旅游产业的总体布局是"四区一带一龙头"，以桂林为龙头，以桂林—柳州—南宁—北海/防城港旅游带为重点，逐步建

---

① 王雪芳：《环北部湾经济圈的区域旅游合作研究》，《改革与战略》2007 年第 5 期。

成桂北、桂南、桂东和桂西四大旅游经济区，其中桂南旅游经济区即是指以南宁、北海、钦州、防城港为中心的北部湾经济区。经过 10 多年的建设，广西旅游业初步实现了南北对接、东西互联共同发展的格局。[①]

2. 中越广西边境旅游开始起步

1992 年春，邓小平在"南方谈话"中强调要进一步克服闭关自守的思想观念，加快对外开放。同年 5 月 29 日国家旅游局下发了《关于广西壮族自治区开展中越边境旅游业务》的复函；1992 年 5 月 13 日，国务院批准广西壮族自治区开展中越边境旅游业务；6 月 9 日国务院决定进一步开放南宁、昆明及凭祥等 5 个边境城市；6 月 16 日中共中央、国务院做出了《关于加快发展第三产业的决定》；7 月 16 日国家旅游局下发关于扩大边境旅游、促进边疆繁荣的意见；9 月 16 日广西旅游局颁布《关于开展中越边境旅游业务的暂行管理办法》；1997 年广西区党委、政府做出《关于加快旅游业发展，建设旅游大省的决定》；1999 年广西区政府颁布了《关于进一步加快广西旅游业发展的实施方案》，将旅游业作为支柱产业来抓。在这些政策的指导下，自 1992 年至 1996 年中越两国边境地区旅行社联手开发旅游线路，并以合同书的形式规范双方的旅游业务活动。越方为中方的游客开辟了经凭祥到谅山、宁平、广宁、河内、西贡等地的一日游到七日游的线路；中方为越南的游客开辟了经凭祥到南宁、柳州、北海、广州、深圳以及上海、江浙地区、贵州与四川地区甚至到北京等一日游到七日游的旅游线路。1996 年，由旅行社组织的中国公民出境旅游在广西达 12.06 万人次，仅次于广东、云南，位居全国第 3 位。1997 年，经东兴口岸出境的游客达 257 万人次，其中纯边境旅游的达 40 多万人次；经凭祥出境的中方公民 126 万人次，入境的越方公民 200 多万人次，纯旅游的达 30 多万人次。1998 年开通了北海到下龙湾中越海上旅游航线。[②]

（二）发展阶段（2000—2004 年）

如果说，20 世纪 90 年代还是广西内部旅游资源整合的话，进入 21

---

① 陈昕正：《跨世纪的形象产业》，广西旅游局（内部出版物）1999 年版，第 242—243 页。

② 陈沧：《中越边境旅游的互动研究》，《产业与科技论坛》2008 年第 4 期。

世纪，北部湾的区域旅游合作已经进入跨省跨国旅游合作形成与发展阶段。这一阶段具重要意义的事件是两广建立无障碍旅游区与中国—东盟博览会在南宁的举办。

根据《泛珠三角区域合作框架协议》和《两广旅游交流与合作协议书》，随着两广六市无障碍旅游区的启动和两广九市打造无障碍旅游区宣言的签署，作为区域旅游合作层面上的两广无障碍旅游区正式建成。两广无障碍旅游合作在由点成线、由线及面的状态中逐步展开，2004 年6 月，两广签订《两广旅游交流与合作协议书》，两广六市（广州、佛山、肇庆、桂林、梧州、贺州）无障碍旅游合作区建立；再后来是两广九市（茂名市、湛江市、云浮市、阳江市、北海市、防城港市、玉林市、钦州市、贵港市，后增加来宾市，应为十市）无障碍旅游圈成立，进而建立两广20 市无障碍旅游区。

2004 年首届中国—东盟博览会在广西南宁的成功举办，大大提升了南宁的知名度，南宁市旅游投资市场对东盟国家的客商吸引力也随之增强。如马来西亚著名旅游企业绿野仙踪集团计划在南宁青秀山投资建设大型绿野仙踪旅游主题项目，新加坡金龙旅游集团董事长蓝德珉先生也多次带领新加坡旅游团专程到南宁寻求旅游合作。

与此相对应的是边境旅游迅速发展的势头。2003 年广西防城港至越南下龙湾的海上航线开通；2004 年2 月15—19 日，广西还成功开展了凭祥—谅山—河内—下龙湾越南自驾游活动；经公安部批准，崇左市公安局在2004 年中国—东盟博览会前一个月，在友谊关口岸临时设立签证办公室，为持有与博览会有关邀请函的外国人办理口岸签证。友谊关口岸正式开办落地签证，大大简便了通关办证手续，有利于崇左市和凭祥市的经济发展；而越南国家旅游总局也对从公路、铁路和水路进入越南的中国游客实行免签证待遇，游客凭一个特别通行证即可经越南北部的广宁、谅山、河江、高平、老街和莱州六省的国际口岸入境，到越南全境旅游观光。但如果游客乘飞机到越南，还是需要办理相关签证。

中越边境旅游已由开始的一日或两日游逐步发展成为多日游；旅游活动空间也从最初只限于对应的边境口岸如凭祥、友谊关、东兴、水口、同登、谅山、芒街、驮隆等向内地延伸直至河内、海防、胡志明市等，此外各口岸的旅游项目、交通状况也不断改善，旅游流量逐年增加。①

（三）全面推进阶段（2005 年至今）

这一阶段是众多产业参与、主体多元化、综合机制协调下的全方位旅游业区域合作。这时的区域旅游合作已不仅是旅游业的合作，而是包括与旅游业相关的众多行业之间的合作，区域主体呈现多元化，包括企业、民间组织、政府等，沟通与整合的过程促使政府的地位和作用不断凸现。

1. 交通是区域旅游合作发展的引擎

2005 年，南宁—友谊关高速公路通车。南友高速的开通大大缩短了南宁至凭祥、崇左等地的行程，仅南宁至凭祥的路程就缩短到了 179 公里，行车时间也由原来的 5 小时缩短到 2.5 小时。另外，南宁到崇左缩短到 90 多公里，行车时间由原来的 3.5 小时缩短至 1.5 小时。南宁到大新、到宁明花山、到龙州的距离缩短了 2—3 个小时。同时，南宁—友谊关高速公路与越南 1 号公路对接，之后可转道到达缅甸、柬埔寨、泰国、马来西亚、新加坡等东盟各国，这是正在建设中的陆上跨国自驾车旅游线路。

海运方面，中国北海至越南下龙湾海上旅游航线于 1997 年 12 月开通。迄今为止，北海市先后吸引北部湾八号、新上海号、明辉公主号、海洋公主号及茗花女王号等多艘邮轮参与该条跨国旅游航线的营运。2006 年 7 月 28 日首航北海至越南下龙湾海上航线。截至 2007 年 4 月，北海至越南海上旅游航线累计接待游客近 30 万人次。

另外国内多个城市有直达越南首都河内和胡志明市的航班，从北京、广州、南宁等城市几乎每天都有航班直达越南河内或胡志明市。而国内还有多座城市即将开通直飞越南的国际航班。海、陆、空交通运输的发展和扩大预示着中越两国相互往来将更加快捷和便利。

2. 广西"4+2"旅游城市联盟成立

2007 年 6 月 21 日，北部湾经济区的南宁、北海、钦州、防城港、

---

① 陈沧：《中越边境旅游的互动研究》，《产业与科技论坛》2008 年第 4 期。

玉林、崇左 6 个城市签署合作协议，组成北部湾经济区"4 + 2"城市旅游联盟。本着资源共享、线路共建、市场共拓、客源互派、信息互通、互利互惠、相互带动、多方共赢的原则，六市建立城市旅游联盟，共同打造广西北部湾经济区旅游拳头产品。

3. 两广合作硕果累累

经过 10 多年的努力，两广旅游合作取得了许多成效：2006 年两广旅游合作会上签下 26 个经贸合作项目合同和《"十一五"广东广西扶贫协作计划纲要》，总投资 67.7 亿元，涉及"工业、农林牧渔业、矿产开发与加工、交通运输、物流仓储、房地产开发、能源、旅游开发、基础设施、高科技以及贸易合作等领域"，加大了对广西的投资力度。两广旅游合作及无障碍旅游区的逐步启动，进一步带旺了广东省自驾车旅游者进入广西的旅游市场，也推动了广西和周边各省区游客的互动。据统计，两广旅游合作实施之前，广东每年接待广西的游客约 300 万人次，广东赴广西的游客约 500 万人次。到 2008 年，广东接待的广西游客达 500 万人次，广东赴广西的游客已达 1600 万人次。两广无障碍旅游区的建立，带动了相关旅游产业群的发展，旅游收入大增；进入广东境内旅游的广西游客也有较大幅度上升，基本上达到了互惠互利的目标，这就为两广旅游企业创造了很大的发展空间，两广经济实力得到有效提升（见图 2—4）。

图 2—4　两广相互接待旅游者总量和占接待总量的比重

资料来源：根据新华网公布数据绘制。

4. 泛北部湾经济区合作论坛的成功举办与常态化

自泛北部湾区域经济合作构想提出一年以来，得到了泛北部湾所有国家和地区领导人的广泛认可。2007 年 7 月广西南宁举办了"泛北经济合作首届论坛"，一致确认泛北部湾区域经济合作要从共识走向实践。旅游合作是泛北部湾区域经济合作的重要内容，它将跨越泛北部湾地区不同国家的行政区划限制，广泛推动该地区旅游部门、行业组织、旅游企业以及旅游城市之间开展务实合作，充分发挥区域旅游的整体优势，强化旅游合作机制的功能从而实现区域联动，不断完善区域协调发展的新格局。因此，泛北部湾区域旅游合作将全面促进区域内所有国家和地区的旅游业发展步入良性循环。

5. 跨国旅游合作进展顺利

2005 年中国广西加入大湄公河次区域合作网络，2009 年初南宁至越南国际列车通车到河内嘉琳。为了应对国际金融危机，越南旅游政策开始出现宽松趋势，即持边境通行证赴越南的中国游客不仅可以走河内—下龙—谅山的传统线路，还可以到顺化、胡志明等中部、南部城市旅游，当天持边境通行证可在越南全国旅游，越南对持护照的国际游客到中部、南部旅游可实施免签证费用的优惠政策。中越跨国瀑布联盟、跨国自驾车旅游的谈判由此进入实质性阶段。

三 北部湾区域旅游合作的现实困境

（一）区域旅游合作基础脆弱，协调机制还没有形成

1. 合作形式单一，内容深度有限

从北部湾区域旅游合作的现状看，目前合作的形式比较单一，基本还停留在浅层次的广告宣传、旅游促销和一些旅游线路层面，深层次的双边或多边旅游合作还有待深入，而恰恰是这一点在相当程度上限制了北部湾区域旅游跨界合作的有效推进。从范围来看，合作还不够广泛，尤其是广西与珠三角、东盟的旅游合作空间还有待拓展。区内已经建立中国—东盟博览会和泛北部湾经济合作论坛两大旅游合作平台，但是，旅游项目合作开发在中国—东盟博览会中占的比重不高，泛北部湾经济合作论坛虽然创办 4 年，其影响越来越大，但在每一届论坛期间，旅游

合作尽管可以作为其中的一个议题，所占内容分量却仍然偏小。

2. 区域旅游合作的机制尚未形成

区域旅游合作就具体内容而言主要集中在以下几方面：旅游基础设施和生态环境，旅游产品的生产和销售，相关制度、政策和行业规范的制定等。现实的情况是北部湾不同合作主体的有效活动领域往往存在差异，比如地方政府更易于在旅游基础设施建设，生态环境维护和制度、政策、法规建设的合作方面发挥作用；旅游企业的有效合作集中于旅游资源开发、旅游产品供给与客源市场的开拓方面。区域旅游合作是利益相关的多方主体的合作，涉及方面多，关系复杂，具体内容如图2—5所示。

图2—5　旅游合作伙伴的类型

资料来源：Timothy, D. J. 1999,（7）：182—205.

区域旅游合作各方的协调推进必须依托相应的推进机制。北部湾经济区成立的时间不长，因而其区域旅游合作依靠的主要还是一种运行相当粗放的非制度性合作协调机制，从对区域内发生的利益冲突问题的协调来看，合作各方的协调机制还没有真正建成，甚至还没有形成协调机制所必需的制度框架。目前北部湾区域旅游合作的核心问题，就在于缺乏一个真正反映北部湾区域旅游合作现实的制度框架，以制度化的议事和决策机制来改变组织形式相对松散的现实。从当前区域旅游合作的实践可以看到，非制度化的合作协调机制多表现为"联席会议"或"论坛"等形式，各方的代表组成一般不会做出级别方面的硬性规定，随意性和流动性比较大，召开的年度会议往往采取轮流坐庄的形式，参与的工作人员也多是兼职轮值。这类协调机构的地位比较游离、模糊，整个工作缺乏连续性和稳定性，合作中的协调、规划、指导、服务功能表现得比较脆弱，对经济、法律等手段的运用也缺乏权威，在编制整体开发规划、协调项目实施、提供资金保障、提供法律保障等方面均有不足，缺乏必要的工作手段和组织方式，由此阻碍旅游合作向纵深发展。此外，合作协议缺乏各方在合作关系中应遵守的规则、违反区域旅游合作条款后应承担的责任、对违反区域合作规则所造成的经济和其他方面损失应做的经济赔偿规定，使得合作协议只能成为纸面上的共识。[①]

（二）旅游资源开发分散，要素资源短缺，发展活力不足

1. 旅游资源分散，旅游产品谱单一，重观光，轻休闲

北部湾拥有丰富的旅游资源，滨海观光、休闲度假、边关风情、跨国体验、山水生态、民俗风情、历史文化、会展商务等等，由此衍生的旅游产品现在已基本形成体系，但是还不完备、不成熟，尤其是缺乏精品，需要进一步的提升，特别是国际化层面的提升。旅游产品谱单一，重观光、轻休闲，除了少数景区（如北海银滩）进行了多层次开发外，其他景区仍过分依赖自然风光（如山口红树林保护区），多以娱乐型、观光型旅游产品为主，而疗养型、商务型等相对较少；另外，各景区的开发均未能对人文旅游、文化旅游给予足够的重视，文化内涵不充分，因而没有持久吸引力；有些景点景区存在着重复建设的现象，没有突出自身的独特性和个性魅力。与东南亚的一些国家如泰国普吉岛相比，虽然普吉岛总体经济并不是很发达，但是他们有很好的酒店等配套设施，因此形成了国际一流的度假区，而北部湾现在还没有达到这个层面。

2. 要素资源短缺，发展活力不足

所谓要素资源就是土地、资金、信息、技术、管理、产权等一系列发展要素，而不是旅游的行、游、住、食、购、娱六要素，这是一套发展要素，这一套发展要素的短缺制约和影响了发展的活力。比如，人力资源匮乏已经成为制约广西北部湾经济区发展的重要因素，如何吸引人

———————————
① 张晨：《长三角区域旅游合作机制研究》，博士学位论文，上海社会科学院，2006年，第66页。

才并留住优秀人才是摆在决策者面前的一道难题。此外，北部湾经济区至今仍没有一个较为专业的本地金融机构，现代市场体系不健全、民间资本不活跃、创业氛围不浓的问题也在一定程度上制约了区域旅游业发展的速度。[①]

（三）交通仍然是区域旅游合作的瓶颈

1. 区域性交通网络尚未完全建立

北部湾的旅游交通与区外尤其是邻省的交通网络需要进一步完善。旅游产业必须联动开发，形成网络，才能产生效益。首先，广西与云南、贵州、四川、重庆的旅游交通没有形成对接，影响北海经南宁、重庆、成都至九寨沟等旅游线路的开发。其次，与广东相接的 5 个高速公路出口，有 4 个尚未完全接通，有的要到"十二五"期间才能接通，有的现在才做规划前期工作，严重影响了与珠三角的旅游联合开发，成为制约珠三角游客向广西大规模转移的瓶颈。再次，广西通往东盟的综合交通体系尚未形成，区域综合运输网络中各种运输方式彼此不协调、不匹配、不衔接。

2. 地缘优势还未变成市场优势和产品优势

北部湾是连接华南、西南和中南的交通枢纽，但是这种地缘优势没有变成旅游发展的产品优势。北部湾处于中国陆上交通末梢的现状目前并没有实质性的改变，滞后的交通影响了北部湾旅游产业的联动发展。国内外不少游客到桂林后，虽知广西"无处不桂林"，可想到道路的曲折，山高路远，费时劳累，只好远走异省他国，致使广西各地尤其是北部湾的旅游景点、宾馆长期闲置，人财物没能充分利用。北部湾区域内的旅游交通与国内外没有形成网络，仅靠北部湾内几个城市自我发展，很难形成一定规模的旅游产业，从而影响旅游效益。如宁明花山、大新德天瀑布闻名世界，但从南宁到两地的旅游交通不便，影响了两县旅游支柱产业的形成。[②]

---

① 陆善勇：《广西北部湾经济区发展现状以及面临的机遇和挑战》，《东南亚纵横》2009年第 1 期。

② 赵明龙：《试论广西旅游交通对旅游业的制约及其对策》，《桂林旅游高等专科学校学报》2000 年第 2 期。

北部湾只有南宁、北海国际机场，国际航线太少，落后的国际航线在一定程度上影响了北部湾对外旅游业的拓展。近年来的中越边境跨国旅游虽有一定进展，但双方的旅游交通均属于低层次，发展空间有限，特别是从越南过境到广西的外国游客人数还有待于进一步扩大。目前，越南利用亚洲开发银行投资修建的一级公路即将通至友谊关（1号公路），而我国南宁到友谊关的公路等级目前仅为四级公路，无法形成便捷的旅游交通网络，两国公路等级相差之大，势必影响国际旅游开拓。作为中国—东盟各国最重要的国家通道，南宁—凭祥—河内—胡志明市—金边—曼谷—吉隆坡—新加坡铁路尚未全线贯通，河内—万象—曼谷—吉隆坡—新加坡便捷通道的新安—万象段还未建设，已经建成的跨国铁路南宁—河内铁路，由于技术等级低，中越两国铁路轨距不同，过境物资需要换装，影响通道能力的发挥。

从整体上看，北部湾的旅游交通还不适应国际旅游业发展的需要，这在一定程度上影响了区域旅游一体化的发展。区域旅游合作要求各成员之间的旅游交通畅通，这就要求有快速、便捷、成网络的区域旅游交通体系。

（四）极具发展潜力的都市支撑还未形成现实优势

区域旅游产业的发展要求有一个中心极，如环渤海的北京，长三角的上海，珠三角的广州、深圳，以其集聚和扩散作用带动区域内旅游业的全面发展。作为中心极的旅游城市因其首位城市的特殊地位对区域内其他旅游城市的拉动作用是相当明显的。一个完善的中心旅游城市大体上包括7个系统：第一是吸引系统，以现有旅游区（点）为核心，包括城市的文化、民俗、历史、风情，构成城市独有的文化内涵和特色；第二是服务系统，就是旅游业的六大基本构成要素；第三是交通系统，它的完备与否，不仅在于顺畅便捷，更在于交通系统本身对整个城市风貌的形成构成一种元素；第四是标志系统，它是一个城市国际化的重要组成部分，创建中国优秀旅游城市的标准对城市标志系统也提出了比较高的要求；第五是质量系统，它是一个质量保证体系，要在各个方面努力形成精品概念；第六是支持系统，它也是一个拉动系统，就是各行各业都有支持城市成为一个目的地的义务；第七是保险系统。①

对应上述系统检视北部湾的旅游城市，就会发现在首位城市建设方面北部湾还存在着相当大的差距。广西北部湾经济区六大城市规模小、集聚差，南宁作为广西的首府城市理应成为广西与东盟国家旅游集散中心，但是由于历史、地理、经济以及文化的原因，长期以来，南宁对外界几乎没有形成一个完整的旅游印象。虽然近年来南宁大力打造"东盟"、"民歌"、"绿城"等品牌，获得了一定的知名度，但其国内、国际的影响力仍然很弱，还不能充分吸纳和利用首位城市本身及周边地区、国内外的各种资源要素等积极因素来增强城市旅游的实力和发展潜力；特别是对旅游产业和人才的集聚程度还比较低，更谈不上通过扩散将城市旅游的各种优势辐射到周边地区，带动周边地区旅游业的发展。②

（五）整体形象不鲜明，知名度有待提高

作为后发地区，广西北部湾经济区整体经济实力不强，所以该区域在国内外的知名度较低，在外缺乏响亮的品牌效应。③北部湾经济区内各个城市出于旅游宣传的需要，先后提出过许多旅游形象宣传口号（见表2—3）。

表2—3　　　　　　　广西北部湾六城市旅游形象宣传口号

城市名称	感知要素	旅游形象宣传口号
南宁	铜鼓、青秀山、南博会、民歌节	南国绿都，壮乡风情
北海	银滩、涠洲岛、南珠	海湾明珠，休闲之都
钦州	白海豚、三娘湾、坭兴陶	英雄故里，海豚之乡
防城港	边关、十万大山、京族、港口	东盟门户，激情港湾
玉林	玉博会、真武阁、谢鲁山庄	岭南美玉，胜景如林
崇左	德天瀑布、友谊关、少数民族	文化名城，边关明珠

① 魏小安：《旅游目的地发展实证分析》，中国旅游出版社2002年版，第190页。

② 黄方方：《论"首位城市"建设》，《改革与战略》2009年第1期。

③ 徐京：《世界旅游业发展趋势与泛北部湾区域旅游合作的思考》，转引自《2007泛北部湾经济合作论坛（中国·南宁）》，广西北部湾经济区规划建设管理委员会办公室，2007年7月27日。

然而，这些旅游形象宣传口号主要着眼于目前各地的旅游发展阶段和发展态势，较少针对区域内外不同客源市场进行变动，多数属于各城市的旅游营销形象和营销口号，少数属于定位口号。北部湾在品牌景区建设上也还有很长的路要走。北部湾的海洋旅游资源与美国的夏威夷、泰国的普吉岛等有很多相似之处；在人文旅游资源方面，北部湾拥有壮、瑶、京、黎、苗、回族与越南的越族等民族风情多种多样，中越边关历史文化风情更是其他地区所没有的。然而，目前除了三亚、北海银滩以及越南的下龙湾等有一定的知名度之外，其他景区的知名度不高，旅游资源的品牌效应也不显著。[①] 作为旅游产业链上重要环节的娱乐和购物等发展均不理想，价廉物美、让游客满意的旅游商品的开发严重滞后。没有品牌，就吸引不了人才，吸引不了项目，吸引不了投资，同时也形成不了经济区发展的凝聚力和顶端竞争力。北部湾在树立强势品牌、解放思想观念、参与市场竞争、延伸产业链等方面还需要多下工夫，旅游产业化水平还有待于进一步提高。

（六）北部湾旅游发展过程中面临的威胁和挑战

1. 强势产业抢占资源

现在沿海城市都在努力发展大港口，发展临港工业园，如果把旅游的发展和这些产业简单放在一起，旅游的发展空间势必被挤压。所以要协调配置好两者之间的关系，使工业发展和旅游发展相协调，最好有相应的分区设施，实行分区设置，在此基础上实现相互支撑。但是现在来看，这个问题并没有解决好，甚至构成了对旅游合作的一种挑战。

2. 周边同类旅游产品的激烈竞争

环北部湾各个城市以海滨为主，资源的同质化程度比较高，同类旅游产品出现激烈竞争是毫无疑问的。北部湾的滨海旅游与东南亚的泰国、印尼相比差距甚远，这种将长期存在的竞争态势是北部湾所应该面对的现实。

3. 来自生态环境脆弱的威胁

随着工业化发展，北部湾的生态环境受到极大影响，而良好的生态环境正是北部湾旅游发展的优势，失去了环境也就失去了旅游产业赖以发展的基础，这也是不可忽略的一个方面。

4. 复杂敏感的地缘政治和经济关系的不利影响

北部湾地跨国家边界、民族边界，当涉及国家利益、民族利益的时候，必然会产生一些矛盾，中国与东盟诸国虽然合作与发展是主流，但在友好的表象之下也时常有不和谐的暗流涌动，政治和经济关系随时会发生变化，类似这样的一些不可预知的问题也构成了一种挑战。

第三节　北部湾区域旅游合作的屏蔽效应

区域旅游合作是一项复杂的系统工程，北部湾区域旅游开发涉及许多方面，引入边界视角的目的在于从矛盾丛生中找出主要矛盾，使影响合作深化的关键问题易于把握。北部湾区域旅游合作目前面临着协调机制不健全、资源开发不连续、交通网络不完善、整体形象不鲜明、旅游发展过程中面临多重威胁和挑战等问题，但是纷繁的现象并不能掩盖所有问题的实质，归根结底还是因为跨界合作所无法回避的边界的存在。边界以政治、经济与文化的形式遍布于旅游合作的每一个区域、每一个环节，并在许多情况下形成屏蔽效应，对于各种旅游要素跨界流动造成阻碍与限制。在全面推进北部湾区域旅游合作的进程中，基于推动边界效应在合适的时机以适当的方式向跨界合作有利方面转化的考虑，对于边界的屏蔽效应保持高度的警惕并从理论高度予以理性认知是十分必要的。

一　区域政策限制

（一）各方政府间的博弈

北部湾区域旅游合作是跨国界、跨国内行政区界的多边旅游合作，涉及多重政治边界。中国与东盟诸国政治体制的差异形成了不同的社会制度，与越南虽然同属社会主义阵营，但不同的主权国家也形成了不同的法律制度和社会文化。国内相关的行政区划之间虽然社会制度相同，却存在着地区政治利益诉求的对立，这种对立有时候甚至相当尖锐。区域旅游合作实质上是不同旅游开发主体之间反复博弈的一个过程。在政府主导型发展战略指导下，政府经常扮演着倡导者、组织者和推动者的角色，在区域旅游合作中处于实际上的核心地位，并因此成为其中最主要的参与者。尽管政府在旅游合作中只是主导力量，但它作为国家或行政区政治主体的角色是不会改变的，而追求地区利益包括政治利益的最大化往往会成为其主导跨界旅游合作的主要目的。政府之间达成合作机制实质上是在满足地区利益前提下达成区域共同利益最大化的制度安排，① 那么，北部湾区域旅游合作中的政府博弈是如何形成的呢？

在北部湾跨界旅游合作中，由于地缘关系，广西与越南的合作十分重要。一方面，广西需要进一步的推动力来推进泛北部湾经济合作的项目；另一方面，越南作为该经济合作计划中两个主要的倡导者和执行者之一，起着重要的战略作用。然而，对于双边合作越南并没有广西那么热心。2006 年，越南吸引外商直接投资为 100 亿美元，其中 80 亿美元来自中国台湾省，中国内地仅投资约 10 亿美元。在此情形下，就不难解释为什么越南对泛北部湾经济合作较为犹豫。

广东作为中国最发达的省份之一，在泛珠三角经济区"9 + 2"（广东、福建、江西、湖南、广西、四川、云南、贵州、海南，以及香港和澳门地区，九省加两区）当中处于领导地位。广西和越南都需要广东的资金、技术及经验的支持，但是广东省却有着自己更大的雄心。从外部而言，广东希望进一步加强和香港以及澳门的紧密合作来实现泛珠三角经济的融合；从内部而言，广东省希望与南方九省紧密合作以便形成一个更大的经济合作区域，泛北部湾合作只是广东省的几个经济合作项目之一。广东的情况和广西不同，广西不得不利用它所有的资源和优势去吸引外来投资，而广东却不需要这样做，因为广东的经济已经非常强大，达到了很高的发展水平，而泛北部湾经济合作的成功非常需要广东的参与合作。②

海南的经济发展水平比广西要低一些，它与越南有更多的相似之处，两者都拥有丰富的海洋资源。海南是中国的热带天堂，拥有美丽的沙滩和

---

① 朱静：《我国区域旅游合作中的政府间博弈》，《经济管理》2007 年第 13 期。

② 古小松：《泛北部湾合作发展报告（2008）》，社会科学文献出版社 2008 年版，第 101—102 页。

度假胜地，20世纪90年代海南错过了发展工业的机会，现在已经把重点放在旅游业上。在泛北部湾项目合作上，海南省是积极还是消极地参与仍需观望，或者它自己也在寻找独自的经济发展。比如，海南正在加快推进国际海洋旅游岛的建设，这一目标已经上升到国家发展战略的层面。

具体到跨界旅游合作来说，北部湾周边地区虽然共有这一片海域，但是广西只有北部湾，而广东、海南省及越南，在海岸的发展上有很大的余地，雷州半岛东南西三面环海，北部湾一侧的发展对雷州半岛影响不大。海南岛四面环海，长期以来旅游业已形成"重东轻西"的格局，在北部湾一侧的洋浦开发区进展缓慢无碍大局，因为海南岛东侧有一个"博鳌亚洲论坛"。越南有漫长的海岸线，越南北方的海防市发展快慢也无须着急，因为还有南方的胡志明市。现实情形是只有广西对于跨界旅游开发心情最为急迫。从旅游业发展的实践来看，资源配置的区域范围越大，其实现最优配置的可能性就越强，通过各方政府间的跨界合作，资源将不再受到地理或行政区间的限制，可以在一个更为广泛的空间范围内得到优化配置，而这种范围越广，优化选择的可能性就越大，其优化程度也就越高。北部湾区域旅游合作需要高超智慧来平衡各方利益，激发各方积极参与的热情，从而扩大旅游资源配置区域空间，增加资源配置的优化选择的可能性。

区域旅游合作是相关各方政府间的合作博弈，当地政府的合作态度和意向对于区域旅游合作有着不可忽视的影响。在合作过程中，政府追求区域利益最大化的行为动机会促使利益各方约束自身行为，产生合作意向，但前提是利益分配上的协调。为了实现利益的最大化，政府在合作中要积极主动地推进合作进程，完善合作机制。

（二）制度设置的冲突

1. 中越两国的矛盾

政府的诞生依赖于特定的社会文化背景，不同的社会制度又决定了相应的法律基础。中越两国不同的社会文化就形成了不同的法律基础和政策特色，这一差异在过境规则、签证制度和对公民的旅游限制、旅游价格的确定等方面均有表现。

中越两国在1991年实现关系正常化以后，曾经划定了一条狭长的边界区域作为禁区，区内几乎没有居民定居，更没有发展任何产业，并且对出入禁区的人员实行严格的管制。1992 年中越两国建成友谊大桥以后，这片禁区仍然得以保留并一直执行对出入禁区人员的管制政策。对战争的疑虑直接导致了中越边界两侧的不同发展态势和两地在跨境旅游合作方面的严重滞后，也大大提高了中越两国旅游合作的交易成本。在旅游签证方面，越南是较早实行签证制度的国家，但是目前还没有实行落地签证和互免签证制度，更谈不上第三国过境。

在旅游产品开发方面，越南实行不同于社会主义国家的一些政策。比如像走私、贩毒、赌博和嫖娼等边境地区的衍生品在中越边境出现。虽然赌博在越南属于违法行动，然而越南在边境地区（如芒街等）开办赌场，其目标定位就是中国游客。这种利用制度差异在边境地区开办赌场的事例，不仅影响了边界旅游市场的管理，还损害了中国游客的利益。①

在市场营销方面，越南参与市场竞争的手段之一是打"价格战"。新马泰 10 日游报价仅 2950 元，泰国 7 日豪华游报价也不过 2850 元；而同期的越南 3 晚 5 日游报价却高达 3880—3980 元，比新马泰 10 日游要高出 1000 元钱，这让许多游客望而却步，改选较为便宜的旅游线路（见表 2—4）。此外，越南还采取价格歧视，即设定外国人价和本国人价，而且外国人价要远高于本国人价，这也让许多中国游客感到不适应。

表 2—4 　　　　上海东湖国际旅行社 5—7 月东南亚旅游线路价格表

旅游线路	价格（元）	出发日期
越南 3 晚 5 日豪华游	3980	5/20,6/1,6/18,7/13,7/23
越南 3 晚 5 日游	3880	5/22,6/18,6/26,7/3,7/23
新马泰 10 日豪华游	3450	天天出发
新马泰 10 日游	2950	每周一、五
泰国 7 日豪华游	2850	5/28、31,6/7、9、11、14、16、18、21、23、25、28

资料来源：上海东湖国际旅行社，2008 年 5 月。

① 苏波涛：《中越边境旅游的驱动力与限制因素分析》，转引自保继刚、徐红罡、Alan A. Lew《社区旅游与边境旅游》，中国旅游出版社 2006 年版，第 176—182 页。

2. 中国境内三省区的矛盾

中国境内的三省区，由于行政区划的存在，在执行国家政策的同时都有各自的地域性政治与经济发展战略。首先，在国家层面上，由于历史的原因，北部湾开发长期没有列入发展战略规划，而东部沿海地区是改革开放以来国家经济发展的重点区域，环渤海、长三角与珠三角经济区在国家"五年计划"和中长期发展计划中均占有重要位置。三大经济区有天然的地理优势，环渤海经济区具有"大政治题材"，因为首都北京是全国的政治中心，拥有中国最大的政治龙头优势；长三角经济区具有"大经济题材"，因为上海是中国最大的经济中心和国际大都会，拥有中国最大的经济龙头优势；珠三角经济区具有"大统战题材"，拥有中国政治、经济综合实验区的优势，香港、澳门回归祖国后要保持稳定、保证"一国两制"的顺利实施，以促进台湾的和平统一。①

三大沿海经济区都在中国境内，而北部湾却是两国共有一湾。与三大经济区相比，北部湾经济区无论是政治还是经济体制上，都无法超赶三大经济区。从政治上讲，北部湾经济区长期以来没有进入国家任何一个"五年计划"的视野，成为国家发展战略只是最近才出现的事。旅游方面也是如此，珠三角、长三角、环渤海这三个地区基本上是国内主要的旅游接待地区，也是国内主要的客源输出地区，这三个地区中的任何一个都堪称国际上的旅游发达地区，三个地区大体上占了全国旅游总量的80%。

北部湾跨广西、广东、海南三个省区，三省区的经济发展背景不同，制度变迁也有差别。20世纪80年代，广东与海南作为东部沿海开发的地区之一，享受东部沿海开放的政策；广西勉强挤进了东部沿海开放城市之列，2000年又被划入西部大开发的省区，但遗憾的是无论作为沿海还是内陆省区都没有受到重视，没有得到应有的发展。国家战略的制度安排速率不一致，造成了各地经济不能同步发展。现在广东有《粤

---

① 陈杰：《解读广西：错位经济现象的反思与求解》，中华工商联合出版社2003年版，第139页。

港澳协议》、《泛珠三角经济合作》，并主导泛珠三角经济合作，因此它在泛北部湾经济合作中的地位削弱。从外部需求看，广东更加希望加强与港澳地区及内地的合作，走一条开放型的道路，海南正在加快推进国际海洋岛的建设，因此三省区的旅游发展战略也不一致。

3. 广西内部的矛盾

广西区域内部的制度设置也缺少统筹考虑。比如，为了整合北部湾三大港经营性资源的需要，成立了北部湾国际港务集团。但由于管辖权限由北海、钦州、防城港三市分别负责，因此各市在政策制定过程中受地方保护主义的影响，有利可图的事项各地方争相在政策中设定管辖，无利可图的事项各地方又不闻不问甚至相互推诿，最后造成了这些港口发展目标难以统一、各港之间的功能定位难以实现、岸线资源管理各自为政等诸多问题。有人认为，正是因为政策雷同，冲突明显，才导致了目前的广西三大港口之间内部竞争，各自为政，不能形成特色鲜明的产业分工，从而造成三大港口的发展低迷。

二　经济发展水平错位

北部湾经济区及其所辐射的区域之内，不同地区之间存在着经济发展水平的明显错位。在北部湾经济核心区，南宁因其作为广西首府的独特地位而获得了优先发展，而北海、钦州、防城港，包括崇左和玉林则没有如此幸运，尚缺少大量工业化过程中的积累。在大的合作圈层中，新加坡、文莱、港澳等属于经济发达的国家和地区，马来西亚、泰国等国家和我国的广东省可纳入经济较发达之列，此外也有经济发展水平一般的印度尼西亚、越南等国家，更有经济欠发达的缅甸、老挝、柬埔寨等国家和国内的海南省。这种经济发展水平之间的"代沟"对区域之内旅游合作的深化是有影响的。

（一）经济发展水平比较

1. 北部湾经济区经济发展水平比较

从经济发展水平来看，北部湾经济区经济总量小、规模不大，而且区域内发展不平衡。以 2006 年为例，北部湾经济区生产总值达 2060.72 亿元，约占全广西生产总值的 42%，比 2005 年增长 20.32%。三大产业比重约为 26.08∶37.14∶36.76。其中，六大城市的生产总值、同比增长分别如表2—5中所示。

限制与突破：北部湾区域旅游合作研究

表2—5　　　　　　　　　　2006年广西经济发展水平

城市	财政收入（亿元）	GDP（亿元）	同比增长（%）	三产比例
总计	205.4	2060.72	20.32	26.08∶37.14∶36.76
南宁	120.36	870.15	20.29	15.63∶34.05∶50.32
北海	23.1	215.80	18.82	23.7∶40.5∶35.8
钦州	17.17	245.07	19.24	34.41∶35.60∶29.99
防城港	10.59	119.61	26.21	21.6∶42.7∶35.7
玉林	33.67	416.06	16.78	26.9∶35.8∶37.3
崇左	20.51	194.03	28.38	34.25∶34.32∶31.43

资料来源：根据蓝日芳《广西北部湾经济区简志》（广西人民出版社2008年版，第3页）整理所得。

根据表中数据可以得出以下结论：首先，北部湾经济区的开发程度低。南宁大体上处于从工业化的中期向工业化后期发展的阶段，而其他五大城市基本上都处在从工业化的早期向中期发展的阶段，也就是说，和沿海地区相比，本区还相差一到两个阶段。其次，城乡二元结构不平衡，农业比重过高。尤其是钦州和崇左，第一产业比重均为34%左右，农业比重过大，因此加快旅游业的发展将逐渐改变城乡二元结构失衡的局面，带动乡村城市化的进程。

2. 广西与广东、海南经济发展水平比较

广西与广东、海南三省区经济发展水平差异明显，这决定了三省区的经济合作必然是一种强弱型合作。以2008年为例，广东省的国内生产总值最高，而广西、海南分别仅及广东的20.1%和4.08%；人均生产总值广东省分别是广西、海南的3.67倍和2.19倍。从三产结构来看，三省区产业结构也存在较大差异。广西分别是21.3%、42.3%、37.4%；海南分别是30.0%、29.8%、40.2%；广东分别是5.5%、51.6%、42.9%。以工业、建筑业为主的第二产业对广东的生产总值贡献最高，其次是以服务业为主的第三产业，而以农业为主的第一产业贡献最小，在该省生产总值构成中不到6%。广西、海南则不同,第二产业对生产总值的贡献并不突出,而第一产业仍在两省区的生产总值中占据重要地位(见表2—6)。

表2—6　　　　　2008 年三省（区）生产总值与产业构成

省份	地区生产总值（亿元）				构成（合计＝100）			人均地区生产总值（元/人）
	合计	一产	二产	三产	一产	二产	三产	
广西	7171.58	1453.90	3037.74	2679.94	21.3	42.3	37.4	10240
广东	35696.46	1970.23	18402.64	15323.59	5.5	51.6	42.9	37589
海南	1459.23	437.61	434.40	587.22	30.0	29.8	40.2	17175

资料来源：2008 中国统计年鉴。

3. 中越两国经济发展水平比较

越南自1986年进行革新运动以后,经济发展迅速。从2002年开始,越南国内生产总值增长率连续6年达到了7%以上(见表2—7)。2007年增长达8.5%,第一、第二、第三产业结构进一步优化为:20.0:41.8:38.2,越南事实上已成为亚洲经济增长排列在中国(11.4%)、印度(9%)之后第三个最快的国家,在东南亚地区名列前茅,大大高于其他东盟国家。

表2—7　　　　　　　　越南 1986—2009 年 GDP 增长率

年份	增长率（％）	年份	增长率（％）	年份	增长率（％）
1986	2.33	1994	9.0	2002	7.0
1987	3.64	1995	9.5	2003	7.2
1988	5.98	1996	9.3	2004	7.7
1989	4.69	1997	9.0	2005	8.4
1990	5.1	1998	6.0	2006	8.2
1991	5.3	1999	4.8	2007	8.5
1992	8.5	2000	6.7	2008	6.18
1993	8.3	2001	6.8	2009	5.32

资料来源：根据越南历年国会和国家统计局公布的数据整理而成。

总之，北部湾地区各合作方的经济实力及发展水平存在较大差异是事实，这一事实将使区域合作呈现明显的两重性。一方面，经济实力和发展水平的过大差异有可能使合作双方在经济成长空间、合作领域、利益驱动、价值取向、政策措施等方面难以完全协调一致，从而导致合作难度加大，为合作的深化设置重重障碍；另一方面，从经济互补性看，经济发展水平的差异也可能使双方或多方在发展中产生合作愿望，为进一步的合作提供前提和基础。[①]

（二）旅游业发展水平比较

1. 旅游总量与结构差异

旅游业发展到一定阶段，地区之间即产生加强产业合作的需求。区域旅游合作推进的程度与区域内旅游目的地的成熟度有某种程度的正相关关系，从地方旅游业总接待量、国际旅游接待量、地方旅游业总收入、旅游外汇收入等项指标可以初步判断区域旅游业的发展水平。

根据总旅游接待量、国际旅游接待量、旅游业总收入与旅游创汇的综合排序，可以将北部湾区域内的八大城市按旅游业发展程度分为四级：一级旅游城市是南宁、三亚；二级旅游城市为北海、海口；三级旅游城市是湛江、崇左；四级旅游城市包括玉林、钦州、防城港（见表2—8）。从表中的数据可以看到，经济区内主要城市旅游业发展水平差距明显，这种现象直接影响到区域内的旅游合作进程。从更广泛的范围看，北部湾区域内的城市旅游业发展存在首位度不足的问题，南宁作为这一地区的首位城市，旅游业发展虽然领先于其他城市，但是相差不是很大，与海口、三亚相比更是在伯仲之间，因此南宁要确立在本区域的首位城市地位可谓任重道远。

2. 旅游城市发展差异

广西北部湾六城市虽然建立了旅游城市联盟，但是城市之间各具优势，区分明显。南宁作为全区政治、经济、交通、文化、科技、金融、信息中心，处于北部湾城市群的领导地位。北海是国务院首批开放的沿

---

① 宋晓天：《广西抓住多区域合作新兴机遇对策研究》，广西民族出版社 2008 年版，第67—69 页。

表2—8   2008年北部湾地区旅游业发展数据

城市 项目类别	南宁	北海	钦州	防城港	崇左	玉林	湛江	海口	三亚
总旅游接待 （万人次）	2571.99	700.67	347.89	154.53	420.78	647.39	683	394.32	538.43
国际旅游接待 （万人次）	13.85	5.7	1.8	4.34	14.53	2.14	6.33	13.61	38.88
国内旅游总 收入（万元）	1412083	379400	156600	89579	148923	2913.61	370300	43.95	65.40
旅游创汇 （万美元）	4127.07	1558.85	645.42	927.67	3331.60	603.03	1483.03	4015	17100

资料来源：根据2009年中国统计年鉴、2009年广西统计年鉴资料整理而成。

海城市之一，城区三面临海，近年来不断加强基础设施建设、改善城市环境，为旅游投资创造了一个较好的平台。钦州是广西三个沿海人口最小的城市，历史悠久，拥有丰富的滨海旅游资源，但旅游竞争力还很弱。防城港是一个老港口城市，由于其特殊的区位优势，与钦州一样具有发掘的潜力。崇左市属边境地区、少数民族地区和革命老区，是泛北部湾区域交汇的关键地带，发展潜力巨大，但是旅游开发才刚刚起步。玉林由于诸多原因经济社会发展较慢，但它毗邻广东、背靠大西南，是西南地区东向出海和粤港澳进入西部的重要便捷通道之一。

表2—9是对2008年广西北部湾南宁、北海、钦州、防城港、崇左、玉林六大城市旅游接待人数及饭店、旅行社、4A级旅游景区数量的整理，由此可以看出六城市旅游整体发展水平的不平衡。如果把范围扩大到环北部湾地区，旅游城市的发展同样有先有后。

表2—9　　　　2008 年广西北部湾六大城市旅游业发展主要指标

类别 市别	国内游客 （万人次）	入境游客 （万人次）	旅游饭店 （个）	旅行社 （个）	4A 级景区 （个）
南宁	2558.14	13.85	83	60	6
北海	1558.85	5.7	45	30	3
钦州	346.09	1.8	15	12	3
防城港	150.19	4.34	8	8	0
崇左	406.25	14.53	24	9	1
玉林	645.25	2.14	23	26	3

资料来源：根据2009 年广西旅游年鉴、2009 年广西统计年鉴资料整理而成。

3. 旅游交通的畅通性

旅游实质上是旅游者在客源地和目的地之间的空间移动过程，这种空间移动受制于交通的便捷程度，区域旅游合作是旅游基础设施对接发展到一定阶段的产物，它的产生和发展在很大程度上会受到区域交通的影响。交通要素使一个区域在谋求旅游合作对象时会出现舍近求远的现象，舍弃周边交通不便的地区，而去选择交通便捷的地区，从而使合作的双方在共享旅游资源和客源市场上占有时间优势。例如，两广的交通阻碍使得广西与广东跨省旅游合作程度低于广西内部的城市合作；又以中越交通网络的连通为例，由于越南的经济相对不发达、基础设施的建设一直没有跟上去，从芒街到下龙湾道路十分狭窄，宽仅 6 米，两边的路肩不足 1 米，路况较差，在中国连三级都达不到，而且弯道特别多，在长达 190 公里的行程中，游客需要花费 5 个小时才能到达目的地，这与其他国家的高等级公路相比的确差距较大。另外，越南的旅游业刚刚起步，酒店餐馆等设施无论在数量上还是在服务质量上和一些老牌的竞争对手相比都有一定的差距，这也是北部湾区域旅游合作发展难以深入的一个重要原因。

三 民族文化多元分化突出

（一）多民族跨界而居

北部湾是一个多民族聚集的区域。广西北部湾经济区分布有壮族、瑶族、苗族等十多个世居少数民族，防城港的东兴以京族为主，海南的海口有黎族、苗族等少数民族与汉族聚居，北部湾的中越边界更是多民族跨境而居之地。中越两国划分民族的标准不同，如果按照中国方面确定的民族成分来计算，有壮、傣、布依、苗、瑶、汉、彝、哈尼、拉祜、仡佬、京、回 12 个民族。如果按照越南方面确定的民族成分来计算，则有京、岱、侬、傣、布依、热依、苗、瑶、巴天、拉基、布标、哈尼、拉祜、汉、艾、仡佬、莽、贡、西拉、克木、山由等 26 个民族。在中越边境地区，多个民族共同生活在一个边境县、边境村，多元民族文化并存现象普遍存在。[①] 跨境而居的现象对于旅游开发与合作既是有利因素，也会带来不利的影响。

北部湾地区各民族之间的整合与分化一直在发生，从越南民族的来源看，有的从印度来，有的从柬埔寨来，也有从中国来的。就越方的岱族和侬族而论，这两个与中国壮族有着密切亲缘关系的族群，现在已经逐渐分化并拥有不同方言。比如，岱族和侬族主要居住在与中国接壤的

---

① 周建新：《中越中老跨境民族及其族群关系》，民族出版社 2002 年版，第 78 页。

高平、谅山、广宁等省的平坦丘陵地带，岱族迁入越南的时间较早，受越族的影响较深，侬族进入越南的时间较晚，约有二三百年历史，与中国壮族的共性更多一些。又如越南的瑶族，他们沿越中、越老边界一直延伸到北部沿海的一些省份，主要是从中国两广、贵州、云南进入。越南瑶族根据服饰特点又分为红瑶、白裤瑶、蓝靛瑶等支系，其语言、风俗习惯与中国瑶族大体一致。① 这种现象在中国境内也同样存在，正是在长期的整合与分化中形成了各民族不同的文化认同与政治认同。

（二）民族文化认同的差异

1. 海洋与内陆

北部湾地区是内陆与海洋的交接处，内陆与海洋相互过渡的特殊区位使这一地区带上了海洋与内陆的双重文化色彩，同时也培育了海陆之间的文化差异。根据受海洋文化辐射程度的不同，有研究者将南（宁）—北（海）—钦（州）—防（城港）—环北部湾文化区划分为"内环文化区"和"外环文化区"两大部分。② 北海市、钦州市、防城港市等邻近海洋的大部分地区属于环北部湾"内环文化区"；作为"内环文化区"依托的上思、宁明、凭祥、龙州、崇左、灵山、浦北、博白等县，可称为环北部湾"外环文化区"。内环文化区受到海洋文化生态环境的直接制约，港口航运、海洋捕捞和水产养殖是当地的支柱产业，人们的生活来源主要依靠海洋水产业；"外环文化区"离海岸还有一段距离，陆地农耕是主要的生产方式。

"内环文化区"与海洋亲近，思维方式的建立受其影响则可能会以海洋为中心，北海市的命名即是一例，北海市如果从地理位置上看正处于中国大地的南部边缘，按理说应该叫南海，但它却以北海命名，这说明古代为这个地方命名不是以陆地而是以海洋为中心，北海位于北部湾的北部，因此而得名。但是从过去南北钦防的城市发展来看，即便是"内环文化区"的城市在过去相当长的一段时间内也相对都忽略了海洋

---

① 李红：《边境经济：中国与东盟合作的切入点》，澳门学者同盟 2008 年版，第 116 页。

② 覃乃昌等：《广西环北部湾文化考察与研究》，转引自潘琦《广西环北部湾文化研究》，广西民族出版社 2002 年版，第 44—54 页。

的发展，主要以一种陆地人的方式来生存。海洋意识与内陆意识相互干扰在此获得了鲜明的表现，而正是在海洋与内陆之间的游移不定模糊了广西经济区的区位特征，形成了新中国成立后出现的广西不海不陆、不东不西的地缘现象，也造成了海陆边界在广西的政治经济文化中地位不高、与其潜在的价值不相称的结果。

2. 习俗与禁忌

广西北部湾地区民族众多，如果从泛北部湾旅游圈的地域范围来看民族组成则更为复杂，在宗教、礼仪、习俗、禁忌、语言等生活文化方面的差异也更突出。比如，柬埔寨人以佛教为国教，认为黄牛和水牛是神圣不可侵犯的，认为星期六不吉利。老挝人多信佛，见面多行合十礼，从别人身旁经过时一定要微微躬腰，切忌大摇大摆；老挝人不挂白色蚊帐，不盖白色被子。越南的主要宗教为佛教，年初、月初时言谈举止十分谨慎，忌说可能带来坏运气的词，忌发脾气，忌说粗话，忌穿白色、蓝靛色衣服。缅甸人信奉佛教，有崇拜乌鸦之俗，视其为神鸟；无论做什么事都讲究"右为大，左为小"；星期天禁忌送东西。泰国的居民多信仰佛教，喜爱红、黄色，但忌用红笔签名；习惯用颜色表示不同日期；不能轻易摸人的头部，尊重和尚、佛祖和国王。新加坡忌说"恭喜发财"，忌双手叉腰、用食指指人，他们最讨厌"7"这个数字；禁止在商品包装上使用如来佛的图像，也忌讳猪、乌龟的图案。马来西亚以伊斯兰教为国教，伊斯兰教徒禁食猪肉和动物血液，拜访别人之前，应先致电对方以示礼貌。文莱禁酒、禁赌、禁"黄"；斋戒月中在日出到日落期间，在回教徒面前进食是很不礼貌的。印尼人主要信奉伊斯兰教，一般不主动与异性握手；在正式场合忌跷二郎腿或两脚交叉。菲律宾人在社交场合与客人相见时，一般都行握手礼；伊斯兰教徒见面时，要双手紧握，表示亲如兄弟；菲律宾人不喜欢"13"这个数字，茶色和红色被视为吉祥之色。

（三）跨界交流中的"文化震惊"

北部湾区域旅游合作需要跨越边界，尤其是文化边界。这种跨界的旅游交流有其两重性，一是那种新奇或陌生所具有的吸引力，足以令旅游者产生"远方崇拜"的一系列想象；二是这种新奇或陌生对旅游跨文化交往也会造成一定的障碍，这种障碍就是文化震惊。^① 文化震惊是指某人进入一个新的文化环境时所经历的情感落差或创伤性经历。当人们离开自己所熟悉的环境时往往会产生焦虑和不安，托夫勒描述道：文化震惊是某人发现自己所处的环境中，"是"的意思变成了"否"，"固定的公价"变成可以讨价还价。^② 跨境交流产生的文化震惊有许多心理表现，如焦虑感、恐惧症、食欲不振、不明原因的身体不适。经过边界使人出现心跳加快、头痛、颤抖等现象；经过海关检查时，紧张、焦虑；由于语言障碍、怕迷路等原因，产生惧怕出游的心理现象。^③ 文化震惊的产生与个人文化身份的认同密切相关。

广西与越南拥有漫长的共同的边界线，跨界交流充斥于从边民生活到旅游活动的方方面面，文化震惊现象在跨界交往中是普遍存在的，也是不能回避的，下面的一段记录真实地反映了边地民族跨界交往中产生的文化冲突：^④

> 居住在万尾、巫头、山心、江平一带的越族，解放前自称"安南"，解放后改称"越南"，他们称越南民主共和国跟他们同语言风习的人仍为"安南"；他们称汉族为"汉人"、"客佬"。汉族叫他们为"安南仔"、"安南狗"、"安南鬼"、"安南婆"，越南民主共和国跟他们语言风习相同的人叫他们亦为"安南"。根据巫头越族自治乡阮文龙乡长谈：解放前聚居在巫头的越族群众跑到与其接壤的越南民主共和国境内去捕鱼或做生意时，越国境内跟他们语言风习相同的人叫他们为"唐人"、"客人"；而江平镇的汉族又叫他们为"安南佬"、"安南仔"，两方对他们都有歧视的意味，实在痛苦。原因是他们虽然讲越南话，但已着唐装（汉装），风俗也改变了一些，所以越国群众不认为是自己人；江平镇汉族又以为他们讲越南话，不是自己人。

① 韦复生：《旅游跨文化交流行为的分析方法》，中国经济出版社 2005 年版，第 138 页。
② 卿志军：《旅游文化传播学》，四川大学出版社 2009 年版，第 64 页。
③ Dallen J. Timothy, *Tourism and Political Boundaries*, London：Routledge，2001，p. 36.
④ 本书课题组：《防城越族情况调查》，广西民族事务委员会编印 1954 年版，第 14 页。

这段文字从日常生活的角度说明了跨界交往中的文化震惊—休克现象，展现了生活在文化边界区域的民众因穿越不同文化环境而留下的情感落差和创伤性经历。万尾、巫头、山心等地越族人的经历说明了语言认同、民族认同与政治认同对于族群分界意识的形成所产生的巨大作用，同时也说明了族群、国家观念对于跨界交往所形成的障碍。

第三章

北部湾区域旅游合作的转化与突破

第一节　中介效应与边界区域旅游合作拓展

边界的功能是复杂的。边界区域往往山同脉、水同源、人同种、话同语，如果这些条件能够顺利激活，则可以促进边界两侧发生空间互动，使其成为两侧接触和交往最频繁的地带。边界的这一种空间中介效应具有很强的显示度，只要部分条件得到满足就会适时显现，开放型边界和半封闭型边界在不同程度上均具有彼此接触和交流的功能，即空间中介效应。① 在长期的政治、经济与文化交往中，北部湾区域，比如中越两国边境地区已逐渐建立起了相对稳定的经贸关系，或者说，边界的中介效应已经以小规模实际形成。本节主要分析边界屏蔽效应向中介效应的转化，即边界如何通过协调各种中介要素使边界成为两侧交往的通道，推进跨界合作障碍的实际消减，从而降低区域旅游合作的交易成本，扭转北部湾区域旅游合作长期以来的滞后局面。

一　区域政治与经济生态环境

（一）区域政治关系的缓和

冷战结束后国际政治局势相对缓和，各国政治关系向深入发展，政治关系层面出现的诸多新变化为经济与社会发展提供了相对安全的政治

---

① 汤建中：《边界效应与跨国界经济合作的地域模式——以东亚地区为例》，《人文地理》2002 年第 2 期。

环境，许多国家开始把工作中心转移到经济建设和社会发展上来。积极探索区域经济合作、推进区域经济一体化已成为国际关系发展的一种重要趋势。北部湾跨国旅游合作被提上议事日程，同样是以中国—东盟政治生态环境的优化为前提的。

以中越政治关系的改善为例。中越两国于 1950 年 1 月 18 日建交，中间经历了一些曲折，1991 年 11 月以后，两国的政治关系重新步入快速发展的轨道；近年来两国高层领导人多次互访，交流改革开放的经验，解决两国关系中存在的重大问题，把两国关系不断推向更高的友好层面。中越边境的重新开放为中越旅游合作带来了新的契机，使两地旅游合作跨上新的台阶成为可能。

从 1991 年至今中越共签署了 4 个联合公报（1991 年、1992 年、1994 年、1995 年）、3 个联合声明（1999 年、2000 年、2001 年），上述重要文件推动了中越友好关系不断向前发展，为包括中越旅游合作在内的全面合作创造了有利条件。除此以外，中越还签订了旅游合作及其他相关文件，如 1994 年 4 月 8 日签订的中越旅游合作协定，1999 年 4 月 6 日签订的中越 1999—2000 年旅游合作计划，1999 年 12 月 30 日签署的《中国与越南陆地边界条约》，2000 年 10 月签订的中国公民持护照到越南旅游的备忘录，2000 年 12 月 25 日签署的《中越关于新世纪全面合作的联合声明》、《中越关于两国在北部湾领海、专属经济区和大陆架的划界协定》等。特别是《中越关于新世纪全面合作的联合声明》，不但写明了 21 世纪按"长期稳定，面向未来，睦邻友好，全面合作"16 字方针来发展两国关系，而且专门提到"扩大旅游合作，鼓励两国旅游部门在管理、宣传、营销、人员培训等方面交流经验，加强合作，并为两国公民和第三国公民赴两国旅游提供便利"①。这一表述充分表明旅游合作是中越全面合作的一个重要组成部分，两国领导人对这种合作是寄予希望、高度重视、大力支持的。

北部湾划界是中越两国关系史上的重大事件，1999 年双方就陆地边界的划分达成协议，2000 年又签署了北部湾划界协议。中国全国人大常

---

① 赵和曼：《中越旅游合作的现状与前景》，《东南亚》2002 年第 2 期。

委会和越南国会分别于 2004 年 6 月批准了《中华人民共和国和越南社会主义共和国关于两国在北部湾领海、专属经济区和大陆架的划界协定》，稍后两国在河内互换了该协定的批准书。与此同时，两国外交部门也就《中华人民共和国和越南社会主义共和国政府北部湾渔业合作协定》的生效互换了照会，两个协定于当天同时生效。正如中方谈判代表王毅所说："两个协定的签署和生效，是在两国领导人的关心和两国政府的指导下，双方共同努力的结果，有利于中越边界的和平与稳定，有利于北部湾地区的长治久安，有利于促进中越关系的进一步发展。"

被封锁的边境一经开放，边境贸易与边境旅游便步入了快速发展的轨道，随之而来的是边界区域合作范围的扩大。中越两国政府共同商定开发部分边境地点作为开展一日游的旅游目的地，比如中国广西的凭祥、东兴和德天瀑布，越南的谅山和芒街，并且以此为连接点延伸到越南的下龙湾和河内，甚至到胡志明市等离边境更远的城市。进入 21 世纪以来两国政府不断努力加强政府间的联络，致力于解决边境旅游合作的种种具体问题。由于两国关系的改善，两国旅游业得到迅猛发展。中国游客赴越旅游人数大增，多年来一直位居赴越国际游客的首位。据越方资料统计，1991 年去越南的中国游客只有 1 万人次，2001 年增加到 2767.6 万人次。中国游客之所以在 2001 年猛增并非毫无征兆，因为就是在这一年越南开始成为中国公民可持护照旅游的目的国，现在中国与越南已成为稳定的双向旅游目的地。

中越关系的改善对旅游合作产生的影响是巨大的，主要表现在：国家边界的稳定性增强、边境逐渐开放且可进入边境区域的范围扩大、线路对接，等等。2008 年 4 月，防城港市与越南下龙市正式缔结为友好城市，这标志着防城港市与下龙市在友好合作方面又翻开新的一页，合作的平台更牢固，领域更广泛，前景也更广阔。①

（二）区域经济联盟的涌现

自 20 世纪 80 年代中期以来经济全球化呈现全方位的发展，其主要标志是区域化与全球化的双向互动态势越来越强烈（如图 3—1 所示）。

---

① 新华网：http：//www.gxnews.com.cn，2008 年 4 月 3 日。

在科技生产力发展的驱动下，市场、投资与生产的全球化态势日益加强，经济运行的相互依存度不断提高，从生产要素的配置到经济活动诸环节的运作，整体化、一体化的趋势越来越明显。但是我们必须看到，一体化趋势在区域空间与全球空间之间呈反向运动的趋势，在全球经济一体化发展态势下，也有各种形式的区域经济合作体不断涌现，各个国家和地区在贸易、投资、金融等领域基于区域利益协调的相互渗透和相互依存大大加深，经济融合的需求日益加强。在这一宏观背景下，各国根据不同国家、不同地区利益主体的需求纷纷开展不同层次的跨区域旅游合作与空间优化重组。

区域　A　　　　　　　　　　　　　区域　B

图 3—1　全球背景下的区域关系

资料来源：甄锋：《信息时代新空间形态研究》，商务印书馆 2004 年版，第 204 页。

北部湾经济区的建设是进入 21 世纪后，为应对经济全球化的挑战国家发展战略必要调整的结果，同时与北部湾相关的多个国内外经济联盟异军突起，也使北部湾在经济发展的大潮中拥有了多区域合作发展的机遇。

1. 广西北部湾经济区

广西北部湾经济区是指南宁市、北海市、钦州市、防城港市四市所辖区域范围，同时，包括玉林市、崇左市的交通和物流。规划面积 7.25

万平方公里，人口 4300 万人。广西北部湾经济区规划于 2008 年上升为国家战略，旨在把广西北部湾经济区建设成为中国—东盟开放合作的物流基地、商贸基地、加工制造基地和信息交流中心，成为带动、支撑西部大开发的战略高地和开放程度高、辐射力强、经济繁荣、社会和谐、生态良好的重要国际区域经济合作区。旅游业是经济区国民经济发展的先导产业，是发展第三产业的龙头，其发展目标是：构建北部湾旅游大通道，构建北部湾区域特色旅游线路，构建北部湾区域旅游大市场，构建北部湾无障碍旅游区，构建北部湾旅游城市联盟，加快旅游人才建设。

2. 中国—东盟自由贸易区

中国—东盟自由贸易区是中国与东盟十国组建的自由贸易区。2002 年 11 月，中国—东盟自由贸易区进程开始，2010 年 1 月 1 日自贸区正式全面启动。自贸区建成后，东盟和中国的贸易额占到世界贸易额的 13%，成为一个涵盖 11 个国家、19 亿人口、GDP 达 6 万亿美元的巨大经济体。这是世界上人口最多的由发展中国家组成的自由贸易区，是继欧盟、北美自由贸易区之后的又一个世界重要自由贸易区。中国—东盟自由贸易区的主要内容有：货物贸易关税的减让，逐步取消非关税壁垒，简化和协调关税程序；采取有效的贸易便捷化措施；简化海关程序和制定相互认证安排；逐步实现涵盖众多部门的服务贸易自由化；对东盟新成员国给予特殊和差别待遇及灵活性；扩大中国与东盟在金融、旅游、投资、农业、人力资源开发、中小企业和产业合作、知识产权、环境保护、林业及产品、能源及次区域开发等领域的合作。在中国—东盟自由贸易区建设中，旅游业不仅是中国—东盟服务贸易的重要内容，也是中国—东盟自由贸易区建设和发展的先导产业。

3. 泛北部湾经济合作

泛北部湾经济合作是 2006 年 7 月在南宁举办的"环北部湾经济合作论坛"上提出的概念。泛北部湾区域超越了单纯的地理界线，强调依据地缘经济的概念。该区域包括环绕北部湾和南中国海的国家和地区，有越南、马来西亚、新加坡、印度尼西亚、文莱、菲律宾、泰国、柬埔寨等国，以及中国的香港、澳门、广东和广西等省区。泛北部湾区域合作的相关国家经济互补性强，合作潜力巨大，具备进一步深化合作与开发的良好基础。在这一地区建立一个跨国家、跨地区、跨文化、跨产业的次区域合作区，对于提高泛北部湾区域整体的地位、扩大共同市场、减少区内矛盾与摩擦、谋求共同发展具有重要意义。旅游业是泛北部湾各国重点发展的产业，是区域经济合作的重要领域。各个国家和地区可以充分利用良好的地缘优势，多层次、多渠道、逐步广泛深入地推进旅游合作，打造世界知名的旅游目的地，从而提升泛北部湾地区在世界旅游市场中的地位。

4. 中越"两廊一圈"建设

"两廊一圈"是指"昆明—老街—河内—海防—广宁"、"南宁—谅山—河内—海防—广宁"经济走廊和环北部湾经济圈，涉及中国广西、广东、云南、海南、香港和澳门及越南的 10 个沿海地带。两条走廊共跨度 14 万平方公里，总人口 3900 万。建设"两廊一圈"涉及中越跨国界经济交换，不仅可以满足两国间日益增长的贸易需求，服务于中国和东盟成员国运输需要，也能促进各国的省际交换。"两廊一圈"是中国与东盟各国经济贸易的主要海陆通道，是中越双方经济交往的平台，将促进中越两国和区域经济贸易的发展，为中越两国人民带来巨大的利益。① 旅游业是中越"两廊一圈"经济贸易合作的重点产业，近年来，中越两国政治关系不断发展，旅游合作发展迅速。

5. 泛珠三角经济合作

泛珠江三角洲区域概念于 2003 年 7 月在国内正式提出。它包括福建、江西、广东、广西、海南、湖南、四川、贵州、云南九省区和香港、澳门两个特别行政区（简称"9 + 2"），面积约 200 万平方公里，人口 4.57 亿。2004 年，"9 + 2"政府行政首长联合签署了《泛珠三角区域框架协议》，包括华南九省区以及港澳两个特别行政区的泛珠三角合作正式全面启动。这一区域密切的经济关系与庞大的经济规模，为构建泛珠三角旅游经济圈奠定了雄厚的经济基础。泛珠三角旅游区

---

① 万辅彬：《中越两国建立"两廊一圈"可行性研究主报告》，中国商务出版社 2006 年版，第 4 页。

域合作是整个合作体系中的一个重要领域，《泛珠三角区域框架协议》明确提出："各方支持全面推进区域旅游合作，共同研究制定区域旅游发展战略和市场开发策略；建立区域旅游信息库；构建区域旅游网络营销系统；创建旅游商务服务平台；共同策划和推广区域精品旅游线路，树立区域旅游形象，打造区域旅游品牌。"泛珠三角中的内地九省区旅游资源丰富，紧连港澳，毗邻东盟，发展泛珠三角旅游合作，具有广阔的前景。

6. 大湄公河次区域合作

大湄公河次区域合作是1992年亚洲开发银行根据该银行成立时确定的宗旨，为促进中国（云南和广西两省区）、老挝、缅甸、柬埔寨、泰国、越南间的合作，经与湄公河沿岸各方进行磋商后发起的。大湄公河次区域合作总面积达230万平方公里，人口达2.5亿。大湄公河次区域合作六国政府首脑于2005年的第二次领导人会议上达成了五点共识：一是共同承诺为实现次区域经济合作目标与可持续发展筹集资金；二是同意为实现次区域合作目标加快基础设施建设；三是一致同意建立有利于投资及贸易发展的软环境，并将在各国推进管理进程改革；四是共同承诺为继续实施可持续发展而有效、合理地利用次区域各国丰富的自然资源并保护自然环境；五是各国政府首脑一致认为亚洲开发银行在推动次区域合作中发挥了积极作用，并一致希望亚行在未来的合作与发展中继续发挥作用。总体目标是：到2015年消除次区域的贫困与可持续发展；保护生物多样性与其他自然资源；加强联系，增强竞争。旅游合作是大湄公河次区域合作的一个重要领域和先行领域，近年来次区域与旅游、贸易相关的基础设施建设项目得到了较为迅速的发展。

二　边界功能转化力量的累积

边界具有促进接触和交流的空间中介功能，这是由其本质属性决定的。在北部湾地区通过边界的接触和交往过去一直在发生，只不过规模较小、相对零散而不为人注意。随着北部湾区域旅游合作纳入相关各地的议程，突破边界已成为各地的共识，与此同时推动边界由屏蔽向中介转化的驱动力量正逐渐累积，这一驱动力具体说来包括空间生长力量、市场整合力量与政策导向力量等。

（一）空间生长力量

北部湾区域旅游合作是一个自然形成的过程，其合作的产生和发展与区域空间基础条件的成熟度密切相关。这种基础因素主要包括区位条件、地缘条件、人文资源等。正是这些基础因素的复合作用，构成了空间生长力的累积，促使北部湾区域旅游合作的边界空间演化加速。

1. 资源互补性

空间相互作用理论认为，旅游资源的互补性是相关各方旅游合作的基础条件中非常关键的因素。资源差异使区域内资源互补得到加强，这对于地方旅游业或旅游企业联合开发产品、共塑市场形象极为重要。北部湾旅游资源储藏丰富，且各地之间能够形成互补，这不仅迎合了旅游者多样化、个性化的需求，同时也激发了区域旅游发展对跨界旅游资源的需求，推动不同旅游区空间相互作用的加强。

2. 人文地理相似性

中越两国人民自古就是友好邻邦，边民跨境而居，民族文化交流源远流长，这为北部湾区域合作提供了良好的历史人文地理基础。广西与东盟国家的一些民族有着亲缘关系，语言相近，如广西的壮族与泰国的傣族、广西的京族与越南的越族都有关联。相似的文化背景有利于形成一种良好的旅游感知氛围，缓解国际游客心理上因地域与国别差异而造成的隔阂，有利于促进双方的旅游互动。

广西很大一部分地区说"白话"，与广东、香港语言相通，而其他不说白话的地区，语言上也存在着相似性，这就极大地方便广西吸引来自广东和香港的游客，为他们创造一种更为亲切的旅游氛围，也将有利于广西对接至泛珠三角的旅游圈，拓展泛珠三角的旅游市场，提高广西旅游业的市场地位。

（二）市场整合力量

区域旅游合作是相关地区社会经济发展到一定阶段的产物，因而研究市场驱动力对社会经济分析很有必要。市场驱动力的产生，其本质原因是各类市场要素的分布存在区域差异。北部湾区域旅游合作的市场驱动力包括两个层面，一个是大层面区域市场驱动力（北部湾经济区市场），另一个是小层面区域旅游市场驱动力（北部湾经济区旅游市场）。①

首先，北部湾经济区是进入 21 世纪第一个 10 年国家组织开发的经济新区，其市场发展有巨大的潜力。北部湾作为中国与东盟国家的桥头堡，其市场催生的范围更为广大。其次，从北部湾经济区的旅游市场层面来看，北部湾的旅游市场优势是海洋旅游，海洋旅游是 21 世纪旅游发展的主流。一方面，大范围"走马观花式"的观光旅游活动逐渐减少，中小区域尺度的滨海休闲度假旅游逐渐时兴；另一方面，郊区游的范围逐渐向外拓展，也向中小区域尺度的休闲度假旅游发展。

（三）政策导向力量

政策驱动是区域旅游合作不断演化和升级的主要动力，一般是通过政府制定相应的政策直接作用于区域旅游合作。在旅游开发实践中，自发的区域旅游合作在得到政府的支持后往往加快了发展的规模和速度，提升了合作的层次。旅游业是国家西部大开发中鼓励外商投资发展的特色经济产业。广西区位独特，既面向东南亚，又背靠云贵川、邻近港澳台，具有全国唯一的沿海、沿江、沿边优势，与东盟各国距离最近，经贸交往最活跃，既能享受东部沿海、沿边对外开放政策，又能享受西部开发优惠政策和民族区域自治特殊政策，还可享受"泛珠三角经济区"和"中国—东盟自由贸易区"等一系列招商引资和投资特殊区域、特定行业的优惠政策。

广西区党委、政府一直以来都高度重视旅游业的发展，始终把旅游业作为广西国民经济的增长点和重要支柱产业来加以培育和发展。在"十五"期间，广西就针对旅游业出台了一系列优惠政策；对在广西投资经营的旅游企业 2001—2010 年按 15% 的税率征收企业所得税；对促进生态环境保护的生态旅游、农业观光旅游项目 10 年内免征农业特产税；外商投资的旅游项目，在投资总额内进口自用的先进技术设备，除国家规定不予免税的商品外，免征关税和进口环节增值税。

① 靳诚等：《长三角区域旅游合作演化动力机制探讨》，《旅游学刊》2006 年第 12 期。

（四）诸要素协同作用

北部湾区域旅游合作的转化机制包括动力机制与协调机制，动力机制涉及北部湾跨界旅游合作的内外部环境，协调机制则关乎内外部因素如何相互作用以促进协调。边界的存在使北部湾区域旅游合作面临许多障碍，但是，由于边界区域内外力的交合作用，边界的屏蔽效应可以转化为中介效应，从而推动区域旅游合作各相关主体由离散状态向区域一体化的方向迈进，各种动力要素相互联系、相互影响。也就是说，外部动力和内部动力的共同作用，有可能使原本独立、分散的各旅游区域单元向中心发展，实现联合，形成内聚力，并在这种内聚力的推动下共同发展。来自不同方向的内外力交互作用于合作边界，以解决北部湾区域旅游合作中由边界带来的繁杂问题。

1. 国家边界问题

中国—东盟自由贸易区的启动、大湄公河次区域经济合作的开展与中国—东盟博览会的举办为突破国家边界障碍打下了良好的基础。随着中国—东盟自由贸易区的建立，有关国家之间的贸易壁垒将逐渐消失，来往手续简化，人员来往更加方便，经济一体化也将加快中国与东盟旅游一体化的步伐。特别是广西由国内边陲变成了国际通道的枢纽，为广西旅游业及相关产业提供了巨大的市场机会。大湄公河次区域经济合作建立在平等、互信、互利的基础上，是一个发展中国家互利合作的机制。大湄公河次区域经济合作的开展将加强各成员国间的经济联系，促进区域经济和社会发展。中国—东盟博览会将为北部湾区域旅游合作创造良好的条件，有助于共同开展广泛的旅游宣传促销活动，相互推介旅游产品和旅游线路，建设旅游大通道，实现与东南亚国家的旅游对接，形成中国—东盟大旅游经济圈。

2. 省级边界问题

泛珠三角经济合作将为泛北部湾区域旅游提供赖以生存和源源不断的市场保障。广西具有毗邻中国三大旅游客源地之一的港澳穗独特的地理优势，拥有几乎是零距离的客源市场。西班牙之所以成为世界上第二大旅游目的地，除了其阳光和沙滩的资源外，邻近英国、法国和德国等欧洲主要客源市场也是其重要的成功因素。深化泛珠合作将加强两广无障碍旅游区的建设，共同打造两广的交通、基础设施建设，使得两广的旅游合作不仅仅体现在客源对接上，还体现在旅游信息平台的构建等方面。同时泛珠三角合作也将进一步扩大北部湾区域旅游的范围，华南和西南亦是广西主要的国内客源市场。

3. 城市边界问题

广西北部湾经济区作为区域核心需要先把自己的事情做好，只有先把内部的合作关系理顺才谈得上与友邻合作，也才有资格成为北部湾区域旅游合作的核心区。"4 + 2"城市旅游联盟的成立是深化北部湾经济区旅游合作的良好开端，区内六城市建立旅游联合发展机制，共同开拓旅游市场，共同开辟旅游线路，共同推介旅游产品，共同推动无障碍旅游。如果能够落实资源共享、线路共建、市场共拓、客源互派、信息互通、互利互惠、相互带动、多方共赢，将有助于改变城市之间互设障碍、各自为政的局面。在此基础之上，方可发挥南宁作为区域中心城市的作用，和区内兄弟城市联手；加强同广东湛江、海南相关城市的城际联合，牢牢把握住与东盟、南宁及湄公河区域新建立起来的关系，最终实现客源互动，功能互补。

三　边界功能转化的切入路径

边界效应转化的直接动力主要来自中央政府、地方政府和企业三部分。北部湾经济区上升为国家战略属于制度层面的安排，从中国旅游业发展的历史与现实来看，政府调控是北部湾区域旅游合作必不可少的和最为活跃的动力来源。但是，北部湾区域旅游合作的复杂性在于它并非一国范围之内的区域合作那么单纯，它不仅是跨国跨区域间的经济合作，而且是边界两侧相关国家或地区的政治合作，其长期稳定的发展需要依靠各国政府，包括中央和地方政府的密切参与和政策支持，建立有效的运作机制，来保证这种合作的协调性和连续性。

（一）中央政府的积极推动

北部湾区域旅游合作将给西南、华南地区带来重要的发展机遇，对于我国发展与越南等国家的睦邻友好关系、加快推进中国—东盟自由贸易区建设、深入实施西部大开发、进一步深化跨国旅游合作具有重要的意义。作为最高级别的行为主体，相关的各国中央政府已经意识到并且开始逐步发挥主导作用。中央政府的作用主要表现为通过政府间的协调，为边界效应的转化提供一个有利于降低旅游交易成本的制度安排，比如边界规则的废除、免签证或免护照、扩大进入边境区域旅游的范围等，以减小边界的屏蔽效应，推动双方旅游便利化的进程。

在北部湾区域旅游合作建设初期，各国中央政府的协调作用尤为不可或缺。北部湾所涉及广西北部湾经济区、广西与越南的接壤地区等属于经济欠发达地区，一些必要的基础设施建设须借助两国中央政府的行政力量来推进，在政府的协调之下，进行合理的项目宏观规划布局。但是行政调节最终只能发挥补充的作用，过度干预则会影响双边旅游业的正常发展。中央政府的协调机制应该以市场为导向，逐步减少直接干预，让市场和企业发挥更大的作用。

中国中央政府主管机构——国家旅游局正谋划做好以下几方面的工作：①

（1）推动构建泛北部湾旅游大通道。配合国家泛北部湾交通网络的建设，积极推动泛北部湾区域空中、陆地和海上旅游通道建设。推出主题突出、特色鲜明、市场吸引力强的跨区域旅游线路。

（2）在广西旅游总体规划的基础上编制广西泛北部湾经济区旅游发展规划，并在此基础上与泛北部湾各国和地区进行研究和探讨，开展旅游规划方面的合作。

（3）继续支持泛北部湾经济区重点旅游项目建设；支持广西特色旅游项目开发和旅游产品建设，支持广西旅游基础设施建设；支持广西打造滨海度假、山水生态、民族风情、边关风光特色旅游品牌，推动区域旅游功能不断完善。

（4）推动泛北部湾地区各国和地区旅游部门、行业组织、旅游城市和旅游企业之间开展务实合作；推动建立区域旅游多边和双边联合营销机制，推动区域旅游市场相互开放；进一步推动旅游出入境便利化。

---

① 邵琪伟：《2007 泛北部湾经济合作论坛上的讲话》，2007 年 7 月，新华网：http：//www. sina. com. cn。

（5）以中国—东盟博览会为契机开展形式多样的旅游主题活动，促进中国—东盟自由贸易区旅游合作不断发展。

（6）支持和帮助广西培养一批中高级旅游管理人才和多语种旅游服务人才，以适应泛北部湾地区旅游合作与发展的需要。

北部湾地区是中国沿海地区最后一块未充分开垦的"处女地"，作为中国—东盟合作的前沿，中国国家旅游局正加强对北部湾区域旅游合作的研究，高度重视，认真规划，在各方面给予支持，打造北部湾国际旅游品牌，使旅游业能够成为泛北部湾经济合作的先导产业之一。

（二）省级政府的积极响应

北部湾经济区的建立是应对中国—东盟自由贸易区发展的战略性举措，对区域内经济、政治和社会的发展均有重要影响。尤其是中国广西沿海城市、广东湛江和海南、越南的下龙等北部地区将直接受惠。因此，两国四方地方政府的作用则更为直接和关键，边界的障碍作用与地方政府各自为政密切相关，也必须由当地政府来协商解除，通过政府间的协调，减少对边境地区往来人员、物资的管制，使彼此间基础设施的规划建设相互配套，打造共享的信息交流平台，降低合作的交易成本，为跨界区域旅游合作创造一个良好的环境。

近年来，本着资源共享、市场共拓、合作共赢的原则，两广旅游部门在市场开发、旅游扶贫、产品线路、宣传促销、项目投资、人才培训等领域，多层次、多角度地开展了密切的合作。比如，2005年广东旅游局与广西旅游局正式启动了两广无障碍旅游区；2006年两广无障碍旅游区扩大边界到20个城市，双方还共同打造"山水旅游线路"、"滨海边关旅游线路"两条跨省区精品旅游线路；2009年广东将广西作为国民旅游休闲计划的目的地予以推广，进一步促进两广无障碍旅游区自驾车旅游的全面发展；双方加大旅游项目投资领域的合作；建立双方旅游合作联席会议制度，构建良好的合作保障机制等。

广西与海南签署的环北部湾区域旅游合作框架协议书明确约定，双方在旅游规划、旅游资源开发和客源共享、特种旅游、消除旅游壁垒、推进无障碍旅游、共同促销、共建旅游信息平台、实现旅游信息共享、人才合作与交流、市场监管和建立长效机制等方面加强合作。目前，三亚—海口—湛江—北海—钦州—防城港—下龙湾—海防—河内旅游精品线路连接起来已形成跨越环北部湾地区的一条虹形旅游带，形成环北部湾旅游圈的雏形。两省区政府提出以项目建设为中心，以资源整合、结构优化为主线，以市场开拓、区域合作为重点，统筹规划，加速推进国际区域性政府旅游协调机制，共同商议和确定联手打造国际化、复合型、以滨海跨国为主要特色的旅游目的地——环北部湾国际滨海度假地。①

2008 年 5 月，广西旅游局与越南国家旅游局副局长阮孟强就双方旅游合作方面达成协议，并签署了《中越边境旅游管理合作备忘录》。双方就加强边境旅游管理与合作，坚持优势互补、配合广告宣传、共同开发市场、打造精品线路，加强旅游安全管理，提高旅游从业人员服务质量等方面达成共识。

2009 年初，中国的广西、香港和越南河内、广宁省"两国四方"在南宁签署了合作备忘录，在旅游产品建设、旅游市场营销方面加强合作，成立"中越两国四方旅游营销联盟"，共同打造"香港—南宁—下龙—河内—香港"或"香港—河内—下龙—南宁—香港"跨国旅游线路，并利用在世界各地举办的国际旅游展会等平台向全球市场共同推广，重点开辟欧美等地的远程旅游市场。

北部湾区域旅游合作既跨国界又跨省、地级行政区，这使得区域内的行政关系十分复杂，既有纵向的上下级关系，也有横向的平级关系，还有斜向的交叉关系。这种复杂的行政关系则是许多区域协调问题产生的深层次原因。从这个角度上讲，区域内各级地方政府加强协调具有更为重要的意义。

（三）市县级政府的积极介入

边境地区的市、县等地方政府也是北部湾区域旅游合作的主要主体，在北部湾区域旅游合作的运行中扮演重要的角色。边境地方政府的协调任务首先在于落实中央、省、市政府协调的成果，并为边境旅游开

---

① 《海南与广西签署了七项合作协议，涉及旅游、医疗等》，2009 年 6 月，商务部网：http：//www.sina.com.cn。

发与管理创造条件，推进边境地区经济交流与合作。其次，进行地方合作项目的规划、沟通与协调，避免重复建设，促进优势互补，实现合作共赢。再次，提供服务，优化边境旅游环境。

广西北部湾所属的地方政府是区域旅游合作的中坚力量。广西为了完成中央政府赋予的神圣使命，组建专门组织机构，成立广西北部湾经济建设委员会、广西"4＋2"城市联盟等协调机构，举行旅游局长的联席会议，组织编制《北部湾旅游发展规划》，筹建广西旅游发展基金，成立北部湾旅游集团，等等。从更广泛的意义上看，广西北部湾旅游合作不仅仅是旅游主管部门的问题，因此，最终需要形成一个政府主导、部门支持、市场主体、企业运作、社会参与、利益协调、和谐发展的合作机制。

第二节 集聚效应与边界区域旅游合作深化

广西北部湾经济区能否在跨界旅游合作中成为新的区域旅游中心，边界效应的理论视角有助于我们审视并回答这一问题。所谓集聚效应，其理想结果乃是位于边界区域的旅游目的地通过各种旅游要素的集聚实现产业竞争力的提升，[①] 具体地说就是通过产业集聚使边界区域旅游中心化，通过各种旅游要素的重组形成新的区域旅游中心。广西北部湾经济区属于相当典型的地区权力边缘地带以及不同权力中心的接触地带，在凸显边界功能的同时，它也在发挥着作为一个具有相对独立性的经济区域的作用。这一地区因其独特的区位特征而被赋予了集聚各种旅游要素的天然优势，通过各种旅游要素的沟通与整合形成新的边界区域中心是完全可能的。当然，跨边界区域旅游合作是一项系统工程，北部湾经济区能否实现既定发展目标需要充分考虑经济因素、社会因素、环境因素和体制因素，以及各因素之间的协调程度，等等。

---

① Hawkins. F. D, "A protected areas ecotourism competitive cluster approach to catalyze biodiversity conservation and economic growth in Bulgaria", *Journal of Sustainable Tourism*, Vol. 12, No. 3, 2004, pp. 219—244.

一　边界区域旅游产业中心化

（一）旅游产业集聚

产业集聚理论深受区位理论和增长极理论的启发，[1] 关于产业集聚的形成机理，迈克·波特指出：生产要素、需求条件、关联与支持性产业、企业竞争与战略四大因素的密切配合，以及政府对这四组因素的综合影响，对于产业集群的成长具有重要的推动作用。[2] 对于产业集聚的效应分析，学界一般倾向于认为通过产业集聚可以获取规模经济，提高企业核心竞争力；各种产业要素的集聚可以促使区域经济增长，催生"中心—边缘"的经济结构模式，包括促进城市化和区域经济一体化的进程。旅游产业集聚同样与追求规模经济有关，比如饭店产业规模经济的两种表现：一是特大型的独立饭店，客房数量越多，或者饭店构成的综合体越齐全，饭店的整体经济效益越大；二是饭店群，俗话说"店多成市"，饭店在一个地区形成集聚，其整体的效果既是出现竞争，也是产生共赢。

研究旅游产业集聚终究不能脱离其自身的产业特性。有研究者从四个方面归纳了旅游产业的特性：其一，旅游产品的生产过程呈现垂直分离。尽管旅游产品的消费是"一揽子"性质的，需要各旅游行业同时提供，但旅游产品的生产本身却是可以垂直分离的，由生产工艺和流程完全不同的行业提供。其二，旅游核心产品具有不可移动性。旅游产品的核心是满足旅游需求的旅游吸引物，而旅游吸引物具有不可移动性，旅游者只有移动到吸引物所在地旅游消费才能实现，这决定了旅游产业的大部分行业只能在旅游地出现。其三，旅游产品的消费时间存在有限性。旅游者的旅游时间是有限的，在有限的时间里，旅游产品的边际效用决定着消费者对该产品的接收程度和消费量，如果旅游者在旅游地消费完整的旅游产品需要太多的时间和精力，则旅游地对于旅游者的边际效用就会降低，旅游者就有可能取消消费活动，这也就决定了旅游产业

---

[1] 姜鑫等：《从区位理论到增长极和产业集群理论的演进研究》，《山东经济》2009 年第 1 期。

[2] ［美］迈克·波特：《国家竞争优势》，华夏出版社 2002 年版，第 65—122 页。

各行业必须集中分布来节省旅游者的消费时间，以便能出售产品。其四，旅游产品具有不可存储性。大多数旅游产品都要受到具体的时空限制，这决定了企业必须在旅游者集中消费的时间和地点为旅游者提供旅游产品，必须接近旅游者集聚的消费市场，这个消费市场也就是能满足旅游者各种需求的旅游产业的集聚地。①

旅游产业的上述特性决定了旅游产业不能简单地套用标准的产业分类体系，其产业集聚也与一般产业集聚存在根本不同。作为一个联结旅游主体（旅游者）和旅游客体（旅游对象）的产业，旅游产业涉及众多的行业和部门，包括旅游资源的开发产业，旅游要素产业，即行、游、住、食、购、娱等直接为旅游者提供产品和服务的行业，以及旨在营造良好的旅游社会、自然环境的其他关联产业。这些相关联的行业、部门倾向于在同一地理区域范围内集聚，并因彼此间的横向、纵向联系围绕旅游资源产业形成聚群。正是因为有了旅游资源产业的存在，才使旅游业有了旅游客体、旅游对象，有了旅游吸引物，才使一些区域或地点成为旅游目的地。在其外围聚集着旅行社、饭店、餐馆、旅游区域交通、商品零售、娱乐设施等服务性产业，它们服务于相似的顾客群体，是旅游者在异地空间聚集的必要条件。在这些服务性产业外围还集中着一批补充性产业，如银行、邮电通信、海关、公安、卫生保健、保险、建筑、房地产、媒体、园林、绿化、环保等。旅游业各构成行业、部门是一个统一的整合体，在空间地域上表现为各部门、各行业的分工与协作。各个行业、部门相互依赖，旅游者的满意度不仅取决于景观的引人入胜，还有赖于互补性的服务，即旅馆、饭店、商店和交通设施的质量和效率。旅游产业各相关行业、部门不仅在地理上靠近，而且集体协作，利益攸关，具有明显的产业集聚优势。②

（二）边界区域中心化

旅游产业集聚效应的结果是区域旅游产业中心的产生。旅游产业集聚区包括五个方面（如图3—2所示）：

①　冯卫红：《旅游产业集聚的动因分析》，《经济问题》2009年第7期。
②　袁莉等：《旅游产业的聚集效应分析》，《湖南社会科学》2003年第3期。

图3—2 旅游产业集聚因素分析框架

第一是要素集聚。不仅是行、游、住、食、购、娱等服务要素，或者经营要素，还包括产业发展要素，如资本集聚、土地集聚、人才集聚、管理集聚，相关联的各种运营要素都会集中到一起来。只有形成要素集聚的格局，才可能创造出更大的效益。第二是功能集聚，在这一集聚区里，客人出游所产生的各种需求都会得到满足，接待功能的集聚将使客人想得出的甚至想不出来的需求都能创造出来。满足客人的需要分两个层次：基础层次是满足异质化生活的需要，较高层次是满足梦幻生活的需要。第三是品牌集聚，在这样的集聚区里，应该集聚各种品牌，比如说有一批品牌性的酒店进入，而且不光是服务品牌，还应该包括很多商业的品牌店，构造一个品牌集群。第四是需求集聚，把各种各样的需求都集聚到一起来，而且这种需求集聚不仅是生活性的需求，也包括一些生产性的需求集聚。旅游是为生活服务的，也是为生产服务的，仅仅把旅游理解成为生活服务是相当狭隘的，商务酒店就是为生产服务的。所以这种需求集聚可以说是把各类的需求都集聚到一起，如此一来面对的需求就是无限广阔的。最后一个是娱乐集聚，这是旅游产业集聚区一个非常重要的因素，现在一些地方旅游产业发展不足，主要的原因是娱乐要素集聚不足，具体到国内，这一现状可能和我们的文化传统有关，但是下一步的发展必然是培育出这样的集聚模式。

从上述诸种集聚的一般性归纳中可以得到旅游产业集聚区的描述性定义：依托相应资源，以旅游设施集聚为主体所形成的规模性区域。其中有几个特点，第一是大旅游的概念，这个概念不仅超出了观光旅游，也超出了传统所说的行、游、住、食、购、娱六要素，这是一个更大的概念。第二是大产业的概念，只有从大旅游出发，才可能构造出大产业。这里需要项目的聚合，要求集中一批项目，包括一些大项目，只有在此基础之上才能形成集约经营的格局。第三是大发展的概念，从产业发展的角度来说，旅游经营效益是一个必须认真考虑的问题，如果经营效益不理想，则旺丁不旺财，所谓旅游产业集聚、建设区域旅游中心也无从谈起。旅游产业集聚要求改变过去的分散性经营，扭转由分散经营带来的集约化程度低、效益水平低的颓势。大旅游产业联动发展模式旨在对区域自然、经济与社会文化资源进行重新配置，同时根据旅游业与其他产业的内在关联带动相关产业发展，从而推动整个地区经济迈上新台阶。

多年以来，描述旅游企业常常用到"小、散、弱、差"的说法，严格地说，"小"不是问题，任何国家的产业发展中小企业都是主体，但是"散弱差"是问题，一些地区的旅游产业在产业关联上长期处于边缘的位置，究其原因与其处于远离政治、经济、文化中心的边缘地带有关，在这些地区边界的屏蔽效应往往频繁显现。因此，正视区域旅游合作中边界障碍的存在，致力于解决地方旅游市场分割、旅游资源开发的空间无序竞争、地方市场保护主义、地区间旅游交通不畅等问题是必要的。从产业的空间布局来看，旅游产业集聚区最终要构建集中区域，即打造跨界区域旅游中心。虽然在一定的历史阶段，某一区域处于一种边缘化的地位，但其边缘状态并非固定不变，条件适合时边缘地区的过渡性特征优势会充分发挥，带动本地区由"边缘"发展为更高水平的新"中心"或"次中心"。[①] 边界区域自有其不可取代的优势，诸如生物多样性特征显著、较少受到现代工业的污染、当地文化呈现过渡性特征等，具有发展大旅游产业的资源优势。

二 广西北部湾旅游产业集聚

（一）集聚条件

广西北部湾区域旅游产业集聚与内部动力结构演变的积极影响密切相

---

① 侯晓丽：《边缘地区区域过程与发展模式研究》，中国市场出版社 2007 年版，第 197 页。

关，区域发展的内在要求主要是指对经济利益的扩大化追求，旅游产业集聚将有助于追求规模经济和范围经济，从而获得较高的比较利益、互补利益与选择利益，而外部因素的促进作用也不可忽视，主要包括内外旅游流的联动、旅游地竞争的促动，以及公共设施条件完善的推动等。

1. 区位优势

北部湾的经济区位有以下几个特征：从大视角看，广西北部湾是东盟经济圈、华南经济圈和西南经济圈的交汇处，从所处的经济区位看，北部湾处于中国—东盟自由贸易区的前沿，是大湄公河次区域旅游合作的重要门户，构成了与泛珠三角区域及中国—东盟国家之间的旅游合作和交流的叠加平台。从交通区位看，拥有南宁、北海等国际机场，湘桂铁路、南昆铁路、黎湛铁路，南北高速、南百高速、南梧高速等多条高速公路及多条国道、省道构成的交通网络。以上的经济区位特征使得北部湾在地域经济分工中，一方面难以形成高层级的经济中心、经济制造中心、商业中心，一方面却可以作为周边经济中心 3 小时经济圈的旅游后花园，成为大经济区中的旅游促进中心。

2. 资源禀赋

复杂的地理环境造就了北部湾独具特色的旅游资源：海洋、河流、港口、岛屿、气候、峰林、动物、温泉、风情、瀑布、田园等自然旅游资源种类多、分布广。北部湾有些资源在全国甚至世界范围内都具有代表性和垄断性，如北海银滩、少数民族风情、花山崖画、德天瀑布、十万大山、钦州三娘湾、东兴与凭祥的边关文化等。中越边界多民族跨境而居，不同的民族在漫长的发展过程中，逐渐形成了自己特有的地方传统习俗和民族风情，如语言、宗教信仰、民族服饰、饮食、建筑（壮族的干栏建筑）、音乐（侗族大歌）、生活习俗、节庆活动（壮族三月三歌圩、瑶族盘王节）等均极具特色。除了这些传统的自然与人文旅游资源以外，北部湾还有一种更重要的社会资源，比如工业旅游、农业旅游、港口观光等，将来在北部湾旅游发展中会起到更大的作用。总之，北部湾有发展旅游业的独特资源优势，将旅游资源优势转化为旅游产业是当地的合理选择。旅游资源优势保证了北部湾能够通过对旅游产业的集聚把旅游产业做大、做强。

3. 市场因素

北部湾处于中国多个旅游热点地区（广西桂林、云南昆明、广东广州、海南三亚）的中间地带。这些热点地区的现实市场将是北部湾重要目标客源之一。西南的四川、云南、重庆、贵州和中南的湖南、湖北、江西属于内陆省份，北部湾的海洋、海滨、海岛、边境资源都具有极强的差异吸引力。其中周边十省市区客源区拥有人口总数达51716万人，每年创造99930.5亿元的国内生产总值，城镇居民人均可支配收入约为13500元（2008年统计）。北部湾到广东、西南各省区、中南地区的高速公路、铁路、机场等交通设施都相当便捷，这些都为北部湾实施旅游产业集聚、发展旅游业提供了有力的市场需求保障。

4. 政策条件

随着中国—东盟自由贸易区的构建及北部湾发展进入国家战略层面，北部湾旅游业正处在产业规模化与集聚化重叠发展的特殊阶段。作为国家西部大开发战略承东启西的前沿阵地、国家旅游扶贫的主战场，从中央到地方各级政府都高度重视旅游产业的发展，旅游业被确定为北部湾经济区国民经济新的增长点和重要的支柱产业加以培育和发展，使北部湾旅游业的发展获得了强有力的政策支持，如中央财政转移支付、地方对口支援等一系列优势政策，特别是在基础设施建设方面给予的投资力度很大。同时，广西把建设旅游强省作为广西经济社会整体发展的一个重要环节来部署，说明在广西投资旅游不仅在政策上有保证，并且拥有广阔的前景。

（二）集聚方式

在空间形态上，旅游产业集聚是规模经济导致集聚点的产生，再加上范围经济产生集聚旅游产业区，规模经济、范围经济和外部经济共同作用产生集聚旅游产业带和核心区块。首先，集聚旅游点形成后，由于范围经济的作用，旅游要素和旅游经济进一步集聚，吸引更多的外来要素，景点间关系更加紧密，形成具有一定地域范围的景点群体，在规模经济和范围经济共同推动下，景点群体发展为集聚产业区。[1] 当集聚产

---

[1] 聂献忠等：《我国主题旅游集群的成长及其空间特征研究》，《人文地理》2005年第5期。

业区不能够为原先集聚企业提供更大范围经济时，外部经济作用使得产业区继续扩大，逐渐形成集聚产业核心区，乃至发展成为规模化的城市区域。

北部湾的旅游产业集聚可依托现有基础逐步发展：

1. 国家旅游度假区

度假区有滨海度假、山林度假、山水度假、乡村度假等多种形式。北海银滩是第一批 12 个国家滨海旅游度假区之一，防城港的金滩、江山半岛，包括合浦的星岛湖、德天的名仕田园风光等都可以构成旅游度假区的集聚。

2. 生态旅游示范区

北部湾拥有丰富的生态旅游资源，有大明山、花山、十万大山、涠洲岛等国家级生态旅游景区，这些生态旅游景区围绕景区集聚，形成像九寨沟"沟内游，沟外住"的模式，构造新的生态旅游集聚区。

3. 温泉集聚区

以温泉作为招牌，围绕一系列的新兴需求，创造新型产业和服务，构造成一个综合集聚区。南宁市的嘉和城和九曲湾、陆川的谢鲁山庄等可以构造一个温泉集聚区。

4. 商务会展集聚区

以南宁东盟博览会为主，结合玉林等其他一些地方构建会展集聚区。并且要考虑目标差异化，比如南宁是面向东盟等国的国际化的博览会，玉林是面向中小企业的博览会。

5. 城市商业游憩区

城市商业游憩区规模"小"：小餐饮、小娱乐、小广场、小绿地、小购物。但是构造这样的大街区，既凝聚一座城市的文化底蕴，又体现时尚的消费潮流，从而形成一个城市的活力。如北海的老街、南宁的步行街，都可以形成城市商业游憩区。

6. 旅游文化集聚区

以文化体验为核心构建产业集聚区。一是文化集聚，集聚区内任何一个地方都能感受到浓郁的文化气息；二是产业创新，如巴黎为了保护古城减少城区内人口，而且年年出新花样：在塞纳河两岸铺上沙子，种上棕榈树，创造一个虚拟海滩便于市民度假。宁明花山、京岛金滩等可以采取这种模式；合浦、北海、防城港等港口城市也可以利用海上丝绸之路起点的优势大做海洋文化体验的文章。

（三）集聚过程

广西北部湾区域旅游虽然整体水平不高，却具有迅速扩大旅游产业规模、实现跨越式发展的有利条件。根据区域内旅游合作的现有程度与发展水平，北部湾区域旅游产业集聚可以分为两个阶段。[①]

1. 多核共同发展

广西北部湾经济区是北部湾区域旅游合作的核心区，经济区下辖的南宁、北海、钦州、防城港与崇左和玉林6座城市，目前经济发展水平普遍偏低，旅游资源开发程度不高，但是各地拥有的均属优质旅游资源，具有开发高品位旅游景区的潜在优势，各地宜集中有限的物力和财力，依托资源优势重点开发特色突出、交通条件相对便利的旅游景区景点，通过合理的空间配置达到旅游产业集群局部空间集聚，与本地各种旅游要素进行整合，形成地市级的旅游经济增长点，带动当地旅游发展。局部空间产业集聚可通过极核增长或非极核增长方式。极核增长方式依托一个或数个较为成熟的具有龙头作用的优势企业进行上下游产业和相关平行企业的配置，随着产业集群规模的扩大，极核亦可能从单极核过渡为多极核。非极核增长方式则在集群中没有明显的优势企业，通过企业群实现产业的上下游配置。[②]

广西北部湾经济区的特殊性在于区内自上而下已经达成大力发展旅游产业的共识，在各地市注重自身发展的同时，推动整个经济区层面的旅游产业空间集聚已经成为经济区全面发展的迫切的现实需要，因而适时引导区内局部空间集聚实现多核协调作用、共同发展是完全可行的。当局部空间集聚达到一定程度，扩散效应将占据主导地位，地市级增长

---

① 王凯认为跨界旅游目的地的形成和演化大致经历了边界效应屏蔽、双核结构形成、扩散发展和区域空间一体化四个不同的阶段，对本书的写作有帮助。参见王凯《跨界旅游目的地整合发展研究》，博士论文，华东师范大学，2007年，第62—66页。

② 黄向等：《区域带状极核型主题旅游产业集群培育——以广东恩平旅游经济走廊为例》，《经济地理》2007年第6期。

中心对周边地区旅游流的扩散作用开始显现，旅游中心地体系随之初步形成，旅游流规模在迅速扩大的同时其空间流向上也开始呈现出双向性。各地区之间相互合作，联合开发的规模扩大，共同建设基础设施项目，构造区域旅游交通骨干网络，发展轴的功能初步显现。

在以上两者的基础上，广西北部湾旅游区空间结构变动较大，形成以南宁、北海、钦州、防城港、玉林、崇左等旅游中心地为核心，以南北（南宁—北海）、南防（南宁—防城港）、南友（南宁—友谊关）、南梧（南宁—梧州）等主要交通通道为轴线的点轴型互动体系，经济区内区域整合所依托的点轴空间框架基本形成，区域整合中的点轴要素的集聚效应和扩散效应表现明显，开始形成"渗透型"整合形态，并逐步形成能够反映局部整合的旅游新形象和吸引力更大的旅游产品。随着经济区内各地市旅游合作的顺利开展，广西北部湾旅游区各地域单元之间的横向联系日益密切，旅游政策更趋一致，区域旅游市场初步形成，旅游企业在一定程度上成为市场主体，初步形成合理的旅游地域分工。

2. 区域空间一体化

随着区域旅游产业的进一步集聚，广西北部湾六大城市局部空间集聚的非线性协同作用增强，区域内更多的景区景点得到开发，并依托各级旅游通道与上一级旅游中心建立联系，区域内形成相对均质的旅游中心地体系，旅游地域范围逐步延伸。不同局部空间集聚地的旅游域相互渗透，各级旅游地之间的联系更加紧密，各级旅游中心地对旅游流的集聚和扩散效应得到了最大限度的发挥，使得广西北部湾经济区内旅游空间结构呈现出一种疏密有致并相对紧凑的有机统一状态，网络化、均衡化和多中心的特征明显。南宁、北海、钦州、防城港、玉林、崇左六市已于 2007 年签订了《环北部湾经济区旅游合作协议》，以打破行政区域限制造成的资源割据现状，向实现资源共享、信息互通、市场共拓迈出了重要一步。

毫无疑问，广西北部湾区域旅游走向深化依然任重道远，真正的区域旅游一体化要求各地市内部行政边界完全开放，区域旅游经济合作应以追求全面型的合作模式为主；要求旅游企业之间的相互联系更为密切和广泛，乃至于成为区域旅游市场的主体，在广西北部湾区域统一市场中，各种旅游产业要素需实现自由流动。同时要求区域内形成合理的地域分工体系，加强产业链培育，各地市作为基本旅游地域单元在功能上相互依存，各地区的空间和资源得到更加充分的利用，空间结构和各组成部分完全融合为一个区域旅游经济共同体，至此区域旅游经济系统才算是进入了稳定、高效和有序运行的高级阶段。

值得注意的是，由于发达的旅游通道体系使得游客流向的改变非常容易，极易造成目的地旅游经济系统的紊乱，所以，在发挥各地市作为基本旅游地域单元比较优势的同时，仍需不断检视合作和协调的有效性，以防范各地域单元间过度竞争局面的出现。

三　构建跨界区域旅游合作中心

（一）集聚目标

旅游产业集聚是一个自然过程，而适当的人为干预对于集聚进程的加快无疑具有促进作用，因此明确广西北部湾旅游产业集聚的总体目标是必要的。把广西北部湾经济区建设成为引领北部湾旅游发展的重点区域目前已经纳入了广西北部湾经济区发展规划的蓝图，这与旅游产业的集聚并不矛盾，作为相关各区域联动的中心枢纽，广西北部湾旅游产业发展的目标定位应是泛北部湾区域旅游合作的新生力量，是共建中国—东盟新增长极的率先突破口，同时也是世界旅游大格局中亚太旅游新平台的重要组成部分。

广西北部湾旅游产业集聚要以项目建设为中心，以资源整合、结构优化为主线，以市场开拓、区域合作为重点，统筹推进，加速完善旅游产业体系，全面提升旅游产业素质，综合发挥旅游产业功能。着力提升旅游交通的可进入度，依托广西北部湾经济区的建设发展，完善提升航空、铁路、高速公路、港口等交通基础设施和会展商贸等商务设施，提高南宁国际航空枢纽港、陆路交通枢纽和"中国—东盟会展商务之都"地位，打造南宁国际旅游集散中心和商务中心，提升南宁作为北部湾中心城市的经济首位度和旅游组织能力；加快高档宾馆饭店、高品质旅游度假区、自驾车旅游营地等旅游设施建设，全面提升服务水平。

（二）发展思路

第一，确立具有轰动效应的独立卖点。与众多旅游产业发达地区不同，广西北部湾属于旅游业欠发达地区，尚有大量优质的旅游资源没有开发，或者只进行了初级开发，这为本区域旅游产业的发展提供了得天独厚的条件。整合提升，着力打造北海银滩、德天瀑布、京岛金滩、钦州三娘湾等品牌旅游景区，确立具有轰动效应的若干独立卖点，是推进广西北部湾旅游产业集聚的第一步，并在此基础上树立宣传形象。

第二，在景区基础上发展的旅游区，主要是在资源基础上扩充。广西北部湾一些度假区以及历史文化区已具雏形，应在此基础上进一步建设完善北海涠洲岛国际休闲度假岛、北海银滩国际滨海旅游度假区、南宁大明山山地生态休闲度假旅游区、钦州三娘湾滨海生态休闲旅游区、东兴京岛滨海旅游休闲度假区、崇左德天瀑布跨国旅游区、凭祥友谊关边关历史人文旅游区、崇左左江花山山水生态文化旅游区、东兴北仑河口生态跨国旅游区、上思十万大山生态旅游区、雷琼世界地质公园等一批特色精品旅游项目。淡化景区、淡化开发是旅游产业集聚的重要一步，很多所谓的景区实际上已不是景区的概念，而是历史文化体验区，是娱乐区，但是我们仍然习惯于称之为旅游景区。

第三，在旅游区的基础上发展旅游经济综合体。所谓旅游综合体涉及旅游、文化、商业、酒店、房地产等多个产业，它可由旅游景区、高星级酒店、酒店式公寓、高档居住社区、中高档购物中心、游乐场、休闲娱乐街区、市民广场、剧院和一系列交通、市政配套设施组成。它以旅游区为依托，以城市与景区服务设施为主体，构造新的旅游吸引物。也就是说，并非只有传统的旅游资源才是旅游吸引物，从更广泛的意义上看，相关服务设施也可作为旅游吸引物，这一观念突破旨在充分发挥旅游区的历史文化、自然生态与休闲度假优势，使其成为集观光、度假、生态、文化、健身、购物、演艺、会展于一体，旅游休闲度假功能齐备，吃、住、行、游、购、娱集聚的国际化旅游综合体。旅游经济综合体是一种全新的、开放的、生态的、环保的、地标性的综合性城市结构体系，是多功能、复合性的第三产业集群，是旅游经济的龙头，也是城市活力的源泉。① 旅游经济综合体实际上就是旅游产业聚集区，其发展方向必然是资金密集、智力密集、人才密集，全面创新。这样的旅游产业聚集区，范围大，设施全，市场品牌突出，广西北部湾区域旅游产业应该按照这样一个目标来研究、来构造、来发展。

（三）推进建设②

1. 选点布局

广西北部湾旅游产业布局本质上应遵循需求导向和市场驱动的原则，但是在具体选点布局的时候，需要考虑两个方面：第一是非工业方式，第二是非基本农田。不能一说到旅游区规划，马上就是工业开发区的方式，工业开发区的成功经验要学习，但是绝不能简单照搬他们的模式，应该形成山、水、园、林、泉、文的综合配置。基本农田最好不要用，占用基本农田政策上很难突破，也完全没有必要突破。土地资源当然很重要，但是绝不意味着占用基本农田就能搞好旅游区开发，对于其他产业来说所谓的好地，对于旅游产业聚集区实际上未必是好地；而其他产业难以接受的，对旅游开发来说可能就是好地。旅游产业集聚最好在保护基本农田的同时构造出自己的特色，并通过合理的配置，形成核心、形成特色。

2. 招商选资

旅游区的项目建设往往是长线投资，长远回报，所以需要和投资商达成共识。有些旅游投资商心态急躁，热衷短线投资，恨不得今天投入明天就得到回报，后天就发财，这种心态需要改变。具有战略性眼光的投资商，一般都是大投资商，所以招商投资需要选择，特别是选择一些眼光长远的大投资商。在这个过程之中，最重要的是研究和设计商业模式，每一个项目应有适宜的商业模式，相关项目的商业模式之间复杂的交叉组合关系也应引起足够的重视。因为商业模式的创新是旅游产业聚集区招商选资乃至长远发展的关键。

① 徐文潇：《旅游综合体建设加快杭州国际化步伐》，2008 年 2 月 20 日《中国旅游报》第 8 版。

② 魏小安等：《天下旅游看四川》，成都时代出版社 2008 年版，第 153—169 页。

3. 土地升值

土地升值属于基础性的商业模式，却能带来根本性的商业回报。启动规模投资，边建设边实现土地升值，甚至有可能使长线项目成为短线项目，但是需要注意的是没有大资本的拉动，土地升值的空间就很有限，小打小闹很难拉动规模较大的项目。没有大资金的拉动，土地升值也做不起来，另外，土地升值也需要大政策的支持。广西北部湾经济区由于政策的倾斜，南宁、北海等二线、三线城市的土地升值空间很大。

4. 政策组合

政府及相关主管部门需要研究确定发展重点。确定了重点才能集中资金，集中发展，形成相应的规模，没有足够的规模谈不上集聚区。旅游本身没有多少大政方针可言，也不能苛求政策方面能搞出多少创新，但是政府及相关主管部门可以推出组合性的政策支持。比如说，把财政政策、金融政策、生态政策、环保政策、土地政策，包括一些贫困地区的扶贫政策，组合到一起，就可以集中支持一些项目。这样一来，重点比较容易形成，而且有了政策组合，在招商选资方面也会有相应的吸引力，由此就会打造一系列新的品牌。如果达到一定程度，旅游产业集聚区的品牌甚至会超过地方品牌。这些年北部湾已经聚集了一些财富，有相当一批投资商已经把眼光转到广西经济区的旅游项目上，市场突破条件已经初步具备，只是需要政府相关部门研究政策组合来支持。

5. 统筹发展

广西北部湾旅游产业集聚需要研究统筹发展。统筹发展一方面是农村，应当用景观的概念看待农村，用综合的理念经营农业，通过旅游开发提高土地利用率，提高农产品的附加值；用人才的观点发动农民，使农民也成为文化的传承者和工艺美术师。另一方面是城市，就是要用抓旅游的理念抓城市，突出人本化和差异性；用抓饭店的理念抓景区，突出精品化和细致化；用抓生活的理念抓休闲，突出舒适性和体验性。在此基础上推进城乡统筹，多方兼顾，利益协调，实现旅游产业的和谐发展并非不可能。

第三节　个案研究：京族跨界文化旅游

民族文化是北部湾旅游开发不可忽视的方面，其多元性与差异性是北部湾跨界旅游合作研究不容回避的一个问题。北部湾乃多民族聚居之地，在漫长的演变过程中各个民族的特色民族文化无不得到了充分的发育，民俗风情旅游资源十分丰厚，且极具旅游开发的价值。另外，在跨界经济交流与合作中文化边界历来都占有重要地位，没有文化因素介入的经济一体化是缺少灵魂的。文化因素在当今世界的经济一体化中正发挥着越来越大的作用，从经济组织的构建过程到经济组织的各种形式，无不深受文化介入的影响并鲜明地显示出其特定的社会文化特征。作为中国众多少数民族之一，京族形成于中越两国边民的自然迁徙，而京族文化更是跨界融合的产物。可以毫不夸张地说，京族文化正处于中国与越南、海洋与内陆，也包括传统与现代的交接之处，京族文化旅游开发是研究北部湾跨界旅游合作的一个相当典型的范本。本节将以此案例来分析文化边界障碍的消减，及其与区域旅游合作的互动问题。

一　京族文化的跨界特性

（一）从海洋到内陆

京族是中国少有的与海洋保持着亲密关系的少数民族，现有人口约2.1万人（2007年统计），主要居住在防城港东兴市江平镇京族三岛的山心、巫头、万尾三个村落，散居于红坎、恒望、寨头等地。新中国成立之前，京族被称为"安南"，新中国成立后曾被称为"越族"。1958年东兴各族自治县成立时，根据其历史、语言、文化艺术、生活习俗的特点和本民族的意愿，经中华人民共和国国务院正式公布，定名为京族。

京族是我国颇具地域特色的少数民族之一。京族三岛原来是岛屿，后来通过人工围海造田与大陆相连而成为半岛。大海是富饶的，也是冷峻的，京族人民在这样的生态环境和渔业生产劳动中创造了自己的文化，传承着自己的民俗。他们保留着以糯米糠粥、风吹米乙、白滋米乙、鲶汁以及各种海味为美味佳肴，形成自己的饮食文化习俗；以窄袖紧身圆领对襟短上衣、菱形绣花遮胸布、宽脚裤等体现矫健的女性人体美为特色的服饰习俗；保存着南方百越族群干栏式建筑文化积淀然而因陋就简的栏栅屋，适应于海边台风频繁袭击的石条瓦房，以及为了保护生态环境而建屋于绿树丛中的居住习俗；踢沙、撒木叶、以歌传情，婚姻中始终伴随着歌声的恋爱婚姻习俗；聚族而居的父系小家庭的家族宗族习俗；保存着骆超文化积淀的"二次葬"丧葬习俗；兼有相神、祭祖、乡饮、文娱四大活动因素的"哈节"；与汉族长期共处而吸取汉族文化却又保存着民族色彩的春节、清明、端午、中元、中秋、食新米等岁时习俗；以敬奉镇海大王、田头公等民间神灵和适应海上渔业生产的种种禁忌为特色的民间信仰习俗。

京族尽管濒海而居，但对于农耕文化的生存方式并不陌生。汉代名将马援南征交趾（现在的越南），在文化融合方面最大的功绩就是带来了中原农耕文化与农耕制度，并为当地人民普遍接受。京族先祖在秦汉时期就已经熟悉了先进的中原农耕文化，京族作为我国唯一的海洋民族现在仍然保留着农耕文化的传统。

京族的农业生产与当地的汉族大体相同，其耕作主要是以一家一户为单位进行生产的（分田到户以后），其农业生产习俗受汉族影响很大，但长期以来保持农忙互助的习惯。田地分水田、旱田、坡地三种，其中旱田最多，坡地次之，水田不多。种植的农作物主要是水稻、番薯、芋头、玉米、花生、豆类等；使用的农具有犁、耙、锄头、锹、铁抓、草刀、镰刀、拖耙、龙骨车、吊桶、谷插、手斗、禾等。京族人在农闲时制作木器和编织竹器，主要制作木桶、椅子、碗柜、木展、犁耙等日常生活和生产用品，竹工主要是编制簸箕、竹笠、箩、篮等。每家每户都饲养猪、鸡、鹅、鸭等，妇女还从事养蚕抽丝等家庭作业。

受农耕文化影响的京族人，也形成了农耕文化的价值观和思维方式。比如京族内部保存着一种以"翁村"为首的社会组织，即是凸显了农耕文化下的一种制度化的组织管理方式。"翁村"是由"老大"（村内有名望的老人）组成的"嘎古"集团推选出来的，任期3年，在京族社会中享有很高的地位和威信。"翁村"下设几个专人分工管理文书账目、宗教活动及山林等。①

因此，京族文化从其本质上来说是一种独特的海洋农业混合文化。海洋资源与农业资源相互补充，海洋捕捞和采集使渔业成为农业区的食物来源之一，京族的海洋文化因受到中国传统文化的制约和规定而具有了鲜明的农耕文化的特征，在某种程度上说，京族的海洋文化是中国自古以来农耕文化的衍生和延伸。尤其是滩涂捕捞作业，完全是农耕文化制度的复制，滩涂被划分成一小块一小块的，被人们均衡领有。滩涂就是海中的土地，只不过收获的不是土地上生长出来的庄稼而是海潮带来的海洋生物。长期的海洋生活形成了京族文化的海洋特征，比如，丰富的渔业生产经验与独具特色的渔业文化。这是中华民族文化不可缺少的组成部分，也是北部湾区域开发重要的旅游资源。

（二）从越南到中国

据史载，京族的祖先是春秋战国至秦汉时期居住在今越南北部的骆越人的后裔，后逐渐往周边迁移。根据京族前辈人的口述，山心、巫头、万尾等地的京族，是从越南的涂山（今越南海防市附近的一个岛屿）陆续迁来的。万尾村所存的旧乡约内有"承先祖父洪顺三年贯在（涂）山，漂流出到……立居乡邑，壹社贰村，各有亭祠"的记载，"洪顺"是越南 16 世纪中期封建王朝的年号，而洪顺三年即公元 1511 年，相当于我国明朝武宗正德六年。由此推算，迁来万尾的这一部分京族距今已有将近 500 年的历史。聚居在京族三岛的京族，共有 36 个姓氏，其中刘、阮二姓不仅人口较多，而且其他姓氏的京族群众都认为他们迁来最早。据刘、阮二姓京族群众反映，他们的始祖原住越南吉婆（译音），后迁至越南涂山沿海，以打鱼为生，过着十分贫苦的生活。有一年，他们在北部湾追捕鱼群时来到巫头岛上，看见这里荒无人烟，又有较好的渔场，便在这里定居下来，至今已约有十六七代，至少四百多年了。根据京族的老人说，他们的祖先最先来到巫头岛，以后才逐渐迁至万尾、山心、潭吉等地。②

① 张永东：《京族文化现状》，转引自潘琦《广西环北部湾文化研究》，广西人民出版社 2002 年版，第 689—703 页。

② 本书编写组：《京族简史》，广东人民出版社 1984 年版，第 6—7 页。

京族来自越南涂山是有根据的。中国的京族与越南的越族同源同宗，具有许多相似的文化偏好，也因此决定了以东南亚文化传统为基石构建面向未来的"文化共同体"的可能性。新中国成立以后，京族人民的民族身份得到了确认，这不仅没有妨碍京族与其他兄弟民族和睦相处，反而加速了融入中华民族大家庭怀抱之中的进程。

历史上的京族形成于自越南至中国的跨国迁徙，而现实中的京族其生活变化也与中越两国关系的曲折进程发生着千丝万缕的联系。京族与越南边民之间有着互市的传统，京族人民与越南边民之间的互市贸易和边境小额贸易在新中国建立之后就已经开始存在。《东兴各族自治县新志》曾对这种互市贸易和小额边民贸易的情况做了生动的描述："每逢乡节，京族与壮、汉、瑶各族人民，从四面八方到这里来欢聚。英武彪悍的京族渔民，驾着满载鱼、煤、虾、蟹等海味的帆船，从北部湾破浪而来，在这里登岸。山区放下的木筏与拉滩船，则带来了玉桂、八角、砂仁等山珍和特产。有的壮胞和瑶胞，沿着山间小径，从云遮雾绕的森林里下来；他们有的雄赳赳地背着猎枪，挑着山鸡、黄猄或穿山甲，有的带来了祖代相传的草药……在这五光十色的边城街市上，人群熙攘，笑脸如花。"[1]

现在随着中越两国对边境区域的开放，边境贸易和边境旅游已经开始活跃起来。边境贸易的开展与中国和越南推行的边境开发政策是分不开的。在 1979—1989 年，两国关系陷入战争状态，边境交往一度中断，而中越两国关系正常化后，边境地区才开始重新活跃起来。如今，每天清晨在东兴长十几米的大桥的口岸，穿梭着来来往往的人群。他们中男的头戴钢盔，女的头戴斗笠，一看就是来自越南的边民，两国的边民在进行边贸交易。2001 年以后，边境地区开放，边民相互往来，越南的边民可以到中国边境地区停留 3 天，不用出示边防证。边境地区的旅游开发，最初以旅游购物为主，但却由此带动了边境一日游的观光旅游开发。近年来边关风情和异国文化热度不减，强烈地吸引着各地游客，东

---

[1]　范丽萍：《广西环北部湾地区少数民族对越南经济交往：防城港市个案研究》，《东南亚纵横》2007 年第 9 期。

兴口岸也因此成为一个重要的旅游集散地。1998 年从东兴口岸出境的游客是 30 万人次，2004 年达到 349000 人次，现在从这里出入境的游客达 700 万左右，成为边境地区经济收入的一个新增长点。2008 年东兴旅游业获得较快发展。当年经东兴口岸出入境人数 462.09 万人次，比上年增长 25.5%；全市接待游客 127.79 万人次，比上年增长 9.7%；入境游人数 4.45 万人次，比上年增长 7.8%；全市旅游总收入 3.73 亿元，比上年增长 5.4%；旅游外汇收入 658 万美元，比上年增长 6.3%。同年东兴荣获中国最佳生态旅游城市称号。①

京族因其处于中越边界的独特区位而得边境旅游风气之先，如今，充满海岛文化魅力的"金滩"被定为自治区级风景名胜区，已成为国际旅游业所推崇的"3S"旅游胜地。而被誉为京族文化三颗珍珠之一的"京哈节"，则被列入全国第一批非物质文化遗产名录。京族三岛上的旅游项目每年都吸引着成批的游客，而每年一度的唱哈节还有大批越南群众前来参加，他们有的是集体坐车而来，有的则是从海上乘船而来。②

二 文化认同与区域旅游合作

（一）区域旅游合作的人文性

认同是与社会发展相始终的人类所特有的认知方式和结果。文化认同指的是一个民族、国家、区域范围内的成员对其文化的理解、接受和实践，它的目的在于用共同拥有的信念、价值观和行为方式，更好地生活在所在的集体当中，并为集体的团结和发展发挥重要作用，是一种特殊的文化心理状态。③

文化认同对于区域旅游合作的深入开展具有十分重要的促进作用。首先，从文化人类学的角度看，旅游活动是一种主动的文化要素转移与流动。在现代旅游经济发展中，文化与经济的互动作用日益显著，两者紧密地彼此依赖、互相制约。区域旅游合作离不开相邻的地理区位，更

---

① 黄信：《东兴边境旅游"创优"工作扎实有效》，2009 年 4 月 9 日《广西日报》第 4 版。

② 周建新：《中越中老跨国民族及其族群关系研究》，民族出版社 2002 年版，第 214 页。

③ 崔新建：《文化认同及其根源》，《北京师范大学学报（社会科学版）》2004 年第 4 期。

离不开共同的人文基础。文化认同有着丰富的内涵，文化理念的共享能够使人类在跨界交流中引起共鸣、达成共识。深植于人们内心的文化观念对于区域旅游活动的影响是全方位的、持久的，它有助于激活区域旅游合作并为之提供源源不断的发展动力。对于跨行政区域的旅游合作，地域文化认同是不可或缺的因素。

其次，如果文化认同是文化凝聚力的基础，那么文化认同就可以增强区域凝聚力、向心力，可以对区域内不同的成员形成统摄力、吸引力、感召力，这种力量促使区域成员紧密地团结起来，自觉维护共同体的利益，增强成员之间的协调性、整合性，从而保持整体的稳定，促进共同的发展。文化认同带来的这种精神动力，有利于区域动员一切旅游资源，为旅游业的共同发展服务，是区域旅游合作中必不可少的因素。尤其是对于跨行政的区域旅游合作来讲，缺乏有效整合旅游资源的凝聚力，其合作前景是难以想象的。

中国与越南有史以来已有大量友好往来的记载，京族三岛的京族与越南的主体民族越族更是同根同源，因此，北部湾区域中越旅游合作的推进，需要重点考虑两地文化的高度认同性，既要把它作为加强双边合作的促进要素，又要把它作为合作开发的重要内容。在当今世界以文化力推动旅游经济发展的成功案例已经很多，遗憾的是中越两国的文化旅游合作目前还停留在较低层面，因而更加需要重视文化推动力的支撑作用，以民族文化认同来促成旅游合作。

（二）旅游合作在文化认同中深化

郑杭生认为"边际文化（marginal culture），指文化的边缘地带，或两种文化的交界地带。表现为两种情况，一方面，在文化模式的边缘地带，本民族的文化特征大大减弱，外来文化的影响较中心文化增强，边际文化常出现两种以上文化的混合。这些文化边际地带，由于能对种种文化模式进行比较，能吸收多种文化营养，因而发展较快。边际文化还有另一种情况，就是虽然远离中心文化，但并不能接触到其他的发达文化，因而这类边际文化处于一种不太发达的状态"[1]。

---

[1] 郑杭生：《社会学概论新修》，中国人民大学出版社 2003 年版，第 74 页。

京族是一个经过跨国融合而形成的民族，其民族文化具有鲜明的边际文化特性。我们知道民族文化是区域之内政治、经济与社会的精神载体，同时民族文化自身也是在一定的政治、经济与社会的基础上形成和发展起来的。民族文化在对区域政治、经济与社会体制的认同中形成一种普遍和稳定的情感判断与价值取向，从而凝聚成强大的区域向心力，引导政治、经济与社会的良性发展，为区域政治、经济与社会发展提供一种支撑，使生活在共同地域之中的人们形成一个区域的概念，对区域的发展产生凝聚和促进作用。① 多种相互对立的文化要素的混杂要求京族旅游开发必须首先解决文化边界的问题。也就是说，解决文化冲突，是实现旅游合作的关键。

京族人民从文化旅游开发中认识到了本民族文化的边际特性并充分发挥了其优势。京族文化处于渔业文化与农耕文化的过渡地带，在目前已开发的旅游项目中，游客既可以感受渔业文化的乐趣，可以参与京族的海洋垂钓、拉大网、挖沙虫等海洋捕捞活动，享受自己的劳动成果，尝试一把"渔家乐"；也可以体验其与汉族农耕文化融合的色彩。比如，在"哈节"上敬奉的神灵有汉代的伏波将军马援，也有越南的陈朝上将、镇海大王等，由此即可看出汉文化与骆越文化的影响。京族文化发端于越南的涂山一带，与越南进行旅游互动具有天然的便利。在发展旅游业的同时，京族人事实上还扮演了经纪人的角色。在日益兴起的东兴边境贸易中，京族人利用自己的地缘、语言优势做起了被当地人称为"猪头"、"算头"的跨国经纪人。距越南万柱岛1海里的巫头村有100多名京族人做经纪人，每年经他们撮合成的期货交易近100多宗，成交额达1000万多元。② 何玲是其中的突出代表。1992年她从镇上的信用社贷款1万元做螃蟹生意。第一笔生意是从一个越南人手中买了两百斤螃蟹再转手卖给一个广东人，何玲从中赚了两百多元的利润；之后从螃蟹生意到煤炭生意，她的生意越做越大。作为京族中的优秀一员，何玲

---

① 陈树荣等：《隐性跨界冲突及其协调机制研究——以珠江三角洲地区为例》，《现代城市研究》2009年第4期。

② 赵子荣：《崛起的江平》，广西民族出版社1994年版，第45页。

1998 年 3 月当选为全国九届人大一次会议唯一的京族代表。①

（三）文化复兴在旅游开发中起步

在全球化和现代化深入渗透的今天，任何一个民族或族群的地方文化都被纳入现代性的巨大语境之中，在中国广大边疆版图上，过去那些相对自足的边远民族村寨，也正在经历着现代化的洗礼，发生着地方文化的选择性重构。② 从某种程度上来说，旅游代表的是现代性这一极，而少数民族及其代表的社会文化是传统性这一极。旅游开发通过调动政府、市场经济、大众文化等力量将现代性的影响推进到少数民族社会的各个角落，从而将少数民族及其社会文化纳入现代性的进程之中。正如现代性存在全球一体化和文化多元化不可调和的内在矛盾一样，作为现代性的旅游也具有爱恨交织的矛盾性，即一方面要配套先进的接待服务设施，为游客提供现代舒适的休闲娱乐享受，另一方面又要突出地方文化的异域性和传统性，为游客提供一种神秘原始的地方风情体验。

京族作为一个地域性族群，其社会文化在现代性语境中也同样经历着巨大的文化变迁。现代性在不断将京族文化同化的同时，又反过来促使着它在新的历史语境下的族群文化复兴，以及伴随着这种复兴所引起的文化认同的强化。正是由于以上的矛盾性，旅游开发下的民族文化认同在多因素干扰下充满了动态性与复杂性。一旦进入旅游开发的语境中，少数民族文化不可避免地会发生某种流失，但是我们也必须认识到，通过旅游开发可以使少数民族的文化进入旅游市场，使其为更多的人所知晓，这样不仅促进当地经济的发展，同时也会推动文化的进步和弘扬，使其自身的价值在现代性语境中得以实现。目前京族三岛独特的特色海洋文化和民俗风情旅游资源已得到了一定程度的开发，而"哈节"则是展示京族文化的一个重要旅游项目，"哈节"融合了大量以汉族为主的中华民族的元素，最明显的是沿袭了一套以进献和奉祝祭文为主要内容的祭神仪式（参见图 3—3）。它显示出中国统一的多民族国家

---

① 范丽萍：《广西环北部湾地区少数民族对越南经济交往：防城港市个案研究》，《民族问题研究》2008 年第 2 期。

② 吴其付：《民族旅游与文化认同——以羌族为个案》，《贵州民族研究》2009 年第 3 期。

强大的合心力，以及边远地区少数民族对主流统治文化强烈的文化认同。① 更重要的是，其中体现了海洋文化所具有的开放性、兼容性的特质。哈节表现出对儒家思想"天人合一"天道观的兼收并蓄。"天"既不是与人道完全没有关系的纯粹客观自然存在，也不是绝对主宰的幻化神，而是与世事人道具有同一性的客观存在。哈节是京族人民自我发展和追求人与自然、社会和谐的体现。

图3—3　哈节的迎神仪式

京族三岛具有民族特色的"哈节"吸引了中越民族歌手对歌交流，有效地促进了中越跨境经贸交往，② 同时它作为族源认同手段的功能不仅没有丧失，反而加强了。在旅游开发中，京族文化是一种旅游资源，同时也是沟通的桥梁和纽带，使主客之间拉近距离，消除隔膜，增强认同度与凝聚力。即便在旅游开发的现代语境中，京族三岛也是神灵赐予

---

① 蓝武芳：《海洋文化的重要非物质文化遗产——京族哈节的调查报告》，《民间文化论坛》2006年第3期。

② 李建平：《泛北部湾文化参与中国—东盟区域经济合作的意义与途径》，《沿海企业与科技》2007年第3期。

京族人的共同家园，京族与其他民族的关系也必将得到进一步的巩固和发展。但是在京族文化的旅游开发中，需要特别重视旅游开发与文化保护的冲突，包括外来文化对本地原生态文化的渗透问题。中越开放边贸以来，京族利用他们跨境民族的优势，发展边贸经济、海洋捕捞渔业、海水养殖、旅游等，摆脱了原来的落后与贫困，京族地区经济大发展，京族也变成了中国比较富有的少数民族。但是经济的迅速发展也给京族传统文化带来了很大的冲击，许多传统习俗文化日渐淡化、流失。比如，讲京语的人逐渐减少，许多年轻人已改用汉语、粤方言（白话）交流，不会说京语；京族的民歌、传统舞蹈已日渐式微，除了少数老年人还热心民歌外，青年人热衷于唱卡拉 OK 和跳外来新潮现代舞；京族的传统艺术瑰宝独弦琴目前已很少人能弹奏；京族人借用汉字创造的文字"喃字"目前也只有几个老人能识，濒临失传；最具特色的民族传统节日哈节和哈亭，对年轻人的吸引力已日渐减弱，京族青少年逐渐对本民族习俗文化感到陌生、淡漠，京族民族文化资源逐渐流失。①

任何一个国家和民族在其发展过程中都会形成自己独特的文化特性，因而才有民族文化的多样性表现，但也正是这种文化多样性不可避免地带来了各种文化冲突。在旅游合作过程中，不同民族如果过于强调自身的文化特性就很容易酿成冲突。边境各国对旅游服务设施、景区、服务等制订了一些差异较大的标准，有时会造成误解、误读和难以比较。如饭店分级、导游级别评定标准不同，常给旅游者带来不便并容易产生纠纷。

三　跨界合作中的京族文化旅游

（一）打造海洋旅游品牌

京族是海洋的真正主人，海洋是京族文化诞生与发展的温床。历史上农耕民族回避海洋，游牧民族不知海洋，现代民族驰骋于海洋，而海洋正意味着开放。过去的北部湾各城市经济发展规划并没有真正处理好

---

① 廖国一：《环北部湾经济圈少数民族文化的开发与保护》，《广西民族研究》2007 年第3 期。

海洋文化与农耕文化的关系，在北部湾沿海城市的资源统计中，只见到陆地面积，而少有海洋面积的数据，在发展的思路上长期以来都是重陆轻海，淡化海洋意识必然造成海洋经济效益不能得到有效发挥。北部湾区域旅游开发只有从近海开始，从海洋产业开始，才能真正体现北部湾开发作为国家战略的意义。广西的沿海要与广东、海南的沿海，越南的沿海联手开发，要以全方位、复合型和大视野、深层次来认识海洋旅游，培养海洋旅游产业集聚区；以海洋旅游为主体，以陆地旅游为后盾，如此形成海陆一体化，分工明确、优势互补的区域旅游综合体系。弘扬民族的海洋意识要从海洋旅游开始，形成海洋发展战略，而这也是京族文化旅游开发的基本定位。

中越边境出国游越来越兴盛，京族的民族文化资源逐步进入深度开发。首先建立京族文化博览园，博览园由以下几个部分组成：①京族渔村文化展览区：展出京族的民居、服饰、捕鱼业、手工制作、文学艺术、宗教礼仪、古老传说等方面的文物、模型、图片和书籍等，力图反映京族的传统文化，并运用较高艺术水准的声、光、电等现代科技手段，使展览更逼真、生动，增强展览的观赏性、参与性和可操作性，使游客在大饱眼福中增长见识和乐趣。②京族文化娱乐区：由穿京族服装的青年男女表演经过精心包装、设计的京族特色的天灯舞、竹杠舞、花棍舞、独弦琴演奏和京族婚礼、情歌对唱、唱哈等精彩片段，也可晚上举行篝火晚会、海鱼烧烤等节目，表演场为露天，地面植草和铺垫海沙，适应各种节目表演，使每位游客都能欣赏到只有在京族"唱哈节"才能欣赏到的节目。③名优土特产区：主要为游人提供独弦琴、帆船、尖顶帽、海贝等具有东兴地方特色、充分反映京族传统文化的旅游工艺品、纪念品和土特产品等，也可包括部分越南的土特产品。④京族风味饮食区：为游客提供各种原汁原味的京族食品和海洋菜肴系列，以满足顾客品尝京族风味美食的需求。博览园中的牌子、对联等都用"喃字"撰写，以体现京族传统古老文字的特色。①

京族三岛有多种资源，但是还没有形成产品优势和市场效应。京族

---

① 廖国一：《东兴京族海洋文化资源开发》，《西南民族大学学报》2005年第1期。

文化博览园的建设应充分挖掘和展示京族海洋文化的内涵，形成具有地方特色的旅游产品。进一步可利用已有的广西—越南滨海跨国旅游线路，设计少数民族文化旅游精品和新线路。目前环北部湾经济圈中国的几条跨国滨海旅游线路分别从广西的北海、东兴等地出发，游越南下龙湾、海防、河内，然后沿原路返回。如果中越两国达成协议，实行持中越边境出入境通行证可在异地口岸使用的政策，我们可在线路中增添体验各种少数民族文化的旅游产品，如桂林—京族风情游—环北部湾滨海跨国游，将来也可考虑把这样的跨国少数民族旅游线路进一步扩大到南宁与海南等地。

推出旅游精品与提升文化品位密不可分，为在更大的范围与更高的起点使京族文化被游客认可，应积极推动京族文化精品的申遗工作，"哈节"已经成为中国的非物质文化遗产，要积极申报世界非物质文化遗产，但是任务还很艰巨。正如广西壮族自治区文化厅副厅长陈映红所说：对于一些跨国的非物质文化遗产的保护，在申报世界非物质文化遗产时，既要与邻国竞争，抢占先机，也要加强这方面的合作，完全可以通过联合申报的形式达到保护的目的。跨境联合申报世界非物质文化遗产对广西来说是一个新的课题，希望国家有关部门能意识到抢占先机的重要性，在政策和资金上给予支持，加强对地方工作的指导，改进和完善非物质文化遗产保护工作机制、方法和技术。

（二）构建文化—旅游管理模式

京族作为一个跨国民族不仅在地理空间上远离政治中心，而且其民族文化也往往与处于中心地位的主流文化有着较大差异，从总体上看处于一种"多重边缘"的地位。这决定了京族文化旅游开发必然是一个复杂的社会现象，需要统筹考虑一系列地缘文化因素的共同作用，但是尽管具有相对特殊性，其旅游开发却也同样贯穿着政府、市场和民间三股力量，需要三方合力建设跨界旅游合作这一系统工程（如图3—4所示）。

北部湾滨海跨国旅游区由防城港市、钦州市、北海市组成，分别有京族金滩旅游度假区、江山半岛旅游度假区、企沙半岛旅游度假区、十万大山国家级自然保护区、三娘湾、八寨沟、北海银滩旅游度假区等

图3—4　跨界合作中的京族文化—旅游管理模式

著名旅游景区。金滩旅游业发展要与环北部湾滨海跨国旅游区相结合，形成环北部湾滨海跨国大旅游区，形成一个具规模性的旅游大品牌向全国乃至世界推出。京族三岛陆上经东兴可进入越南的芒街、鸿基等地，海上可直航越南的旅游胜地下龙湾，与万尾岛隔海相对只有1000米的万柱岛是越南国家级旅游度假区，异国风光诱人。京族三岛是集海滨、民族风情、边境、异国风光于一体的旅游胜地，符合多层次游客的旅游度假要求。随着边境贸易的发展，两国人民经商、省亲频繁往来，突出发展跨国旅游，开发成为具有度假、游乐、运动、购物、会议、培训及康复等多项功能的综合性国际旅游度假区，具有极大的国内外客源潜力。做好金滩旅游区与越南景区的联动，对扩大旅游区的影响和客源有着重要的意义。推出"中国京族风情游"、"中越边境跨国游"等旅游产品，与防城港、钦州以及北海、凭祥等共同打造"滨海"、"中越边境旅游品牌"，融入整个环北部湾滨海跨国旅游区中，形成跨区域的联动发展。①

---

① 文军、李星群：《中国京族聚集地旅游业可持续发展研究》，《广西民族研究》2007年第2期。

1. 政府介入

防城港、东兴市以及江平镇相关主管部门积极发挥主导作用，近年来东兴完成了《东兴市旅游发展总体规划》等规划编制；进一步加强旅游基础设施建设，逐步完善了旅游景区道路以及旅游交通指示牌、旅游宣传牌、公厕等设施；加快景点景区建设，在提高旅游接待水平方面，锦华大酒店、东兴大酒店、金滩大酒店等一批酒店被评为三、四星级酒店；防城港人民政府还成功举办 2008 年中国京哈节，使京族文化旅游品牌凸显。在推进恢复边境旅游异地办证工作方面，与越南芒街市签订了《关于共同推进旅游发展的合作机制》，境外旅游合作机制逐步形成。下一步应以海上旅游合作为突破口，加强各城市旅游主管部门、旅游行业组织、旅游企业之间的合作，建立旅游多边或双边联合营销机制。

政府在推进中越两国旅游业的合作与发展方面做了许多努力。2001年中越边界一带开展边境活动，开放边境 3 天，越南边民可以到中国边境过春节。越南北坡是胡志明的革命根据地，两国边民在这里搞纪念活动，增进两国边民的友好关系。① 民间发动、政府备案证明是一种易于操作的方式，政府充分利用春节，庙会，边境旅游节，中越边境壮族与越南岱依族、侬族的传统节日——歌圩节等机会，积极探讨中越双方少数民族传统节庆活动的开发。这几年东兴市京族的哈节举办得都很成功，政府还可以在东兴策划大型的"京族文化旅游节"，举办时间定在"哈节"前后，每年一度，节日期间举办经贸洽谈会、口岸经济与双边经贸交流合作主题研讨会，活动内容包括民俗文艺表演、美食展、民族工艺品展示、山歌比赛，及观光购物、商品展销、篝火晚会等。并可邀请越南方面参与哈节，共同在哈亭举行迎神、祭祖、唱哈等一系列活动，使游客能亲身体验并参与京族原汁原味的宗教民俗仪式，体会京族文化的源远流长。

2. 市场运作

20 世纪 90 年代以后，万尾村的经济取得较快发展，旅游业也日益兴起，与之相伴生的是京族传统文化的经济价值被发现，如今"唱哈"

---

① 周建新：《中越中老跨国民族及其族群关系研究》，民族出版社 2002 年版，第 212 页。

已成为商业化运作的一部分，以哈节为代表的民俗活动日渐隆重，京族传统的服饰、歌谣、器乐、语言文字等被广泛对外宣传，京族传统文化的复兴呈现出一种繁荣景象。而在这些文化复兴的表象背后，则是大量外来文化影响的日益加深。①

京族和越南的主体民族越族文化习俗相近、语言相通，京族在边境贸易中具有诸多优越条件，但是从更高的标准看，中越边境贸易仍停留在有贸无市的水平上。游客到京族三岛旅游，如果需要购买有特色的越南货，还得再乘车到东兴市区去采购，甚至要办出境手续到越南芒街才能买到，费时费事，多有不便。因此，可考虑在京族三岛开发民族文化集市旅游，即在巫头、万尾、山心三岛定期举办集市（南方人称"赶墟"，西南人称"赶场"），集市举办时间要错开，三岛"轮流坐庄"，举办周期可相隔两天、五天或一星期。也可在京族三岛兴办一条中越边贸与京族风情一条街，这样游客既可以买到中国、越南各地有特色的商品，又能领略京族、越族的民族风情。民族文化集市旅游不仅可为"京族三岛"的旅游增添一处人文景观，又有利于中越边境贸易的持续发展。②

3. 民间推动

京族哈节有近 500 年历史，目前哈节传承活动任务艰巨，主要是一些传承人已年迈，而中青年一代尚未具备主持的能力和资格，一些技艺难以得到传承。传统文化传承的决定性力量取决于年轻人，为了保护和抢救面临断层的民族文化，万尾村成立了东兴市京族文化培训基地，开设喃字班、独弦琴班，召集年轻人学习京族传统文化，目前已有 16 人认识喃字，能够较为熟练地弹奏独弦琴，并开始在哈节上承担唱哈、弹奏表演的重要事务。一些热衷于民族文化保护的地方精英分子的参与，也使传统文化不断被挖掘整理。比如在苏维芳等人的带领下，万尾已初步完成了喃字古籍的抢救性整理，装订成册古籍类 200 本，故事、歌谣

---

① 周建新、吕俊彪：《传统文化与跨国民族的社会转型——以广西东兴市尾村京族为例》，《广西民族研究》2006 年第 4 期。

② 廖国一、王雪芳：《环北部湾经济圈少数民族文化的开发与保护》，《广西民族研究》2007 年第 3 期。

类 1000 本。京族人民自觉保护和传承本民族传统文化的观念不断增强，出现科研化的发展态势。2001 年，村委与广西大学等高校合作建立了京族文化研究基地，持续开展研究性的工作。①

---

① 袁少芬：《民族文化与经济互动》，民族出版社 2004 年版，第 72—96 页。

第四章

北部湾区域旅游合作边界效应定量评价

第一节　北部湾区域旅游合作的边界效应

在前面的论述中我们已经讲到，边界区域的旅游合作不可避免地要受到两侧政治、经济、文化等差异因素的影响，具体地说两侧存在关税和非关税贸易壁垒，以及基础设施的不配套、海关规制的不同、语言文化的差异、信息传输的障碍，限制了旅游要素、产品、服务和资本的跨边界自由流动，从而产生边界障碍；另一方面，边界也是边界区域及其广阔腹地旅游合作与交往的接触面，由边界所带来的经济合作的机会使边界两侧的区域经济交往具有天然优势。边界地区的边界效应是存在的，我们将其概括为"屏蔽效应"、"中介效应"和"集聚效应"。

边界效应是跨界旅游合作中颇具复杂性的难题。比如，两国已经建立了自由贸易区，货物的关税壁垒已经消除，如果边界两侧已经实现旅游自由化，那么免签制度、文化差异等因素还可能施加实际影响于边界两侧国家的国际旅游接待流量吗？如果影响仍然存在，就需要拿出更多的证据来说明距离、价格等其他因素是如何作用于跨国旅游一体化进程的。这一问题可以借助计量经济学的建模分析方法来解决，目前国外对于商品贸易流边界效应的定量研究已经取得了一定成果。本节将通过建模分析方法来探讨跨界旅游合作的有限性，这是边界效应理论应用于服务贸易领域如旅游业中的尝试，另一方面也是对边界效应理论的进一步丰富和深化。

一 引力模型及其应用

区域经济学中节点的重要性在于它强调一个或多个点在空间上对其他各点的支配，揭示这种影响又如何被空间距离所减弱。引力模型是分析节点的实用工具。[1] 引力模型最早是从牛顿的万有引力定律发展来的，早在 20 世纪 40 年代外国学者已将引力模型应用于地理学研究中，60 年代又将其拓展运用于经济领域，随后引力模型在各领域迅速发展起来，形成了自己独特的理论体系。

（一）引力模型与贸易流量

关于商品贸易流的边界效应，McCallum 早在 1995 年已经在关于"边境之谜"的文章中进行过探讨，他通过引力模型发现，美国和加拿大之间的边境导致 1988 年加拿大各省之间的贸易是美国各州和加拿大各省之间贸易的 22 倍，所以边界障碍存在于跨境区域尤其在加拿大各省与美国边境之间。

但是最早将引力模型运用到贸易领域的是丁伯根（Tingbergen，1962）和波哈伦（Poyhonen，1963）。他们通过贸易引力模型研究得出结论：两个国家或地区之间单项贸易流量与各自的经济规模成正比，与它们之间的距离成反比。随着越来越多的关于引力模型实证文献的问世，许多学者开始进一步关注模型的可靠性问题，推出了专门研究边界效应的引力模型，同时根据现实的经济状况对模型进行了调整。后来，引力模型还运用到了移民、外国直接投资等实证研究当中。为了更好地解释被解释变量，许多学者根据特定的研究目的，将引力模型进行扩展，例如利默（Leamer，1974）引入了人均收入变量，林莱曼（Linneman，1996）引入了人口变量，伯格斯特兰（Bergerstrand，1985，1999）引入了汇率以及贸易国是否属于同一个经济组织，魏松（Wei，1996）引入贸易国是否拥有共同的文化变量，盛斌（2004）则把贸易国是否拥有共同的边界引入模型中。

---

① ［美］哈利·W. 理查森：《区域经济学概论》，李俊译，海潮出版社 1990 年版，第 73 页。

运用引力模型在国际贸易流量的研究中取得了一些成功，但因为缺乏坚实的理论基础，依据它得出的研究结论一直受到主流经济学家的质疑。不过正如一些研究者指出的：认为引力模型为说明节点区提供了一种通用工具也并非无稽之谈。需要强调的是，引力模型不是决定论，它不是对可能发生的事情进行优化，而只是提供了一种预测工具，它只考虑预期的相互作用，并同概率论有显著联系。①

（二）引力模型与旅游要素流动

目前也有研究者运用引力模型来分析服务贸易，旅游学界运用引力模型进行旅游地吸引力的研究主要是从地理学角度出发。该模型由克朗普（Crimp，1966）提出，主要变量包括目的地资源、接待能力、客源国与目的地国家之间的距离等。国内学者张凌云（1986）对旅游引力模型进行了修正；保继刚（1988）用该模型对旅游地的接待人数作过预测，并得出结论：到北京旅游的国内游客的空间分布随距离的增加引力逐渐减少。在对模型的运用上与贸易流量研究有一定的差别。

近几年，国内学者在应用引力模型进行行业研究方面取得了一定进展。靳诚、陆玉麒等人以长江三角洲地区为例，以1991—2006年为样本区间，对其入境旅游发展做了实证研究，探讨江苏与浙江、上海与江苏、上海与浙江之间的边界效应。研究结果表明，长江三角洲各城市间存在一体化的趋势，但也存在着程度不等的边界效应。② 从总体上看，国内运用引力的模型所进行的研究主要集中在实证方面，缺少模型理论方面的深度探讨。

本书运用引力模型评测北部湾区域旅游合作的边界效应也是一种实证研究，国际入境旅游与国际贸易流动具有相似性，且更接近经济交往的一般形式，运用贸易引力模型可能比旅游地吸引力模型更能抓住问题的本质，因此在具体的研究过程中将主要借用贸易引力模型，对北部湾区域旅游合作的影响因素进行分析。

① ［美］哈利·W. 理查森：《区域经济学概论》，李俊译，海潮出版社1990年版，第73页。

② 靳诚、陆玉麒：《区域旅游一体化进程中边界效应的定量化研究——以长江三角洲地区入境旅游为例》，《旅游学刊》2008年第10期。

二　模型构建及其数据来源

边界效应通过直接影响区域旅游人数而对旅游经济增长产生阻碍或促进作用。区域旅游合作旨在协调区域内的旅游景区，统筹城市之间的产业布局，推进旅游城市群的发展。从区域旅游的发展趋势看，区域旅游一体化是随着各项旅游政策的实施，旅游业发展落后地区与发达地区形成共同发展的局面。

（一）模型构建

边界效应的度量以引力模型为基础，首先分析中心城市与周边城市的经济联系强度，如果存在行政区的边界效应及其他影响因素，中心城市对周边城市的联系强度就会出现差异，即存在边界效应。[①] 基于论题需要，本书拟从趋同角度来展开分析。

"趋同"是来自于区域经济增长分析的一个术语，在经济分析中用以指国家间或地区间的收入差距随着时间的推移存在着缩小的趋势。[②] 趋同包括 α 趋同、β 趋同，这里我们主要是进行条件 β 趋同分析。条件 β 趋同是指，经济体的增长速度与其自身初始状态到其稳定状态的距离大致成正比，它是在 Barro 回归方程内进行的。

Barro 回归方程为：

$$g_{i,t,t+T} = a + \beta l n y_{it} + \psi X_{i,t} + \varepsilon_{i,t} \qquad (4-1)$$

其中 $\beta < 0$，$g_{i,t,t+T}$ 是经济体 i 内各子经济体在 t 到 $t+T$ 的平均增长速度，刻画了经济体间差距的变动态势，y_{it} 为经济体在时的初始值，$X_{i,t}$ 是刻画经济体稳定状态的一组变量（对数状态），α 为常数项，Ψ 为 $X_{i,t}$ 的一组系数，T 为年份，$\varepsilon_{i,t}$ 为残差项。

Barro 回归方程可以用来进行区域内城市增长速度与其自身一体化演化过程的纵向比较，那么不同城市之间演化的过程如何，能否进行不同城市间的横向比较呢？为了揭示在一定条件下，不同城市间初始差距

---

① 李郇、徐现祥：《边界效应的测定方法及其在长江三角洲的应用》，《地理研究》2006年第 5 期。

② ［美］罗伯特·J. 巴罗、萨拉伊·马丁：《经济增长》，何晖等译，中国社会科学出版社 2000 年版，第 18 页。

的大小与其变动态势的相互关系，从而实现在一个分析框架内可同时进行纵向、横向比较，假设存在两个城市 1 和 2，它们具有相同的稳定状态和初始情况，那么由 Barro 回归方程就可以得到：

$$g_{1,t,t+T} - g_{2,t,t+T} = a_1 + a_2 + \beta(\ln y_{1t} - \ln y_{2t}) + \Psi(X_{1,t} - X_{2,t}) + \varepsilon_{1,t} - \varepsilon_{2,t}$$
$$(4-2)$$

由于 $g_{i,t,t+T} \approx (\ln y_{i,t+T} - \ln y_{i,t})/T$，可知式（4-2）就可以进一步变化为：

$$[\ln(y_{1,t+T}/y_{2,t+T}) - \ln(y_{1,t} - \ln y_{2t})]/T = a + \beta\ln(y_{1,t}/y_{2,t})$$
$$+ \Psi X_t + \varepsilon_t \qquad (4-3)$$

我们把 y_1/y_2 记为 $\bar{y}$，则 $\bar{y}$ 就表示经济体间的横向比较，因此，式（4-3）可整理为：

$$(\ln\bar{y}_{t+T} - \ln\bar{y}_t)/T = a + \beta\ln(\bar{y}_t) + \Psi X_t + \varepsilon_t \qquad (4-4)$$

在此基础上，建立对北部湾经济区的广西与广东之间、广西与海南之间、广东与海南之间边界效应进行度量的回归方程。

变量选取：

（1）首先，设定一个虚拟变量 dum 对边界效应进行度量。

（2）许多学者认为，一个地区入境旅游的影响因素主要是该地区旅游资源的优势程度，我们引入了资源优势变量，相对于入境旅游者来说，一个地区的高级别旅游景点才对其具有吸引力，因而本书选用一个地区 AAAA 级旅游景点数量来衡量该地区的旅游资源丰富程度。两城市的优势比较用它们 AAAA 级景点数目比值的对数来表征。

在引入上述两个变量后，式（4-4）就可以具体表示为：

$$\ln\bar{y}_t = a_0 + a_1\ln(\bar{y}_{t-1}) + a_2 dum + a_3\ln(resource) + \varepsilon_t \qquad (4-5)$$

其中 $\bar{y}_t$、$\bar{y}_{t-1}$ 分别表示北部湾经济区两城市间 t 和（$t-1$）年入境旅游人数的比值，dum 是对跨省边界进行度量的变量，如果两城市跨省比较其值为 1，其他取 0；$resource$ 是两城市间 AAAA 级旅游景点数目的比值，α_0、α_1、α_2、α_3 分别为常数项和各个变量的系数。在上述公式中，α_2 的符号和数值能够定量地分析行政区边界在区域协调发展中的经济作用，度量跨省城市之间与省内城市之间差距缩小的幅度。如果 α_2 显著大于零，则表明边界效应存在，阻碍了该地区的区域旅游协作发展进程。

我们采用邹检验（Chow Test）的方法，对北部湾三省区中的两两城市样本在回归中是否存在明显的差异、是否存在结构性变化进行检验，具体做法，在方程（4-1）的基础上首先假设北部湾旅游区各城市为一个区域内样本，构建有约束的回归方程，然后分别以北部湾旅游区中所包含的城市构造两个无约束方程，最后，用回归的残差平方和构造 F 统计量：

$$F = \frac{(RSS - RSS_1 - RSS_2) / K}{(RSS_1 + RSS_2) / (n_1 + n_2 - 2K)} \tag{4-6}$$

式（4-6）中，RSS 为有约束方程的残差平方和，RSS_1、RSS_2 分别为两个无约束方程的残差平方和。F 统计量服从自由度为（K，$n_1 + n_2 - 2K$）的 F 分布，如果计算出 F 值大于给定 α 水平下的临界值，则拒绝两个无约束方程回归相同的假设，即北部湾三个省区的城市之间存在结构性变化，无法视为同质样本；反之，说明北部湾的各个城市为同一区域样本，可视为一体化区域。

（二）样本与数据

北部湾旅游区是指经济意义上的环北部湾旅游圈，包括广西沿海、广东雷州半岛以及海南西岸。根据本书的需要，我们把研究对象划分为以广西北部湾四大城市（南宁、北海、钦州、防城港），广东的湛江与海南的海口、三亚共七大城市所组成的区域，尝试构建跨省级的边界效应模型。

我国对入境旅游人数的统计一直保持着较好的连续性，且历年都有详细的记载和备案，准确性较高，考虑到统计资料的可靠性与连续性，本书选取入境旅游人数作为分析边界效应的指标数据，研究样本区间是1998—2008 年。数据来源于《广西统计年鉴》（1992—2008）和《广东统计年鉴》（1998—2008），国家旅游局编辑的《中国旅游年鉴》（1998—2008）以及《中国旅游统计年鉴》（1998—2008）。当数据出现不一致时，一般以更高层次部门发表的数据为准。选择1998—2008 年作为研究时段，一是受获取数据的限制，二是期望重点考察20 世纪90 年代深化改革开放以来，北部湾区域旅游经济增长变化的态势。各个城市的 4A 级旅游景点数量统计来源于中国旅游网。在同一时间层面上，通过两两城市间的比较，获得的研究样本一共是 75 个，其中省内 45 个，省际 30 个。

三　北部湾区域旅游合作效果分析与评价

环北部湾旅游区内，省内边界差距变化与省际边界差距变化的异同情况如何？跨省区边界在区域旅游一体化的过程中是否存在边界效应？对分析样本的结构性分析有助于回答上述问题。本书选取广西北部湾旅游区四大城市作为省内样本，广西、广东、海南作为省间样本，分析样本包括省内与省间的全部样本，对三个模型采用普通最小二乘法和基于面板数据进行多元线性回归，回归的具体结果如表4—1所示。

（一）边界效应的结构评价

表4—1　　　　　　　　　北部湾区域旅游发展差异比较

回归方程	①省内	②省外	③全部
常数项	0.142	− 0.231	− 0.003
Y（−1）	− 0.452751	0.856111	0.922
R²	0.953	0.806	0.942
RSS	671.75	10.32	1131.21
N	45	30	75

注：实证模型是 $\ln \bar{y}_t = \alpha_0 + \alpha_1 \bar{y}_{t-1} + \varepsilon$，样本区间是 1998—2008 年，Y（−1）的结果均通过了显著水平为 1%、5% 和 10% 的统计检验。

从表4—1中可以看出：

（1）在三个回归方程中拟合度都较高，并且都通过了显著水平为 1 的统计检验。方程①中，α_1 为负值，说明在 1998—2008 年间，广西北部湾旅游区四大城市之间（南—北、南—钦、南—防、北—钦、北—防、防—钦）入境旅游的差距幅度与其初始差距水平负相关，即在样本区间内，城市间差距越大，差距缩小的幅度就越小，说明省内各城市之间不存在明显的边界效应。

（2）回归方程②和方程③中，α_1 为正值，说明在 1998—2008 年间，广西与广东之间、广西与海南之间以及广东与海南之间，其差距缩小幅度与初始差距水平正相关，换言之，跨省比较的城市差距不是存在趋同，而是存在较大的趋异，即跨省之间存在边界效应。

（3）对省内城市样本和跨省比较的城市样本作了 Chow 检验，得到 F 统计量为：

$$F = \frac{(1132.77 - 671.75 - 10.32)/3}{(671.75 + 10.32)/(75 - 6)} = 15.17$$

F（3，69）＝ 15.17，能够通过显著水平为 5% 的检验，这表明省内样本和跨省样本存在结构性变动。因此，在北部湾区域内，1998—2008 年跨省城市间旅游入境增长差距与整体变化存在结构性变动，而且变动方向不一致，行政边界阻碍了省级区间城市的差异缩小速度。因此，根据边界效应的定义，北部湾旅游合作区域存在边界效应。

（二）边界效应的时空演化

1. 边界效应描述

在上述分析中，已经通过邹检验得出北部湾旅游区域在旅游合作过程中存在边界效应，那么这种边界效应到底如何呢？按照公式（4－5）对 1998—2008 年间广西与广东之间、广西与海南之间、广东与海南之间的不同行政区边界效应进行度量，其回归结果如表 4—2 所示。

表4—2 　　　　　　　　北部湾省际旅游区的边界效应

回归方程	④广西与广东边界	⑤广西与海南边界	⑥广东与海南边界
常数项	0.027	0.264	0.581
Y（－1）	0.810	0.941	0.787
Dum	0.261	0.019	－ 0.504
resource	0.075	0.036	0.118
R^2	0.666	0.648	0.59
N	60	120	33

注：样本区间是 1998—2008 年，Y（－1）和 Dum 分别表示通过显著性水平为 1%、5% 和 10% 的统计检验。

由回归方程④、⑤、⑥可以看出：

（1）α_1 保持正值，且通过 t 值检验比较显著，说明广西与广东、广西与海南、广东与海南三省之间的入境旅游发展合作程度不高，合作差距明显；从三个回归方程的结果看，广西与海南的资源影响（R 值）要小于广西与广东、广西与海南之间资源的影响。

（2）边界（Dum）的回归系数能够通过显著水平为 1% 的 t 值检验，方程④和⑤符号都为正，并且都大于 0，表明在北部湾区域旅游一体化进程中，广西与广东、广西与海南的省际边界对区域旅游一体化存在着一定的阻碍作用，并且广西与广东的边界障碍明显大于广西与海南的边界障碍。产生这种结果的原因可以解释为：南宁作为广西首府，拥有国际机场，是入境旅游带的一个十分重要的入境口岸；入境旅游发展在很大程度上依赖于入境口岸，正是由于这个入境口岸，南宁的入境旅游发展超越了其他地区。[1] 而湛江没有重要的国际机场，其入境旅游者多来自粤港澳地区，与广西旅游合作的相互影响不大。广东与海南的关系要密切一些，边界系数为负值，说明两省之间不存在明显的边界效应，海南有重要的入境口岸海口和三亚，其入境旅游者多来自广东及福建等地，因此广东与海南的省际边界对区域旅游一体化影响不大。

（3）进一步比较回归方程④、⑤和⑥的边界系数，发现广西与广东的边界系数大于广西与海南的边界系数，换言之，广西与广东的边界效应大于广西与海南的边界效应。可见，在区域旅游一体化的过程中，海南入境旅游的整体发展速度要快于广西北部湾入境旅游的发展速度，海南接受广东的辐射要大于海南接受广西的辐射。

2. 边界效应的时空演变

为了更好地探究北部湾三省区之间入境旅游的边界效应，将 11 年的样本区间分为两个阶段，即 1998—2003 年和 2004—2008 年，用这两个时段对广西与广东边界、广西与海南边界以及广东与海南边界进行度

---

[1] 黄方方：《论"首位城市"建设——兼论强化南宁市功能作用》，《改革与战略》2009 年第 1 期。

量。之所以分为这两个时段，是考虑到 2003 年是一个比较特殊的年份，由于受"非典"的影响，全国各省区的旅游业受到较大的冲击，因此它是使旅游入境产生断裂的一个年份。其具体的回归结果如表 4—3 所示。

由回归方程可以看出：

（1）在回归方程⑦—⑫的结果中，α_1 的符号始终为正，并且都通过了显著水平为 1% 的统计检验，说明北部湾旅游区入境旅游的区际变化受上一期影响显著，并且还存在明显的边界效应。

表 4—3　　　　　　　　北部湾省际旅游区的边界效应演变

回归方程	广西与广东边界		广西与海南边界		广东与海南边界	
	⑦1998—2003	⑧2004—2008	⑨1998—2003	⑩2004—2008	⑪1998—2003	⑫2004—2008
常数项	0.602	0.450	0.463	0.732	0.778	0.499
Y（-1）	0.868	0.651	0.864	0.946	0.945	0.774
Dum	0.272	0.423	0.034	0.007	-0.678	-0.24
resource	-0.002	0.111	0.017	0.061	0.005	0.012
R^2	0.749	0.411	0.690	0.598	0.808	0.332
n	25	24	60	48	18	15

注：Y（-1）和 Dum 与 resource 分别表示通过显著性水平为 1%、5% 和 10% 的统计检验。

（2）在边界系数 α_2 的变化上，各个方程存在一定的差异，广西与广东边界效应出现了明显的上升，分别从 1998—2003 年的 0.272 增加到 2004—2008 年的 0.423，这说明两广在旅游合作过程中，边界效应始终存在，且有不断上升趋势；而广西与海南的边界系数从 1998—2003 年的 0.034 下降为 2004—2008 年的 0.007，表明广西与海南在区域旅游合作中，一体化程度逐渐提高。而广东与海南的边界系数从 1998—2003 年的 -0.678 变为 2004—2008 年的 -0.24，说明在 2003 年以前广东与海南之间不存在边界效应，但是从 2004 年之后边界效应开始显著。

出现上述情况的原因可以解释为，20 世纪 90 年代末，两广建立了"无障碍旅游区"，黎湛铁路的通车加快了广西与湛江甚至是广东其他城市旅游合作的力度，两广的旅游对接取得了较好的进展。进入 21 世纪以来，中国—东盟博览会永久落户南宁，南宁在创建中国优秀旅游城市进程中，整合优势旅游资源，加大会展、休闲旅游产品开发力度，城市生态、文化休闲等旅游基础设施不断完善，这些措施使南宁的国际旅游形象地位不断攀升，入境旅游人数不断增多。以 2008 年上半年为例，南宁入境旅游同比增长 23.1%，居广西各城市之首，这说明南宁市旅游业的辐射效应逐步加强，与周边地区的边界效应不断增大。①

从跨省的三个边界系数看，广西与广东之间的边界效应不断增大，而广西与海南之间的边界效应不断缩小。这可以解释为：进入 2003 年以后，广东对广西的经济产业扩散加强，在一定程度上打破了行政区对一体化的制约，2006 年以来随着北部湾经济区的开放开发，旅游业得到快速发展，而邻近港澳台的广东获得的政策优势大于广西与海南两省区，使得差距逐渐增大，边界效应增强。2008 年以后，广西旅游业更加积极融入北部湾经济区，与广东构建无障碍旅游区，带动周边自驾车旅游市场的发展，无障碍旅游区腹地不断扩大。此外，两广无障碍旅游区的建立，使两者的紧密程度比海南强，由于广西与海南陆上没有直接接壤，交通的衔接程度较弱，所以二者之间受行政区边界影响的程度不大。但是，有趣的是 2009 年 12 月底海南国际旅游岛也上升为国家战略，成为海南入境旅游人数上升速度快于广西的又一重要原因，这种制度创新也可能使广西与海南之间的边界效应上升。

（3）从方程⑪、⑫可以看出，1998—2008 年广东与海南的边界系数为负值，说明两地之间不存在边界效应，但是边界系数的绝对值逐渐减小，表明边界效应已日趋显著。特别是 2004 年以来，两省的行政边界对区域旅游一体化还有一定的影响。这种情况产生的原因可以解释为，2003 年以前两地发展相对独立于各自的行政区，受边界影响不太显著；2004 年以后两省之间的相互依赖性增强，因而受边界的影响逐渐显著。另外，广东对广西的辐射效应比对海南强，从而使广东与海南之间的边界效应在区域一体化进程中影响大大降低（详见表 4—4 分析）。

---

① 邝伟楠：《南宁入境游客同比增长 23.1%》，2008 年 8 月 23 日《广西日报》第 4 版。

表 4—4　　　1998—2008 年北部湾省际旅游区各边界时空演变特征

边界区	Y（−1）		Dum		Resource		时空演变特征
	1998	2008	1998	2008	1998	2008	
桂粤边界	正	正	正	正	负	正	1998—2008 年，桂粤边界 a_1 值和 Dum 值均为正值，说明边界效应显著，a_1 值呈现减少趋势，说明桂粤边界自 1998 年开始存在边界效应，以后逐渐减弱；Dum 值逐渐增大，说明边界效应仍然加大。
桂琼边界	正	正	正	正	正	正	桂琼边界属于非接壤的边界区域。1998—2008 年，a_1 值和 Dum 值均为正值，说明边界效应显著，但是 a_1 值呈现增加趋势，说明桂琼边界的一体化程度在减弱；Dum 值均为正值且不断减少，说明两省板块间边界效应明显，但一体化程度在增强。
粤琼边界	正	正	负	负	—	—	1998—2008 年，粤琼边界 Dum 值为负，说明两地不存在边界效应，一体化程度显著；Resource 不显著，说明两地的旅游合作不受资源的约束。

3. 北部湾省级区域边界效应的形成机理

广西北部湾四城市之间入境旅游呈现明显的一体化趋势，与此同时，广西与广东、广西与海南、广东与海南三个省级行政边界效应出现了不完全相同的演化过程，其现象背后的原因可以从以下方面进行解释：

（1）自然历史条件。北部湾旅游圈在地理区位、旅游资源条件、文化背景、旅游产业结构和发展阶段等方面具有明显的同质性。这种同质性使得北部湾客观上黏结成了一个完整的社会板块，使其在经济社会发展中产生明显的一体化需求。表现最为明显的是广东与海南之间并不存在边界效应，广西和海南也正在走向一体化。但是 20 世纪 80 年代以来广西"不东不西"、"既东又西"的地理错位，使广西错失了发展海洋地区的良好机遇，① 也使得广西与广东的边界效应进一步加大。

（2）经济发展水平。北部湾跨越我国三个行政省区，在我国现行的管理体制下，行政区经济必然存在，也必然影响到旅游业的发展。行政区政府都拥有一定的管理权力，对区域内经济发展实施一定程度的管理、控制和决策，使得行政区能够更快更好地发展，这就导致了行政区经济具有一定的排斥性。② 旅游业属于国民经济发展的一个重要组成部分，区域的旅游合作依然逃脱不了行政区经济的束缚，旅游的发展与城市各项基础设施的建设有密切关系，而这些设施的建设大多与行政区经济决策有关。

（3）交通设施水平。行是旅游六要素的重要一环，旅游景点、旅游城市的可达性对该地区旅游的发展有很大的影响。20 世纪 90 年代初拟建连通广西沿海城市港口的铁路改道湛江，大大增加了广西与西南地区的陆上通道障碍。"十一五"期间，广西加大跨省区之间的铁路、公路、港口、机场建设，促进了广西与周边省区交通走廊地带城市间的联系，改善了广西与周边地区旅游对接的交通条件，使得交易成本减少，边界效应也随之减弱。③

（4）制度设置差异。制度创新是区域旅游业发展的重要动力，制度创新一般是通过政府制定相应的政策直接作用于区域旅游业的开发。在区域旅游开发实践中，自发的区域旅游合作在得到政府的支持后往往加快了发展的规模和速度，从而推动区域内旅游业的发展。2006 年两广在全国范围内率先建立无障碍旅游区，中国—东盟博览会永久落户南宁的机遇，极大地推动了南宁旅游与会展业等相关产业的发展；广东建立"9＋2"泛珠三角经济合作区，大大推动了泛珠三角区域经济、旅游业

① 陈杰：《错位经济：解读广西经济发展》，中国商务出版社 2003 年版，第 131 页。
② 陈钊：《行政边界区域刍议》，《人文地理》1996 年第 4 期。
③ 宋晓天：《广西抓住多区域合作新兴机遇对策研究》，广西民族出版社 2008 年版，第 67—69 页。

等其他领域的交流与合作；广西北部湾经济区上升为国家战略，海南岛上升为国际旅游岛，国务院颁布的《关于进一步促进广西经济社会发展的若干意见》等，这些政策创新将推动北部湾各层级的区域旅游合作更加紧密并且促进区域旅游一体化进程。

四 结论

通过以上分析可以看出，构建模型度量区域旅游发展一体化进程中的边界效应的方法是可行的，通过对北部湾不同省界的边界效应的分析，得出了与上述定性分析相似的结论。也就是说，泛北部湾区域旅游合作对加快中国北部湾片区的广西、广东与海南入境旅游发展效果明显，行政区边界对区域旅游合作存在一定的阻碍，从而影响了跨界区域旅游一体化的发展速度。从动态的角度分析，三省区之间的边界效应并非一成不变，在1998—2003年、2004—2008年两个时段，广西和广东之间的边界效应始终存在，且呈上升趋势；广西与海南之间的边界效应逐渐减弱，广东与海南之间的边界效应不显著，并且广西与广东边界效应的增速明显高于广西和海南边界效应的增速。

北部湾跨省边界的历史基础、自然条件等使行政区经济特征显著，城乡二元结构依然复杂。边界区域利益最大化驱动下各省区的经济政策使区域旅游空间协调的难度加大，因此边界效应的存在是北部湾旅游空间区域和谐发展的主要症结所在。打造无障碍旅游区是北部湾区域旅游发展的总体趋势，要实现这个目标，就必须消除行政区经济的束缚，积极推进区域旅游合作，通过区域旅游基础设施的衔接和各级行政区政府的制度协调，打破行政区界限，消除边界效应，实现泛北部湾经济区旅游业的快速、健康、协调发展。

第二节 广西与越南旅游合作的边界效应

上面的分析依然存在不足之处，即北部湾的边界效应分析只考虑了边界的经济地理效应，而没有涉及政治、社会、文化等其他属性。主要是考虑到在一个国家主权政体之内，省级或市县级边界的行政区经济特征比较突出，语言、民族、文化等边界因素影响不是很大。但是边界效应作用于旅游要素流动的具体方式多种多样，如边界通过阻碍信息沟通、生产要素和人员流动等使区域内的产业趋同、资源配置缺乏效率，最终造成区域旅游发展差异化的局面，从区域层面测定边界效应是完全必要的。边界的效应体现在不同地区之间的发展差距上，而这种差距不仅仅体现在经济层面，也会体现在政治、文化、社会的综合层面上，特别是在涉及跨国合作的情况下。全面测定跨境区域间的边界效应对促进跨境区域旅游合作的价值是不可忽视的。

有的学者把边界效应定量评估的应用分为两类：[①] 一是通过计算一个国家与另一个国家之间的旅游流量，以此观察国家层面的市场一体化；二是衡量某一国家内部的市场分割。后者依赖于国土内部的各个经济单位之间的旅游接待数据，以此作为参照水平，可以衡量边界对两个经济单位之间的旅游阻碍作用。

一 广西接待越南入境旅游概况

我国西南地区与越南有漫长的共同边界线，广西与越南的陆地边界线占中越陆地边境线的 75%，此外还有长达 1595 公里的海岸线。广西区下辖的防城港市（东兴市、防城区）、崇左市（宁明县、大新县、凭祥市、龙州县）、百色市（靖西县、那坡县）的 8 个县、市、区与越南有海关口岸相通。2008 年 8 月 12—16 日，我们选取较为重要的友谊关和东兴口岸进行旅游客流特征分析。从友谊关与东兴口岸的问卷调查得知，访华接受调查的 180 名越南一日游游客中，有 95% 是选择来广西游览、参观、购物的，有 8% 是到云南等边境地区旅游的。而入境过夜的越南游客在中国境内选择游览的目的地分别为：北京，约占 28.8%；上海，约占 20.5%；广东、海南、江苏等地，共约占 23.4%。

广西地处祖国南疆，过去，由于思想观念保守、经济发展落后，再加之交通闭塞，其入境旅游发展速度慢、规模小，但是从 2000 年开始广西入境旅游发展迅猛，入境旅游人数与旅游外汇收入分别为 1229122

---

① 赵永亮、徐勇：《国内贸易与区际边界效应：保护与偏好》，《管理世界》2007 年第 9 期。

人次与30661.28万元，排在全国的第6位与第11位。根据1997—2008年广西接待入境旅游人数来看，越南已经成为广西入境旅游的主要客源国之一（见图4—1）。

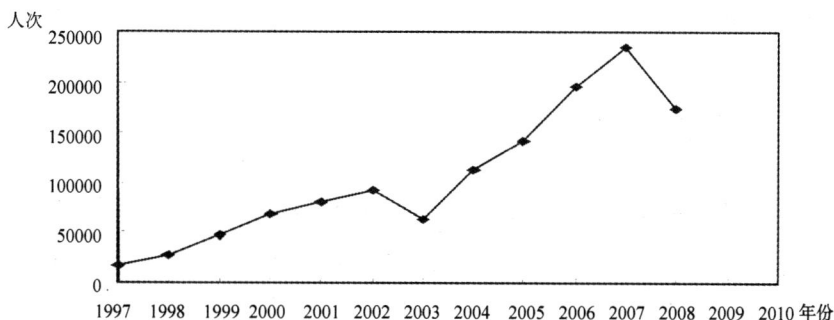

图4—1 广西接待越南入境旅游人数（1997—2008）

从2004—2008年全国与广西接待越南入境游客状况看，中国已成为越南的亚洲主要旅游目的地，其中2006年广西接待的越南游客占全国接待总数的56%以上，是全国接待越南游客最多的省区之一（见表4—5）。

表4—5　　　　　　　　全国和广西接待越南旅游人数比重

年份	广西（人次）	全国（人次）	广西占全国比重（%）
2004	112435	256490	43.84%
2005	140396	293076	47.90%
2006	187539	334000	56.15%
2007	234023	654000	35.78%
2008	172324	478600	36.01%

数据来源：根据《中国旅游统计年鉴》（2005—2008）与《广西旅游年鉴》（2005—2009）整理。

从海外客源国结构情况看，20世纪90年代广西入境旅游的客源市场主要是东南亚国家，占广西海外市场70.3%（其中港澳台地区占

27.5%），然后是欧洲占 14.2%，北美洲占 7.8%，大洋洲和非洲占 7.7%。近几年来，广西加大了改革开放的力度，经济得到了飞速发展，广西的入境旅游也正在发生变化，一些新兴客源市场得到发展，广西正以崭新的面貌迎接世界各地的游客，其中广西开发中越边境旅游发挥了更大的作用。

二 模型构建与数据取样

（一）模型构建

关于跨国旅游合作的边界效应成功的实证分析不多，因而缺少可资参照的范例，在模型构建上有一定难度。Tim Haziedine（2009）研究过加拿大4个国际机场空中乘客的边界效应，得出国内乘客是国外乘客的6倍的结论，其结果说明这一研究同样适用于人员流动。即边境两国已经建立自贸区，边境障碍已经消除，但是边界依然客观存在，并且边界效应还是存在。但是从入境旅游的角度来测量两国的边界效应，目前还是有许多困难。国内有学者通过中国入境旅游的规律研究了一些影响因素，比如郭为（2008）对贸易引力模型在入境旅游中的应用做了详细阐述，具有一定的可信度。本书主要借鉴郭为的贸易引力模型，构建两地区之间的边界效应模型，以此来考察跨越国家边界的跨境旅游合作的程度与潜力。

我们首先利用贸易引力模型来构建中国与越南旅游合作的边界效应模型，公式表现形式如下：

$$M_{ij} = A (Y_i Y_j) / D_{ij} \qquad (4-7)$$

式中，M_{ij} 表示某一时期 i 国家（地区）从 j 国的进口额；A 是常数项；Y_i 表示国家 i 的 GDP；Y_j 表示国家 j 的 GDP；D_{ij} 表示两国之间的距离，通常用两国首都或经济中心之间的距离来表示。

因为该模型是非线性的，所以对上式两端取自然对数，转换为线性形式：

$$\log M_{ij} = \alpha + \beta \log (Y_I Y_J) + \gamma \log D_{ij} + \varepsilon \qquad (4-8)$$

其中，α、β、γ 为回归系数，ε 为扰动项。

为了研究的需要，我们引入了一些新的解释变量对原模型进行扩展，以更好地运用到入境旅游的研究中。入境旅游的引力模型可以表达为：

$$\log T_{ij} = \alpha_0 + \alpha_1 \log Y_i + \alpha_2 \log Y_j + \alpha_3 \log D_{ij} + \alpha_4 B_{ij} + \varepsilon \qquad (4-9)$$

其中，因变量 T_{ij} 为旅游目的地 i 接待的旅游客源地 f 的旅游人次，关于自变量的含义和说明参见表4—6。

表4—6 解释变量的含义及理论说明

自变量	含义	理论说明
Y_i，Y_j	各省市（自治区）及越南的名义GDP	反映某地的出游率和接待能力，经济规模越大，出游率和接待能力越大
D_{ij}	内地省市（自治区）与越南之间的空间距离	反映出游阻力，距离越远，出游阻力越大
B_{ij}	虚拟变量，两地是否具有共同分边界，是取1，否则取0	如果各省区与越南接壤，其交易成本会减小，相应入境旅游流量将会上升

根据已有文献的研究，结合国内旅游的实际情况，现对上述模型中部分自变量的统计指标做以下说明：

（1）对于被解释变量 T_{ij}，选取广西、云南、广东、海南四省区接待的越南入境旅游的人数来表示；入境旅游发展水平是衡量一个国家或地区旅游业国际化水平和产业成熟程度的重要标志。[①] 中国旅游业是从入境旅游开始的，入境旅游是中国旅游市场的重要组成部分。由于以上四省区接待越南入境旅游人数的统计一直保持着较好的连续性，且历年都有详细的记载和备案，被重复记录的几率大为减小，准确性大大提高。

（2）对于 Y_i 和 Y_j，我们将采用名义GDP（按当年市场价格计算的一年所生产的全部产品和劳务的价值），有些学者采用人均GDP（这样可以将人口的影响因素考虑进去）。客源地旅游者对目的地的选择一般考虑的是该地区总体的发展水平以及旅游资源的丰厚度和独特性，而国民生产总值代表了一国的经济发展水平，可以说明其旅游资源、接待能力、交通能力等，并在一定程度上反映出各种制度和旅游环境的改善，同时，国民生产总值还可以反映中国在国际社会的影响力，对吸引入境

---

① 马耀峰、李天顺等：《中国入境旅游研究》，科学出版社1999年版，第178页。

旅游有一定的作用。

（3）对于 D_{ij}，我们采用空间距离，这是因为，空间距离不仅代表原有模型的货币成本，也代表了时间成本，而且，人们出游大都是通过特定假期来实现的，旅途的便利和时间的长短也是消费者决策的重要变量。

（4）对于 B_{ij}，如果中国各省市区与越南拥有共同边界，虚拟变量赋值为1，否则为0。这一处理基于两点考虑：一是共同边界与空间距离一样，都会对贸易成本产生重大的影响，如果该省市或自治区与越南拥有共同边界，旅行交通成本将会大大降低，将对双方入境流产生积极的影响；二是通过众多将共同边界作为解释变量的国外相关研究证明此解释变量具有显著的作用。

（二）数据选取与方法

1. Panel Data 模型

本书所做的实证分析利用到 Panel 模型，因此有必要对其做简要的介绍。

Panel Data （或者 Longitudinal Data）可以翻译成"面板数据"、"时空数据"，按照比较权威的理解，是用来描述一个总体中给定样本在一段时间的情况，并对样本中每一个样本单位都进行多重观察。这种多重观察既包括对样本单位在某一时期（时点）上多个特征进行的观察，也包括对该样本单位的这些特征在一段时间的连续观察，连续观察得到的数据集称为面板数据。时间序列数据或截面数据都是一维数据，即时间序列数据是变量按时间得到的数据，截面数据是变量在截面空间上的数据；而 Panel Data 是同时在时间和截面空间上取得的二维数据。

2. 数据来源

为了使模型的拟合更接近客观现实，使用 2004—2008 年广西、云南、广东和海南四省区的数据，共20个对象，四省区的旅游入境数据来自《中国旅游年鉴》和《中国旅游统计年鉴》（2005—2009）；中国的广西、云南、广东与海南四省区的 GDP 来自《中国统计年鉴》（2005—2009）；越南的 GDP 来自东盟秘书网站；我国四省区与越南的距离根据 Google earth 软件测算，其中四省区与越南的距离均为各自治区首府和省会城市到越南首都河内的距离。

3. 处理方法

根据模型和分析的需要，我们将采用普通最小二乘法基于面板数据进行多元线性回归，其中既包括2004—2008年的时间序列数据，又包括这5年中每一年我国四省区与越南旅游入境的截面数据。对于面板数据分析，通常采用随机效应模型、固定效应模型和混合模型。随机效应模型和固定效应模型都考虑了不同客源国之间其他因素的差异，它们的差别就在于随机效应模型假定不同客源国之间的其他因素差异服从某一随机分布；固定效应模型假定它们之间的差异是固定不变的；而混合模型不考虑客源国之间其他因素的差异。[①] 本书选择混合效应模型。

三 回归结果及分析

基于中国与越南两地旅游合作的边界效应模型，利用经济计量软件Eiews6.0对所得数据进行最小二乘法回归分析，得到回归模型的结果（见表4—7）。

（一）模型回归结果

表4—7　　　　广西与越南旅游合作边界效应模型的回归结果

系数	参数估计	标准差	t 统计量	P 值
α_0	7.161942	1.417774	5.051540	0.0001
α_1	1.382879	0.022496	61.47300	0.0000
α_2	−1.143969	0.167671	−6.822690	0.0000
α_3	−0.015936	0.086484	−0.184269	0.0063
α_4	2.915577	0.051325	56.80568	0.0000
R-squared	0.997577	均方差		10.52924
调整后的 R^2	0.996931	标准方差		2.131900
回归的 S. E.	0.118107	总残差平方和		0.209239
F 值	1543.914	Durbin-Watson 统计量		1.923833

---

① 魏翔：《旅游经济数量分析计量方法》，南开大学出版社2009年版，第234—236页。

决定系数和自由度调整后的决定系数分别为 0.998 和 0.997，均接近于 1，拟合优度高，F 统计值也很大，为 1543.914，系数 α_0、α_1、α_2、α_3、α_4 均达到了 1% 的显著性水平，不存在序列相关性和多重共线性问题，这表明引力模型（4-9）式对入境旅游数据的拟合结果很好。回归系数 α_1、α_4 均为预期的正数，α_3 也为预期的负数。只有 α_2 为负数，这可能是因为经济欠发达的越南相对较大的人口规模可能会导致该国国内旅游替代国外旅游，从而使得越南旅华机会减少。

具体分析如下：

（1）首先，对我国接待越南入境旅游引力模型而言，两国的 GDP 和游客出游率与客流量呈正相关，说明名义 GDP 和出游率越大，接待入境游客量就越大；地理距离与接待入境游客量呈负相关，说明地理距离越大，接待入境游客量越小。

（2）所得模型拟合度较好，即中国四省区与越南的 GDP、两国之间的地理距离、边界四个变量能很好地解释各影响因素对区域旅游发展的影响力度，符合区域旅游需求引力模型的构建条件。

根据上述结果，可以看出相关系数的变化特征：

（1）一国或地区的国内生产总值（GDP）对入境旅游起到积极的作用，对我国而言，GDP 每增长 1 个百分点，入境旅游人数增加约 1.38 个百分点。这种影响在意料之中，因为经济发展水平的提高对我国旅游环境、旅游资源知名度和美誉度等无疑有正面的推动作用。

（2）距离变量 D_{ij} 是影响中国接待越南入境旅游较显著的一个变量，距离呈负数，说明距离对入境旅游是负相关。从模型中的数据可知，两个地区之间的距离每缩小 1 个百分点，来中国旅游的越南游客人数可以提高大约 1.14 个百分点，这便验证了距离是人们出游的一大障碍的现有理论。随着中越边境道路及广西主要国际航空港建设的不断完善，距离因素对越南游客来中国旅游的影响将会越来越小。

（3）虚拟变量 B_{ij} 的系数为 2.915577，为显著正值，说明我国与越南之间存在明显的边界效应。与预期结果一致，能通过经济意义检验。

（二）结构分析

考虑到被解释变量与解释变量可能存在的相互作用，将模型转化成向量自回归的联立方程组，描述选定的任意一个变量的扰动如何通过模型影响被解释变量。选取中国接待越南入境旅游人数和经济发展水平分别作为两个方程的被解释变量。

通过联立方程组给出了基本的形式，可以具体考察其中任何一个变量的扰动对被解释变量的影响。

$$\begin{cases} \log T_{ij,t} = \alpha_0 + \log T_{ij(t-1)} + \alpha_1 \log(Y_{i,t-1}Y_{j,t-1}) + \alpha_2 \log D_{ij(t-1)} + \varepsilon \\ \log Y_{i,t} = \alpha_0 + \log T_{ij(t-1)} + \alpha_1 \log(Y_{i,t-1}Y_{j,t-1}) + \alpha_2 \log D_{ij(t-1)} + \varepsilon \end{cases} \quad (4-10)$$

对于上述方程组，仍然采用原来的数据进行回归，主要观察 GDP、距离的扰动是如何动态影响入境旅游人数的。所有结果见图4—2和图4-3。

图4—2展现了入境旅游人数对 GDP 的一个新息冲击的响应情况。从图4—2可以看到，入境旅游人数对 GDP 一个新息冲击有一个明显的一期时滞，随后，入境人数形成对 GDP 呈现持续的正向响应。这一响应一直持续到第10期，才完全消失。在这里，GDP 似乎成了引导入境人数的一个信号，其延续的时间相当长。因此，经济持续发展，每一期都可以形成新的信号冲击，在旧的响应没有消失之前，又会出现新的响应，这样可以在总体上抵消初期的时滞，形成一个滚动增长的效应。

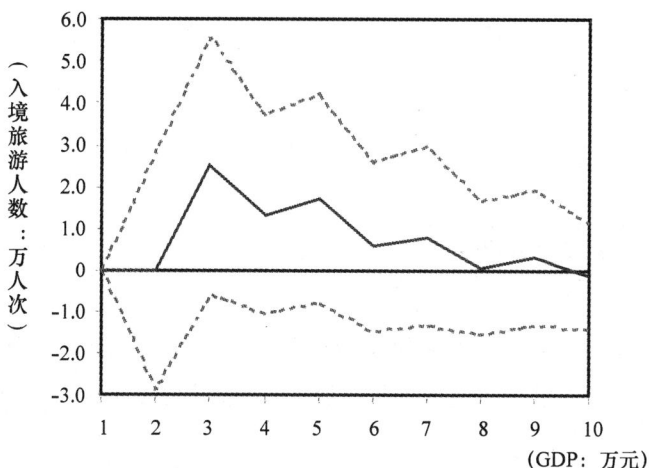

图4—2　入境旅游人数对 GDP 冲击的响应

图4—3展现了入境旅游人数对距离的一个新息冲击的响应情况。从图4—3中我们可以看出，相比GDP，距离对入境旅游人数的影响时限要短。起初，入境人数对距离的变化有一个微调，然后，一直持续到第6期；在第6期之后，对距离的响应完全消失甚至距离还能带来负面的影响。这是一个很有意思的结果。在现实世界中，虽然两国之间的绝对距离是不可能改变的，但是，相对距离是可以改变的，改变的方式有三种：一是使用更先进的交通技术，客观上缩短两地之间的旅行时间；二是降低两地之间的交通成本；三是从文化或心理上缩短两地相对距离。第二种和第三种方式对于指导我们在现实中如何获得客源市场具有一定的指导意义。[①]

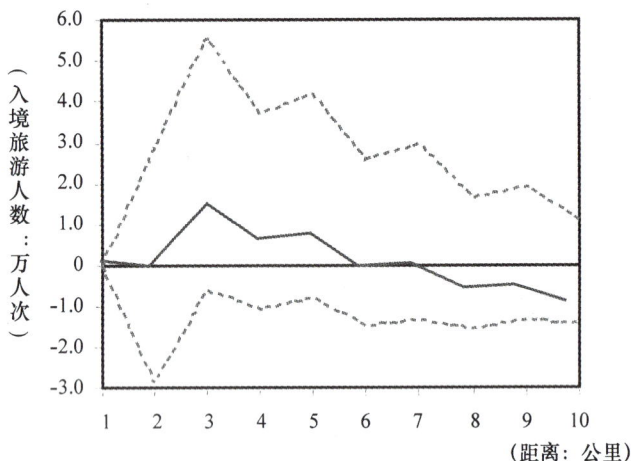

图4—3　入境旅游人数对距离冲击的响应

四　结论与政策建议

（一）基本结论

本书结合我国与越南的实际情况建立了旅游引力模型，利用2004—2008年我国四省区接待越南入境旅游的面板数据，对中国接待越南入境

[①] 郭为：《入境旅游：基于引力模型的实证研究》，《旅游学刊》2007年第3期。

旅游的影响机理进行了实证分析，得出以下结论：

其一，决定越南旅华的主要因素是两国的经济总量，我国各省市、自治区与越南的空间距离以及是否拥有共同边界等。这一结论符合引力模型理论。

其二，地理距离也是一个影响旅游入境的主要因素，这和地理学上的距离衰减原理相一致。地理距离虽然是客观的，但是可以通过改变交通状况来改变主观距离，比如，近年来中越两国加大重要入境口岸旅游交通的建设，大大缩短了空间距离，也减少了交通成本，所以两国的入境旅游有了极大的发展。

其三，虚拟变量的估计系数表明我国同越南旅游合作存在显著的边界效应。我国同越南拥有将近1500公里的陆地边境线，并且两个国家的语言、文化、习惯均有一定的差距，这使得中越两国之间存在明显的边界屏蔽效应。但是由于中越两国有着悠久的文化渊源和政治关系，因此边界效应的中介效应也同时显现出来。

其四，从入境旅游人数对解释变量的冲击响应来看，我们更应该注重宏观经济控制的策略，尽可能消除客源国与目的地国家之间的"距离"。而这一距离就是我们所认为的"边界"，从长远来看，提高两国入境旅游人数，就是要不断消减"边界"，不仅是制度边界、经济边界，还有文化与距离边界。

上述模型对分析国家边界层面的边界效应是可行的，但仍然有一些遗憾，其中解释变量的选取不能够突出旅游特色，没找到能很好体现客源国与目的地国之间资源差异性的变量；模型也没有体现目的地接待能力的变量。进一步的研究应重视区域之间的资源差异，通过著名旅游区的数量来构建指标，同时旅游目的地的接待能力也可以通过基础设施（铁路、公路、城市设施）、饭店和旅行社的数量来构建变量。

（二）政策建议

1. 加快推进边境自由化

边境旅游从20世纪80年代初开始起步，到90年代中期至末期的火暴及逐步萎缩，关键是边境旅游如何进一步转化和强化。比如把持护照这种出境旅游转变为异地办照，将异地办照放开了，就会方便游客自由行。边境贸易相互之间的强化，意味着边境贸易会逐步拉动边境旅游，把越南的游客，包括到达越南的第三国客人吸引过来。中国—东盟自由贸易区已经启动，加强中越跨境旅游合作将推进免签制度的实施，促进边境旅游自由化。

2. 健全边境旅游管理制度

随着入境旅游的进一步发展，中越游客对产品质量的要求提高，旅游者的权益保护意识增强，因此，必须加强对口岸的建设和管理，尤其是改善口岸的基础设施建设；同时要规范边境旅游管理程序，确定统一的边境旅游文件，使边境旅游管理逐渐与国际惯例接轨，推动边境旅游有序、持续、健康发展。

3. 促进中越边境跨国旅游产品集聚

中越边境旅游从 90 年代初始逐步发展成为一种特殊、独立的旅游形式，到目前为止其发展还尚未完善。事实证明，它的存在与发展有力地促进了边境地区旅游业的不断发展，并成为中越边境地区旅游业的重要组成部分，对双方旅游业的发展起着重大推动作用。中越两国应给予旅游产业政策方面的支持和优惠，加快边境旅游资源、产品的整合，加快基础设施及配套工程建设，使它走向规范化，并进一步发展成为中越跨境经贸合作的新的增长点。

4. 加大联合促销，促进跨境旅游区域化

增加宣传资金的投入，通过举办国际性或有影响力的大型活动，加强对外宣传。举办类似于南宁国际民歌艺术节、东兴中越边贸旅游节，以及在凭祥市举办的中越边关旅游文化节等大型活动。此外，还可以组织国内的旅行社和有关社团到对方国开展直接的旅游宣传促销活动，或者由中越两国派出机构共同组成联合旅游促销团，在两国举行联合促销宣传活动，与广大的潜在游客进行面对面的宣传与交流，打造跨境区域统一旅游目的地。

第五章

北部湾区域旅游合作的对策与建议

第一节　多层治理与跨界旅游合作运行机制

中国与东盟各国经济发展战略的调整为北部湾区域旅游合作提供了重要的发展机遇，但是如何推进区域旅游合作的跨越式发展，并确保其发展是可持续的，却是需要深入谋划的问题。前文从边界的视角对北部湾区域旅游合作面临的障碍及突破的可能进行了许多分析，北部湾跨界旅游合作的关键归纳起来可以概括为两个方面：其一，如何跨越现有政治体制的制度性障碍；其二，如何实现不同发展水平的参与方在合作中的利益均衡。导致北部湾区域旅游合作陷入种种困境的原因是多样的，但是缺乏有效的协调机制则是其重要原因。上述难题并非单纯的基于比较优势理论的旅游资源开发或产品开发的问题，解决这一难题的关键在于建立一个可操作的长效合作机制，通过制度创新来保证区域旅游合作的可持续发展及合作各方共享旅游发展的利益。从区域发展的现实需求看，无论是突破政治边界的局限还是资源配置跨越现有政治"疆界"，都将涉及政策工具的运用，因此研究跨界"多层治理"是十分必要的。

一　多层治理与区域旅游合作

（一）理论来源

多层治理的思想源于治理理论，与统治不同，治理指的是一种由共同目标支持的活动，这些管理活动的主体未必是政府，也无须依靠国家的强制力量来实现。① 多层治理是治理理论在国际合作或区域合作中的运用；在区域经济学领域，治理被定义为："内生于一个有共同利益的群体的正式或非正式的制度安排，通过这些制度安排，形成群体的正式或非正式组织，实现组织主体的集体活动，设定并实现组织的功能和目标。"② 从上述的定义中我们可以发现，治理由共同的目标所支持，这个目标未必出自合法和正式规定的职责，也不一定依靠强制力量而使别人服从；治理既包括政府机制，也包含非正式、非政府的机制。

多层治理最初是盖里·马克斯（Gary Marks）于 1993 年在对欧洲共同体的结构政策进行分析时提出的，随后马克斯和里斯贝特·胡奇（Liesbet Hooghe）、贝阿特·科勒－科赫（Beate Kohler-Koch）、彼特斯和皮埃尔（G. B. Peters and J. Pierre）、艾德伽·葛兰德（Edgar Grande）、弗里茨·沙普夫（Fritz W. Scharpf）等多位学者不断发展这一概念，使该理论日臻完善。他们把多层治理定义为："多层级治理是在以地域划分的不同层级上，相互独立而又相互依存的诸多行为体之间所形成的通过持续协商、审议和执行等方式作出有约束力的决策的过程，这些行为体中没有一个拥有专断的决策能力，它们之间也不存在固定的政治等级关系。"从定义中我们可以发现多层治理具有以下特征：①参与主体的多元性与决策主体的多层性。在多种行为体共同参与的情况下，决策权限由不同层面的行为体共享，而不是由成员国政府垄断，治理的进程也不再排外性地由国家来引导。比如，欧洲治理并非仅仅局限于国家政府或某个超国家机构手中，而是散布于以地域为界的不同层级之中，超国家行为体、国家政府、区域行为体（如地方各州政府）以及拥有执行权力的代理机构等都可以成为决策主体，直接参与决策。尽管不同层面的行为体、影响力和决策方式不尽相同，但是各个层面之间并不是彼此分离，而是在功能上相互补充、在职权上交叉重叠、在行动上相互依赖、在目标上协调一致的，由此形成了一种新的集体决策模式。②各个行为

---

① 俞可平：《治理与善治》，社会科学文献出版社 2000 年版，第 2 页。
② 孙兵：《区域协调组织与区域治理》，上海人民出版社 2007 年版，第 36 页。

体之间的关系是非等级的。也就是说，超国家机构并不凌驾于成员国之上，并且成员国、次国家政府与超国家机构之间不存在隶属关系。③多层级治理体系具有动态性。也就是说，多层级治理的参与主体和层级会因为它们所面临的政策任务和治理形式的不同而有所变化。在不同层级进行协商时，多层级治理体系采用的是非多数同意（non-majoritarian）的谈判协商体系。由于体系具有非等级特性，不同等级的行为体之间显然缺乏实行多数表决机制的条件，而一个非多数同意表决机制有助于多层治理形成一个灵活的、动态的协商体系。

（二）区域旅游合作：欧盟与 GMS 经验

欧洲联盟与 GMS 经济合作为跨界旅游合作提供了可资借鉴的成功经验。在纵向上，欧盟区域合作的组织体系形成了超越国家与地方的多个等级层次，实现了各个层次的权利平衡和利益表达机制的畅通。在横向上，欧盟的区域协调组织机构名目繁多，在整个区域合作政策的制定、执行和反馈过程中担当着重要的角色，并日益彰显出公共部门、私营机构与第三部门的"合力"作用。在这些组织群体中，区域协会、银行、利益团体、政策联盟、政党、公共舆论等成为协调区域合作利益冲突的几股重要力量。

以发展中国家为主体的大湄公河次区域经济合作借鉴欧盟的成功经验，建构了一个发展中国家跨境旅游合作的新模式（见图5—1）。

图5—1清晰地表明了 GMS 合作框架下发展中国家区域旅游合作的基本运行机理。① GMS 是中国的云南、广西与湄公河途经的几个发展中国家（泰、越、缅、柬、老）联合创立的次区域经济合作，涉及交通、通信、能源、农业、贸易和投资、人力资源开发、旅游、环保七大主要领域，在亚行和相关各国的共同努力下，十多年来已经形成了较为完善的全面合作机制。由于涉及不同国家政体，GMS 没有建立严格的制度安排，但以轮值制每年在区域内的各个国家举行旅游部长

---

① Ravi Ravinder, *Cross-National Tourism Collaboration in Asia*, In Janet Cochrane, *Asia Tourism：Growth and Change*, London：Elseiver, 2008, pp. 13—25.

①旅游部长会议

GMS会议

高层官员会议

④私营企业
旅游市场促进局
协会
航空公司
旅行社
饭店
信用卡组织
汽车公司
车辆中心

② GMS旅游工作小组
湄公河旅游协调办公室
国家旅游局

⑥

柬埔寨国家旅游局

中国国家旅游局

老挝国家旅游局

缅甸国家旅游局

泰国国家旅游局

越南国家旅游局

⑤顾问（咨询）委员会
联合国亚洲及太平
洋经济社会委员会
亚太旅游协会
亚洲开发银行
联合国教科文组织
世界旅游组织
荷兰发展组织

③湄公河旅游协调组织

常务董事会

秘书处

项目协调组

⑦湄公河旅游论坛

⑧

1.项目执行层
（泰国）
+亚太协会
+工程实施方

2.项目执行层
（老挝）
+亚太经委
+工程实施方

3.项目执行层
（柬埔寨）
+合作伙伴
+ 工程实施方

4.项目执行层/
国际旅游组织+
合作伙伴+工程
实施方

图 5—1　GMS 旅游合作框架

资料来源：亚洲发展银行（2006，p.55），略有修改。

级会议，成立旅游工作组和论坛，确定区域旅游合作的原则、方向和内容，提出了合作战略和行动计划。如 2006 年 GMS 主要集中于以下七个方面的合作：①开展了次区域旅游目的地宣传；②开展了次区域旅游人员培训工作；③文化影响管理；④鼓励旅游扶贫；⑤鼓励政府与私人企业合作；⑥改善人员流动的便捷化；⑦加强旅游基础设施等可进入条件的建设。

大湄公河次区域的市场开发与管理由湄公河旅游协调机构承担。从2001 年，湄公河的旅游工作小组举办湄公河旅游论坛，协商每一轮的十年旅游计划。亚太旅游组织认为，大湄公河次区域旅游合作大大推动了旅游业的发展，创造了一个跨国旅游合作的新模式，2000 年旅游业年增长 12%；2004 年，越南、老挝、柬埔寨和缅甸的旅游业每年以 10%—50% 的速度增长；2005 年这一区域的入境游客总数已从 1995 年的 950

万人次增加到 1600 万人次，预计到 2010 年，有望突破 3000 万人次。①
中国领导人认为，大湄公河次区域旅游合作是整个次区域合作项目中开
展较好、推进较快的领域之一，也是中国在次区域开展国际旅游合作最
富有成效的区域之一。

欧盟与 GMS 的成功实践告诉我们：区域的旅游发展依靠多方面的合
作，不同国家的政府、企业、社区和非营利机构等都是区域旅游发展的
合作伙伴，同时，在整个战略部署中决策层和执行层属于不同的层次，
权责分明。总结欧盟与 GMS 区域合作的经验，旨在为北部湾区域旅游合
作引进和构建多层治理协调机制寻求借鉴：①多层治理的合作机制需要
得到相关国家中央政府的全力支持，成立合作委员会，发挥各地方的比
较优势，才能有效地破解区域旅游合作中存在的"囚徒博弈"困境；
②建立完善而严密的多层协商制度以保证信息的通达，建立诸如亚洲银
行等第三方机制化的协调，以提供固定的资金来源和技术支持；③建立
健全法律法规以保证合作机制的有效进行。

二 区域旅游合作的模式选择

目前在国内外区域旅游合作中比较成功的运作模式有产业集群、跨
境开发与无障碍旅游区，以实现行政力量与市场力量在合作中的动态平
衡为目标。北部湾区域旅游合作地跨多个国家政权范围、涉及多级行政
机构，因此，要构建多层治理的北部湾区域旅游合作机制，解决区域旅
游合作中出现的问题和冲突，强化各国政府及各级行政机构间的协调，
充分发挥行政力量的主导作用，建立政府主导的各参与方的伙伴关系就
显得尤为重要。实践证明，区域各参与方建立良好的伙伴关系，其可行
的运作方式有定期或不定期的会议、非政府组织参与和行业联动，等
等。2009 年初广西壮族自治区政府与国家旅游局签署的相关合作备忘
录，则标志着旅游合作中中央政府部门与地方政府部门之间合作关系发
生的新变化。

---

① Ravi Ravinder, *Cross-National Tourism Collaboration in Asia*, In Janet Cochrane, *Asia Tourism: Growth and Change*, London: Elseiver, 2008, pp. 13—25.

定期或不定期的旅游会议已成为深化国内区域旅游合作的现实推动手段。这些会议形式多元，有研讨会、联谊洽谈会，以及各种形式、不同级别政府官员参加的旅游协作会、联席会、协调会等。[①] 2000 年以来，国内区域旅游合作的会议有 30 多个，并且许多已经成功举办多届。比如长三角无障碍旅游区行政首长联席会议、深港旅游联席会议、中国北方旅游发展高层论坛、海峡两岸旅行业联谊会、两广十市区域旅游合作联席会议等；2009 年是国内地方政府举办旅游会议最多的一年，影响较大的有北京旅游产业发展大会、贵州省旅游产业发展大会、云南省旅游产业发展大会、陕西省旅游产业发展大会、河南省旅游产业发展大会、浙江省旅游产业发展大会等。通过会议促成区域合作各方的共识，并以纪要、宣言等形式发表，达到推动区域合作进程发展的目的。

（二）非政府组织参与模式

与地方政府办会常态化相关的另一个现象是地方政府组织的旅游论坛的发展，以论坛为代表的相关会议凸显了政府与学术界、行业协会等非政府组织的多方互动。非政府组织是指独立于企业与政府之外的组织，又称为"非营利组织"、"非政府部门"等，其组织形式有行业协会、民间团体、民办非企业单位等，具有组织性、民间性、非营利性、自治性、志愿性、非政治性等特征。近年来，我国各类非政府旅游组织发展迅速，在提倡和推进旅游合作、建立旅游产业信息平台、规范旅游市场、制定区域整体旅游规划、制定旅游标准化、负责协调区域旅游联合营销等方面发挥了重要的作用，对旅游业的发展影响日益加深。[②] 影响较大的非政府组织如成立于 1951 年的太平洋亚洲旅游协会（简称 PA-TA），其成员国涵盖东亚大地区，是亚太地区最具影响力的旅游组织之一，其宗旨在于促进太平洋亚洲地区旅游业发展、提高旅游质量，使各地区成员受惠。

中国国内也有许多行业学会，比如中国旅游协会、中国旅游资源开

---

① 汪宇明：《旅游合作与区域创新》，科学出版社 2009 年版，第 266 页。

② 张晨：《长三角区域旅游合作机制研究》，博士论文，上海社会科学院，2006 年，第 78—86 页。

发促进会、中国地理学会、中国旅游协会休闲度假分会、中国饭店协会等。其中有些已经形成了年会机制，这些协会也尝试与地方政府合作。例如，2008年由广东省人民政府举办的"广东开放论坛：现代旅游业的发展与合作"会议，是一种地方政府与行业协会互动发展的模式。与会者既有世界旅游组织的官员，又有政府部门，主要是国家旅游局，还有来自泛珠三角地区的地方官员代表、大学和研究机构的学者以及香港凤凰传媒机构成员，这样的会议打造了一种政府与行业协会互动的模式。2008年11月，中国国家旅游局与联合国世界组织在上海共同签署了"旅游扶贫合作备忘录"，这也是世界旅游组织积极参与中国旅游业发展的重要举措。2008年12月桂林市举办了第二届UNWTO旅游趋势与展望国际论坛，此论坛是世界旅游组织和亚太旅游协会、桂林市人民政府和广西壮族自治区旅游局，包括高等院校如香港理工大学共同搭建的平台。在中国桂林举办论坛以进一步研讨世界旅游发展趋势，是广西桂林旅游界的荣幸。现在这个论坛已永久落户桂林并且设立了秘书处作为常驻机构。UNWTO旅游趋势与展望国际论坛真正让桂林成为亚太地区旅游研究、旅游业界交流的一个重要平台，并且提升了广西在亚洲甚至世界旅游业界的知名度。这样的会议，一般以宣言作为主要成果，通过媒体向社会传递一些区域性的旅游发展与合作的主张，以影响社会、凝聚共识。

（三）行业联动模式

行业的联动源于旅游产业的跨界整合，随着旅游业的发展，旅游业与其他行业进一步渗透，比如旅游与第一产业、第二产业、第三产业整合出现的新业态：工业旅游、农业旅游等，这充分说明发展旅游业已不仅仅是旅游部门的事情。2003年四川召开党政一把手参加的旅游发展大会，创造了区域旅游合作发展的一种崭新模式。[①] 2008年，海南提出了建设国际旅游岛的宏伟目标；受日本"观光立国"思想的启发，河南推出了"观光立省"战略；而广东、云南等地也在旅游业体制机制改革上

---

① 魏小安、周鸿德、周小丁：《天下旅游看四川》，成都时代出版社2008年版，第113页。

积极探索、先行先试。行业联合成为区域合作的一种趋势，通过行业联合推动区域发展，通过区域合作拉动行业联合。区域联合的前提是打破地区之间的行政区划，这一问题并非轻易能够解决，但是地区界限对行业联合的束缚较小，从这个角度来说，旅游对于一个区域经济发展的作用就更加突出。同时，每个地域内部也有一个行业联合，即借助旅游平台，把工业、农业、交通、文化、体育等行业都整合起来，构造一种新的联合方式。这种新的联合方式对于推动区域旅游的联合乃至整个区域的联合会起到更大的作用。比如交通业如果联合了，无障碍旅游自然就解决了，旅游与工业、农业联合，构建了新型旅游业态，提高和延长了旅游产业链；旅游与金融联合，可以搭建一个新的旅游管理和服务平台，即借助信息化，以发行公民旅游卡的方式来搭建这样一个平台。山东、河南、四川等地已尝试发行旅游一卡通，广东省发行了国民旅游休闲卡。目前这些卡的功能基本局限在为游客提供打折服务和部分金融服务方面，旅游行政部门方面的作用还没有得到充分发挥。未来可以此为基础，通过扩大旅游卡的覆盖范围将其构造成旅游行政部门的信息卡、管理服务卡、宣传促销卡，这样的平台一旦搭起，会真正提高旅游管理与服务效率，并且为旅游宣传促销带来极大的便利。① 现在，因为各个地区各行其是，即便倡导无障碍旅游，也无法从根本上解决问题。

因此，无论是长三角、珠三角，还是北部湾，从整个区域的角度来说，经济发展完全可以理解为核心扩张，客观事实就是以经济区的首位城市为中心形成垂直辐射，从行业、区域联合的角度来说，形成一个平行的横向交流。所以，多层治理也就是如何处理好垂直辐射和横向平行交流的关系，从旅游的角度来说，由于旅游的互补性更强，可能把一种垂直、纵向的辐射转换为一种横向、平行的交流，把各方的优势都发挥出来，整合起来。

我国的旅游业发展实践证明，中央政府、地方政府、区域协会、利益集团、政策联盟、企业和居民在多层治理协调机制中发挥了无可替代

---

① 曾博伟：《旅游业转型升级的思考》，2009 年 7 月 10 日《中国旅游报》第 8 版。

的作用。因为就目前全球经济形势来说，区域合作已经不是单纯的政府行为，已经不是仅仅依靠政府指令就能完成的事情，它需要多方共同参与、沟通和协调。但是，我们必须看到，中国是一个主要以行政力量实现治理目标的国家，以往区域合作主要通过中央政府以及地方政府的协调方式进行，这种协调方式至今仍在发挥着相当大的作用。但从区域公共管理的角度来看，治理纷繁芜杂的公共事务尤其是区域性公共事务，没有绝对的医治百病的"灵丹妙药"。因此，针对不同层次、不同类型的区域合作问题，必须借助于等级制、市场机制、自组织制等混合机制来对其进行"多中心、多层次"治理，形成纵向政府间以及政府、企业、民间组织等通力合作的组织间网络机制。这种机制的形成可以通过设立合作机构来实现。

三　北部湾区域旅游合作机制

（一）主体多元机制

北部湾区域旅游合作有其特殊性，在旅游业发展的进程中政府、企业、社区等都是不可或缺的参与主体，跨界旅游合作的顺利开展要求充分调动多元主体参与的积极性，共同应对合作进程中可能会遇到的种种问题（具体见表5—1）。北部湾区域旅游合作的这一特点决定其合作机制必然具有主体多元的特色。

1. 政府

政府主导型旅游发展战略的优越性已为国内外旅游业快速发展的实践所证明。北部湾区域旅游合作需要政府主导，这是由北部湾旅游合作的特点决定的，也是把北部湾建设成我国旅游发展新增长极的内在要求。北部湾旅游合作是跨国合作，具有政治、经济与社会文化多元化的特点，会给旅游合作带来一定的障碍，国家之间需要本着诚信互利的原则，加强交流与沟通；北部湾旅游合作地理区域跨度较大，旅游资源互补性强，文化差异性大，一方面为各方旅游合作提供了良好的基础，另一方面也为各方旅游合作带来了难度，因此，在如何构建便捷的大跨度旅游交通、如何整合旅游资源、如何共同开拓市场等方面，需要国家政府发挥主导作用。

表5—1 　　　　　　　　　　影响区域旅游合作主要因素一览

影响合作的主要因素	描　述
➤ 合作领域达成共识	➤ 针对某一关键问题有一个共同的协议
➤ 合作的认知价值	➤ 所有合作伙伴遵守同一集体安排
➤ 自主权缺失	➤ 合作伙伴失去独立掌控定决策的权利
➤ 资源异质性	➤ 合作伙伴支持资源
➤ 利益相关者的一致性	➤ 使利益相关者合作一致并拥有集体行动的决心
➤ 利益相关者的合法性	➤ 保留利益相关者持分歧意见的权利
➤ 同一功能和结构	➤ 有意愿的合作
➤ 地理邻近性	➤ 有意愿的合作
➤ 召集者的组织	➤ 作为独立的领导机构或召集人促进合作有效进行
➤ 法定的障碍	➤ 阻止组织进行工作
➤ 专业背景	➤ 如果背景相同则支持合作（比如语言相同或相似可以理解技术问题）
➤ 历史	➤ 阻碍合作进展的历史冲突

资料来源：根据 Gray（1985），Oliver（1990），Selin and Beason（1991），Westley and Vredenburg（1991），Hardy（1994），有修改。

　　建设北部湾大旅游圈是一项巨大的系统工程，不仅需要按照总体规划进行分阶段实施，更需要区域内各城市的通力合作，如果没有一套强有力的协调机制，要实现大旅游圈的蓝图几乎是不可能的，更不用说建立区域经济一体化了。目前，虽然区域内已有由政府牵头的"环北部湾城市论坛"和由旅游局牵头的"北部湾旅游协作机构"，为建立北部湾大旅游圈做了许多有益的工作，但从这个系统工程的复杂性和艰巨性来说，单靠目前这种协调机制的力度是远远不够的，其最大的缺陷是缺乏强制性手段，而这种强制性的手段只有通过政府的行政行为和人大立法才能实现。因此，尽快建立北部湾区域内各城市间的政府协调机制并付诸实施成为构建北部湾大旅游圈的当务之急。[1]

---

　　[1]　陈泽群：《北部湾：大旅游带动大发展》，《城市问题》2002 年第 2 期。

2. 企业

政府不能包办代替，政府实际上更多的是进行投资环境建设。企业才是旅游经济的运行主体，是旅游产品与服务的生产者和提供者。离开旅游企业的参与，北部湾区域旅游合作就无从谈起。只有建立资源配置高效、对市场反应灵敏的旅游企业，区域旅游合作才能充满生机和活力。

目前，北部湾旅游企业建设较薄弱，规模偏小，效益较低，资金投入普遍不足，旅游业信息技术含量不高，跨地区经营的综合性大型旅游企业尚未形成或粗具雏形，难以真正实现规模效益和集约经营；旅游业经营管理水平也较低，市场开拓能力不强，旅游企业竞争力不足。针对这些情况，应引进粤港澳等泛珠三角区域内的大型旅游管理公司，对北部湾特别是广西管理水平较低的旅游企业进行直接管理，促进北部湾旅游企业管理水平的规范化，或是通过资金重组的方式，发挥区域投资实力的优势，促进北部湾旅游企业的发展和升级，这是泛北部湾和泛珠三角旅游合作的必要条件之一。同时，发挥旅游企业在区域旅游合作机制建立过程中的主体作用，促使合作和交换网络的形成极其重要。

3. 社区

旅游发展既要富国又要富民，发展乡村旅游、民俗旅游、边境旅游，从某种意义上就是为了通过旅游促进社区人民富裕、社会和谐，所以社区参与本来就是题中应有之义。原来旅游没有发生过和当地老百姓有冲突的事情，但是这几年出现了一些让人不愿意看到的事情，实际上旅游发展一般情况下对当地老百姓是有利的，核心问题是没把道理讲透，当然也就更谈不上形成利益和谐机制。玉林提出"全民创业"的口号，充分体现了地方政府工作已经把富国又富民当做促进经济发展的首要任务之一。

（二）多层互动机制

北部湾区域旅游合作需解决的问题比其他地区要复杂一些，合作主体的多元性是一方面，各种层级与规模的边界是另一方面，跨界成功与否将是旅游合作能否有效开展的关键，而跨界成功不可缺少的一步就是构建多层平台、实现协调互动（见图5—2）。

图5—2　北部湾旅游合作机构

1. 决策平台

北部湾旅游合作组织为区域最高协调机构，负责有关合作政策、规则的制定，成员选择与淘汰，合作机制的制定，风险的分担与利益分配，重大冲突消解等活动。其形式是在中国—东盟博览会期间定期召开的合作会议以及所形成的决议和各种规则或协议，互通情况，及时协商解决合作中出现的问题。

2. 执行平台

成立泛北部湾旅游合作组织秘书处，执行具体的合作政策，主要职能是协调成员之间的冲突，引导功能小组进行工作及实现具体的协调功能，执行层的功能实现依赖于数据层为它提供的信息。北部湾区域旅游合作的秘书处可以设在南宁，有了这个平台，旅游促销的合作、旅游交通建设合作、旅游投资合作、旅游教育培训合作、旅游景区共同开发等具体的合作才有可能进一步推进。

智囊层成立泛北部湾高级旅游专家委员会，由学者、官员和业界专业人员组成，其职责是评估相关的政策和行动建议，在每年一度的泛北部湾经济合作论坛期间召开泛北部湾旅游合作专题会议，给决策者提供智力支持。

3. 推广平台

中国—东盟博览会和泛北部湾经济合作论坛是泛北部湾旅游合作的两大平台。利用中国—东盟博览会这个平台，主要是发挥旅游地管理部门和旅游企业的主体作用，做好旅游业的招商引资、项目推介、旅游地营销等工作。以前，旅游项目在中国—东盟博览会中占的比重不高，现在东盟国家到广西来投资旅游已经成为一个趋势。因此，利用好这个平台，不仅要增加博览会上的旅游项目，而且要努力创办中国—东盟旅游博览会，召开泛北部湾旅游部（局）长峰会，使之成为中国—东盟博览会的特色和惯例。

泛北部湾经济合作论坛是泛北部湾经济合作战略的产生地，其影响和规模日益扩大。论坛已经成功举办四届，但旅游合作在每一届中只是作为议题的一个方面，内容偏少（见表5—2），为了有效地履行"泛北合作，旅游先行"的理念，必须增加泛北部湾经济合作论坛的旅游议题，在论坛期间召开泛北部湾旅游合作论坛，邀请合作各方和相关国际旅游机构共同参与，为本区域的合作与发展提供有力的支持和政策咨询，形成政府、企业、民间三层联动的合作氛围，加强该平台的旅游色彩。

表5—2 历年举办的泛北部湾经济合作论坛

序号	时间	地点	主要议题
1	2006.7.20	南宁	提出了构建泛北部湾经济合作区的设想
2	2007.7.26	南宁	共建中国—东盟新增长极；新平台、新机遇、新发展；泛北部湾经济合作与中国—东盟自由贸易区建设；泛北部湾合作的机制、路径、产业发展与金融支撑；泛北部湾交通、港口、物流和旅游合作
3	2008.7.30	北海	共建中国—东盟新增长极——沟通、合作、繁荣：世界经济发展不平衡不确定性背景下的泛北部湾经济合作；泛北部湾次区域合作的重点难点和趋势以及广西北部湾经济区开放开发与泛北部湾经济合作
4	2009.8.6	南宁	共建中国—东盟新增长极——拓展合作、化危为机：全球金融危机与泛北部湾经济合作；泛北部湾区域基础设施项目建设与合作；北部湾地区与东盟各次区域的合作发展

设立北部湾区域旅游高层会议：北部湾区域旅游高层会议的成员由各成员国的高层官员（成员国部长）一名组成，是北部湾区域旅游合作的最高决策与协调机构，定期召开会议，职能范围是规划北部湾区域旅游合作的指导方针和发展方向，批准北部湾区域旅游合作的各项活动、计划、项目，协调解决北部湾区域旅游合作过程中出现的相关问题。

设立北部湾旅游合作论坛：北部湾旅游合作论坛是探讨北部湾旅游合作的主要阵地，是宣传北部湾旅游的重要手段，定期召开北部湾旅游合作论坛有助于促进北部湾旅游合作的纵深发展，有助于加快提升北部湾的国际知名度。可以采用两种操作方式：一是借助中国—东盟博览会，请国家支持广西在中国—东盟博览会期间举办中国—东盟国际旅游博览会和中国—东盟旅游合作论坛；二是在北部湾区域旅游高层会议的指导下，将北部湾旅游合作论坛确定为一个正式的旅游论坛，设立由本区域政府承认并提供财政支持的常设秘书处，对拟开展的旅游合作项目进行具体的讨论、筹划和实施，论坛可以采用轮流制的形式每年举办一次。

（三）梯级关联机制

北部湾区域旅游合作要落到实处，从合作的具体内涵上看，技术合作、营销合作与资金合作三个方面须呈梯级展开。其中技术合作是基础，没有技术合作，不认真研究线路规划、资源整合，就不可能开发出高水平的旅游产品；营销合作是构建北部湾共同旅游市场的条件；而资金合作是北部湾区域旅游发展的关键。

1. 技术合作

旅游技术合作宜采取多种形式、多种手段积极进行。一是积极引进海外先进的规划计划和设计技术及工程技术等，以不断提高相关方面的技术水平。二是要加强旅游项目的策划，造就一支能适应北部湾区域旅游大发展，胜任旅游规划、策划和设计工作的专业队伍。三是要积极鼓励和支持饭店管理技术在全行业的全面推广。四是要借助中国—东盟博览会、国内旅游交易会、展示会等形式，加入旅游技术的相关内容，使旅游技术合作逐步具备实体的形式。

2. 营销合作

北部湾的区域旅游营销合作，不仅仅是要鼓励北部湾旅游区内部各省区旅游企业间建立营销联盟合作关系，还要鼓励跨区域旅游的企业营销合作，即鼓励北部湾旅游圈内各省区，特别是广西的重点企业与泛珠三角旅游圈的广东、湖南、云南、贵州以及港澳台等的旅游企业之间建立良好的旅游营销联盟合作关系。把"泛北"和"泛珠"看做一个整体，无论是政府进行的形象宣传，还是企业跟进的产品促销，都必须形成一体化的联动。通过联动来集中优势的资源，使其实现更优化的配置，以突出"泛北"和"泛珠"旅游圈品牌。在具体实施时，应统一编制跨区域的旅游完全手册、跨区域导游图等宣传促销资料，共同制作跨区域的旅游网站，轮流主办节会活动。

3. 资金合作

资金合作旨在使旅游企业集中资源，重组并购，形成大型旅游企业。按照政府主导型的发展方针和市场对资源配置起基础性作用相结合的原则，形成旅游资金合作。[①] 一是形成政府引导型资金，要在现有的旅游资源保护与开发基金基础上扩大数额，提高实效，引导旅游投资的流向和流量。二是要争取设立北部湾旅游产业发展基金，全面用于旅游经营性项目的投资，确保对投资者的回报。三是要进一步鼓励社会各方面对旅游业的投入，推行投资主体多元化，按照"谁投资、谁受益"的原则，逐步形成旅游产业投入产出的良性机制。四是积极鼓励符合股票上市条件的旅游企业通过资本市场筹集资金，建立规范化的企业直接融资机制。五是在全行业全面强化资本运营的意识，总结和推广旅游企业资本运营成功经验。六是进一步鼓励和吸引海外投资，也要积极支持条件成熟的中外合资旅游企业去海外上市，直接进入国际资金市场。

北部湾区域旅游发展基金，一是用于发展落后地区基础设施；二是资助面临结构性困难的区域的转型；三是支持落后地区的人力资源培训。可以适度将北部湾区域内各方的相关权益集聚在基金会，构成本区

---

① 魏小安：《中国旅游投资的现状与发展》，转引自魏小安《多彩贵州，多姿发展》，贵州人民出版社 2007 年版，第 40 页。

域旅游合作的经济基础，进一步加强基金会的规范管理和制度建设，以维系北部湾区域旅游合作的可持续发展。[①]

总之，多层治理是在欧盟旅游一体化发展进程中逐渐形成的一种区域旅游合作协调机制，是欧洲人应对全球化挑战、探索改善自身生存环境的尝试。它在决策过程中实现了主体多元化，形成了超国家、国家、跨境区域、地方等多个等级层次的合作体系，这样做不但增大了集体利益，还兼顾了各方、各层级的利益，提升了合作方参与合作的积极性。为了合理、及时地处理合作者的利益冲突，多层治理模式中还包含有一套完整的法律法规体系。借鉴欧盟与GMS的多层治理经验，有助于推进北部湾区域旅游合作顺利进行，并有利于解决北部湾区域旅游合作中面临的诸多矛盾。

第二节　立法保障与跨界旅游合作政策网络

中国正在形成六大核心经济圈带，分别是长三角经济区、珠三角经济区、海峡西岸经济区、北部湾经济区、成渝经济区、黄三角经济区。北部湾在迄今为止我国批准实施的所有经济区中，被明确赋予了"重要国际区域经济合作区"功能，作为中国与东盟经济圈的接合部，北部湾经济区的发展壮大将成为跨界区域合作政策推进的试验场，而国际区域经济合作离不开中央与各级地方政府的主导和干预。中国—东盟自由贸易区的正式启动使北部湾经济区迎来了开发的浪潮。作为自贸区建设的重要内容之一，旅游服务业的发展需要以自贸区的政策推进为突破口，在更多配套政策支撑下推动旅游合作，加快北部湾区域旅游合作的跨越式发展进程。目前北部湾经济区的国家战略优势正逐步凸显，其"雁群效应"正在形成，在这一进程中其旅游合作的政策重点，一是以中国自由贸易区建成为契机，推动旅游便利化；二是坚持"走出去"战略；三是打造旅游政策组合，形成旅游法规体系。

---

① 汪宇明：《旅游合作与区域创新》，科学出版社2009年版，第270页。

一 加快北部湾区域旅游便利化

（一）自贸区与中国—东盟旅游自由化的政策建设

毋庸置疑，中国—东盟自由贸易区的建成给广西带来了极大的机遇，随着关税与非关税壁垒的减少，经营成本下降，进出口市场进一步拓宽，广西与东盟的经贸往来将更加频繁。但是，在自贸区的大框架内，目前无论是决策者还是经营者，其精力都主要集中在货物贸易方面，但这显然是不足的，一方面会使多种区域优势不能充分发挥，另一方面也会使货物贸易由于缺少支撑而趋于萎缩。国际经验表明，一般的发展过程是技术贸易跟进和服务贸易拓展，而旅游领域则是服务贸易发展的重中之重。[①] 也就是说，货物贸易、技术贸易、服务贸易应该是并起共进，而中国—东盟自由贸易区内本应是三足鼎立，现在却变成了两条腿，这就需要研究一系列的问题。

合作领域的拓展将是中国—东盟自由贸易区的发展趋势，中国与东盟的经贸往来将开辟货物贸易外更多的合作领域，如服务贸易领域的旅游、教育、医疗等更广阔的发展空间，并将形成更宽松的交流合作环境。[②] 现在商品货物、贸易的自由化程度越来越高，技术贸易也没有太大的障碍，倒是服务贸易领域面临着一些问题。旅游业涉及农业、交通、环境、卫生保健、教育等，具有跨部门的性质，这就需要我们加强自贸区政策中涉及对中国与东盟的旅游业的方面。

中国与东盟已经成为双向的旅游目的地，从中国的入境旅游来看，东盟国家一直是重要的客源市场。东盟国家尤其是马来西亚、新加坡、菲律宾、泰国和印度尼西亚等国，一直位居中国入境游 15 大客源国之列，到目前为止，每个国家每年输入中国的游客都在 50 万人次以上。2007—2009 年的三年中，中国接待的东盟十国的旅游人数已经占中国接待入境人数的 20% 以上（如表 5—3 所示）。

---

① 孙洁、冯学钢：《欧盟旅游业一体化发展的框架与策略》，《北京第二外国语学院学报》2000 年第 3 期。

② 古小松：《中国—东盟自由贸易区与广西》，《全区中国—东盟知识学习的讲话稿》，2009 年 11 月 16 日。

表5—3　　　2007—2009年中国接待东盟十国的前五位主要客源国

国家	2007（万人）	2008（万人）	2009（1—9月份）（万人）
马来西亚	1061965	1040494	71.67
新加坡	922021	875826	59.62
菲律宾	833009	795255	56.17
泰国	611615	554275	38.15
印尼	477109	426251	33.98

资料来源：中国国家旅游局官方网站。

互免签证的无国界旅游区是旅游业的自由贸易区，是对中国—东盟自由贸易区的重要补充。中国—东盟无国界旅游将最大限度地减少旅游业人为阻碍，为游客在旅游圈内自由选择旅游目的地和旅游方式创造条件，可以在现有的互为客源国出境旅游的基础上，实现中国与东盟游客相互往来流量的大量增加，实现旅游企业在旅游区内旅游促销和投资的增长，从而扩大各国的旅游收入和旅游业在国民经济中的比重。加快旅游便利化建设，主要包括中国与东盟国家的签证手续简便化、边境旅游自由化、第三方便利等问题。

（二）中国与东盟国家的旅游签证制度

1. 开放边界，实现人员自由流动

当今世界的旅游发达国家无不重视开发邻国市场，边境旅游在其国际旅游中占有重要地位，一些国家的政府制定了有利于发展边境旅游的政策，采取多种措施发展边境旅游，"一日游"或"多日游"形式的边境旅游活动十分流行。随着北美自由贸易区的建立，美、加、墨等国家的边境几乎是开放型的，人们可以自由往来，跨越边境的手续只是针对其他国家。欧盟国家也采取了同样的政策，申根协议的实施大大简化了其他国家在协议国家的旅行，边境地区的旅游活动甚为活跃。一些国家为了提高对邻国的吸引力，采取多开放口岸、最大限度地简化手续、降低关税、降低汽油价格等措施。[1] 在亚洲地区特别是东盟国家，也都实

---

[1]　杨森林、多纳尔·A. 迪宁：《欧盟旅游业的政策基础及目标》，《旅游学刊》1995年第5期。

行了对邻国旅游者比较开放的边境管理方法，马来西亚和新加坡、泰国之间邻国公民的往来可以免签证。自2008年金融危机以来，东盟十国针对中国游客纷纷推出优惠政策和线路，如泰国、新加坡放宽中国游客入境政策，泰国在2009年连续两次宣布对中国游客免签证费，泰国旅游局等境外旅游局也加强与各大旅行社的合作，与旅行社举办热卖会推广当地旅游。而中国也已经向东南亚十国开放成为自费出境旅游的目的地国家（见表5—4）。应当说，开放边界、简化出入境手续、实现人员自由流动、减少国际旅行障碍、扩大国际旅游活动是大势所趋，而这些促进国际旅游的重大措施往往在边境旅游上首先体现出来。[①]

表5—4 　　　　　　中国面向东南亚开放的出境旅游目的地国家

序号	国家	启动时间	开展业务情况
1	泰国	1988 年	全面开展
2	新加坡	1990 年	全面开展
3	马来西亚	1990 年	全面开展
4	菲律宾	1992 年	全面开展
5	越南	2000 年	全面开展
6	柬埔寨	2000 年	全面开展
7	缅甸	2000 年	全面开展
8	文莱	2000 年	全面开展
9	印度尼西亚	2002 年	全面开展
10	老挝	2005 年	全面开展

资料来源：国家旅游局信息中心。

2. 签证手续简便化

目前，国际上出现的针对签证的旅游手续便利化主要是三种：落地签证、互免签证、"申根签证"（Schengen Visa）。落地签证就是游客可以在到达目的地国的边境口岸办理签证，而不是只有在居住国的驻该国大使馆、领事馆办理；互免签证则是在政治互信基础上两国采取的双边

---

① 张广瑞：《中国边境旅游发展的战略选择》，经济管理出版社1997年版，第39页。

行动，这需要双方的政治信任，因此不可能大范围推广，它只是国家与国家之间采取的一种人员流动便利化的措施；"申根签证"是多国采取的多边行动，它不仅实现在协议国之间人员自由流通，而且对第三国采取联合统一行动，它适合国家层面上的区域旅游合作，它的采用无疑将在很大程度上提升区域旅游的便利化。

1985 年法国、德国、荷兰、比利时和卢森堡五国在卢森堡边境小镇申根签订了"申根协定"，规定其成员国对短期逗留者颁发统一格式的签证，即"申根签证"，申请人一旦获得某个国家的签证，便可在签证有效期和停留期内在所有申根成员国内自由旅行，但从第二国开始，需在 3 天内到当地有关部门申报。目前欧洲共有 15 个国家加入"申根协定"，实施"申根签证"。"申根协定"为人员的自由流动扫清了障碍，大大地促进欧洲旅游业的发展，给欧盟经济发展和繁荣带来了新的机遇。然而，"申根签证"的实施需要实施国之间做出主权让渡，即需要放弃部分的边境控制主权，这是建立在平等基础上的一种政治信任。

广西北部湾有国家口岸 12 个、地方口岸 10 个，在边境口岸内使用护照时手续还比较复杂，仍要填写出入境卡和卫生检疫表，尽管使用微机查验护照已经加快了通关检查的速度，但人多时还是会显得慢。笔者认为，从本地区的实际情况来看，北部湾区域完全按照欧洲"申根签证"的做法可能很难行得通，或者说实施过程中还存在很大的障碍，但是，广西北部湾要争取中央给边境口岸对东盟游客实行类似深圳"72 小时便利签证"制度，使东南亚国家游客均可以通过"便利签证"进入广西。72 小时便利签证是中央为促进中国旅游业发展，从 1994 年开始在深圳首次推行的一项旅游优惠政策。"便利签证"方便用于出入境，免填入境卡，免交签证费，护照上免盖印章，口岸提供专用通道，足不出户即可办成申请手续。"便利签证"不同于落地签证，更类似于"互免签证"，一切手续在游客入境前已完成，可最大限度地缩短游客在过境通道的停留时间。通过传真、电话或其他方式到指定的旅行社报名组团即可办理"便利签证"手续，3 人以上即可出团。

随着中国—东盟博览会在南宁的举办，广西北部湾可以向国家有关部门申请给南宁、北海、凭祥、东兴等地国家一级口岸落地政策，同时在凭祥、东兴等中越边境旅游县（市）口岸实行更方便游客的出入境手续，特别为越南旅游者或经由广西进入后再次返回入境和经过越南进入广西的第三国旅游者提供便利签证。设立海上出入境一类口岸，把北海—越南下龙湾航线作为连接中国—东盟的东线大通道的重要内容，争取国家政策支持，与越南方面一道，将此航线中越双方的出入境口岸提升为一类口岸，从而促进广西与越南一级东盟多边旅游业的发展，[①] 并支持广西在境外主要旅游客源地设立旅游推介分支机构。

3. 边境旅游自由化

中越边境旅游发展已经迈开了步伐。"中越边境探秘游"、"中越跨国胡志明足迹之旅"目前已成为精品线路。中国与越南正筹划在两国边界设立一个"中越国际旅游合作区"，合作区设在广西崇左大新跨国瀑布景区、凭祥友谊关景区以及与之相邻的越南部分区域，合作区成功运作之后，中国游客赴越南部分地区旅游就不再需要办理旅行签证，甚至可以自驾车旅行；包括越南在内的东盟国家的游客亦可免签证进入合作区内中国一方游览参观。除了建设中越国际旅游合作区外，中国与东盟国家还将在东兴及北仑河口建立合作区域，在北部湾海域也将会有合作区域。合作区建成后，中国游客或可凭身份证进入越方区域游玩，而东盟游客亦可踏入中方景区，这对广大游客来说是相当具有吸引力的。

但是由于自贸区各国实行贸易自由化的进程不一样，从 2010 年开始，中国与东盟成员国（文莱、印尼、马来西亚、菲律宾、新加坡和泰国）建成自贸区，而中国和东盟新成员国（越南、老挝、柬埔寨和缅甸）至 2015 年方能实现贸易自由化，因此，广西应该充分利用这一时间差的优势，请求国家在边境旅游方面实施开放政策，将边境地区开发为区域性旅游集散中心。因为，当中越边境地区关税降至零关税以后，边境地区的地位和作用将会受到很大冲击，由于优惠政策的萎缩，边贸优势不再存在，到那时，中国与越南的旅游合作面临的是竞争大于合作的局面。

---

① 《广西与周边旅游市场对接的现状与对策研究》，转引自《广西改革发展研究——广西重大招标投标课题研究成果汇编（2005）》，广西人民出版社 2006 年版，第 79 页。

4. 第三方便利

第三方便利是比较切合北部湾边境旅游发展的一种手段。它以交通干线或经济走廊为平台，在交通干线或经济走廊所经国家之间，通过统一行动对外所采取的一种签证互认形式。协议国之间在该廊道区域内实行互免签证；第三国居民在获得该廊道所经一国签证后，就可以在通道所经国家一定范围内自由通行，如交通干线两边延伸 100 公里的范围（具体依各国协商而定）。① 当然，各国也可以通过协商将范围扩大到全国范围，即为上述"申根签证"形式。比如，到北部湾的欧洲或美国客人如果想去越南旅游，也应该能够享受这个便利政策，到了越南的欧美人想来中国也应该享受这个政策。实现第三方便利是北部湾旅游便利化的一种很好的途径。

（三）加快国际枢纽空港与海上旅游保障机制的建设

1. 加快南宁、北海等国际空港建设

目前南宁国际机场的枢纽地位正在形成，已开通到北京、上海、广州、深圳、昆明、成都、海南、南京、杭州、西安、沈阳、济南等国内 26 个主要机场的航线及香港、吉隆坡、河内等地区性及国际性航线。2009 年 1 月 4 日，南宁与万象、仰光、曼谷之间开通直航，这标志着南宁在建设区域性的交通枢纽方面有了实质性的进展。按照国家民航机场建设规划到 2020 年要把南宁国际机场建成面向东盟的门户枢纽机场的目标定位，近期按机场年旅客吞吐能力 500 万—600 万人次的要求，扩建南宁国际机场；远期按机场年旅客吞吐能力 1500 万—2000 万人次的要求，规划建设新的南宁国际机场，发展空港服务、空港物流、空港加工制造等产业。到那时，南宁国际机场将建成面向国际的区域性枢纽空港，其作用应该发挥得更大。

作为区域性的滨海旅游城市，北海进一步可以以包机方式开始，发展到一定程度，就像泰国普吉岛那样，引进像欧洲 LPU 公司那样的大公司做旅游包机，LPU 公司在欧洲分布有 6000 个营业网点，占据了欧洲

---

① 邓小海：《大湄公河次区域旅游便利化研究》，《北京第二外国语学院学报》2008 年第 3 期。

航空市场的半壁江山。这样旅行社可以进行一些市场细分：商务客人选择民航航班；而旅游客人不管是团队还是散客，都可以采取包机形式。选择包机旅游有许多好处：①快捷；②舒服；③经济；④安全。这对旅游客人是十分有吸引力的。而要将南宁与北海建设成为国际枢纽航空港并非易事，需要解决如何加大航班密度、如何开辟新的航线等一系列的问题。

2. 完善海上旅游保障机制

2006年3月，中国第一条跨国海上豪华游轮航线即北海至越南下龙湾的海上航线复航，目前广西已经开通了两条海上旅游航线，一条是北海—下龙湾，另一条是防城港—下龙湾，这两条航线是我国迄今为止最早开辟的跨国旅游海上航线。目前，广西正在加快与东盟主要客源国城市和港口城市合作，共同建设完善海上旅游大通道，将北海和防城港—下龙湾海上旅游航线延伸到越南岘港、胡志明市以及马来西亚、新加坡、印尼等主要旅游港口城市，形成"泛北"海上国际旅游航线。因此，建立一套完善的海上旅游保障机制，具体涉及海上旅游的跨境手续、交通标识、加油、汽车救援等一系列具体事项，还涉及安全保障问题。

巴厘岛爆炸、印度洋海啸等事件唤起了人们对公共危机的高度重视。由于中国与东盟国家的社会经济发展不同，旅游标准化没有建立起来，各国的旅游标识不规范，也阻碍了海上旅游便利化的展开。旅游是经济社会发展情势的晴雨表，旅游业是经济发展的先导产业，同时旅游业又是脆弱、敏感的，旅游安全是社会公共安全服务的重要对象，营造好安全友好的旅游环境、建立防范应对危机的应急反应机制，是政府能力建设的战略性命题。[1]

北部湾两国四方应集中力量，发挥各级政府的积极性，努力建立海上旅游救援机制：一是在构建覆盖北部湾海洋旅游目的地的12301旅游平台基础上，合作构建海上旅游安全信息专线与通报机制；二是结合国家公共安全资源与能力的战略配置，加强与专业化公共安全部门的互动

---

[1] 汪宇明：《旅游合作与区域创新》，科学出版社2009年版，第261—262页。

与合作，共建区域性安全救助服务；三是合作规范旅游安全标识系统建设，联合颁布实施《旅游安全管理办法》，建立海上旅游安全应急保障机制；四是联合推进区域性的旅游保险体系建设，完善旅行社责任保险制度，推进完善旅游保险险种和理赔机制。2004年广西防城港市旅游局与越南广宁省签署了《越南下龙湾至中国防城港高速客轮航线搜救合作协议》，双方已经建立海上搜救合作机制，对创建中越海上安全通道、加强边界海域的搜救合作、保障游客的安全将发挥重要作用。此外还要进一步扩展建立海上六国的保障机制，由于中越海上旅游涉及两国土地、军事、水利等问题，目前双方就合作区范围、规划和功能等正在磋商中，真正建立还需要通过一系列措施。

二 构建北部湾旅游合作政策平台

（一）"走出去"，加快双方的旅游投资

2009年，《中国—东盟自由贸易区投资协议》签订，协议明确提出要"促进东盟与中国之间投资流动，建立自由、便利、透明和竞争的投资体制"。在推进中国—东盟自由贸易区建设的进程中，"逐步实现东盟与中国的投资体制自由化；为一缔约方的投资者在另一缔约方境内投资创造有利条件；促进一缔约方和在其境内投资的投资者之间的互利合作；鼓励和促进缔约方之间的投资流动和缔约方之间投资相关事务的合作；提高投资规则的透明度以促进缔约方之间投资流动；以及为中国和东盟之间的投资提供保护"。《投资协议》对"投资便利化"提出了具体的要求：为各类投资创造必要环境；简化投资适用和批准的手续；促进包括投资规则、法规、政策和程序的投资信息的发布；并在各个东道方建立一站式投资中心，为商界提供包括便利营业执照和许可发放的支持与咨询服务等。服务贸易与投资便利化的如期实现，必然能够推进旅游要素跨界流动的便利化。

广西应认真研究《投资协议》相关政策，充分利用好这些政策，进一步实施"走出去"战略，推进中国—东盟自由区贸易自由化建设进程，扩大旅游合作与民族文化产业开发，全面发展广西与越南和东盟其他国家的旅游产业合作。《投资协议》的签订相当于给中国与东盟各国吃了一颗定心丸。刚刚结束的第六届中国—东盟博览会以《投资协议》的签署为契机，成功举办了 44 场投资推介会，展示了双方投资合作的巨大商机。博览会期间，共签约了 139 亿元的投资项目，其中，在签订的国际经济合作项目中，旅游业签约占总额的 35%，首次超过制造业，成为第六届东盟博览会的最大亮点。[①]

（二）大力推动金融创新

近几年，人民币的坚挺使中国入境旅游受到一定影响，但是从另一个角度来看，也使得中国出境旅游市场不断成熟。随着自贸区的建成，人民币在东盟区域化发展，对旅游业来说是一件好事。由于旅游者在旅行中经常需要兑换货币，既耗时费事，又增加了成本。自贸区建成以后，东盟国家实行以人民币进行结算，将为旅游者出游提供更多的便利。

旅游业与工业不同，工业企业要贷款，可以拿企业的资产来担保，工厂倒闭了，银行就拿企业抵押。可是旅游资源没法担保，因此，加强旅游项目建设银企合作，是一件既有利于破解旅游项目建设的资金瓶颈又有利于金融部门自身发展的大好事，具有战略意义与现实意义。从这个意义上看，广西北部湾经济区可以考虑组建一个旅游担保公司。虽然我国的中小企业信用担保公司还处于起步期，其运作机制、法律规范都不成熟，需要各相关部门积极引导，但近年来，湖南、浙江等许多地方政府针对中小企业成立中小企业信用担保公司，为中小企业提供贷款担保，已经有许多成功的经验。[②] 就北部湾地区而言，也可以请求国家制定北部湾区域旅游合作投资的特殊政策，包括鼓励私人投资，允许次区域合作的基础设施项目采用创意投资方式，如 BOT、BOOT、BTO 等模式，为旅游企业到周边国家进行旅游产业投资提供便利条件。

（三）旅游用地政策创新

在北部湾发展旅游业的大潮中，对旅游用地的需求十分迫切。比

---

① 邝伟楠：《博览会期间广西旅游业共签约 200 亿元投资项目》，《广西旅游在线》2009 年 10 月 27 日。

② 伍中信、曾繁英：《集群企业融资现状及政策需求分析》，《商业研究》2009 年第 10 期。

如，南北钦防各地的发展都将出现一批高端的旅游项目，如酒店群、高尔夫产业等娱乐项目，因此要正确处理土地利用与旅游用地之间的关系。综观国外土地利用的成功经验，在区域经济增长过程中，土地利用中适当加入旅游的因素有助于提高土地的附加值。当前，在旅游转型时期，郊外旅游成为都市居民休闲度假的一大选择，城郊旅游的发展激发郊外对旅游用地的需求，也带动了旅游房地产的开发模式。这种模式在20世纪90年代不仅在国内的著名旅游地深圳华侨城出现，而且在广西也开始出现。距南宁市12公里的九曲湾温泉旅游度假村，是依托温泉资源建设的一个集高尔夫球场、温泉度假区、房地产综合开发区、商业带、旅游休闲娱乐区等为一体的项目。该项目占地4平方公里，总建筑面积160万平方米，总投资约40亿元人民币。如果仅仅立足于原有的风景区，新的旅游用地项目就无法体现出来。①

为了解决北部湾旅游项目的土地需求，我们认为，首先，政府应将旅游用地纳入土地利用总体规划体系；其次，保障核心旅游区的旅游用地；再次，加快北部湾旅游地产模式的推广。当前国际上流行的旅游＋地产模式分为四类：第一类是旅游景点地产，主要是指在旅游区内为游客的旅游活动建造的各种观光、休闲、娱乐性质、非住宿型的建筑物及关联空间；第二类是旅游商务地产，主要指在旅游区内或旅游区旁边提供旅游服务的商店、餐馆、娱乐城等建筑物及关联空间；第三类是旅游度假地产，主要是指为游客或度假者提供的、直接用于旅游休闲度假居住的各种度假型的建筑物及关联空间，如旅游宾馆、度假村、产权酒店以及用于分时度假的时权酒店等；第四类是旅游住宅地产，主要是指与旅游区高度关联的各类住宅建筑物及关联空间。北部湾地区可以根据各自的实际情况，在政府宏观指导下，选择具有地方特色的旅游—地产发展模式，不仅便于在土地利用总体规划体系中纳入旅游用地计划，亦有益于提高土地资源利用质量。发展高尔夫产业不能违反土地总体利用规划，不能占一亩基本农田，要在国家政策允许的范围内适度发展。

① 章牧、李月兰：《土地利用总体规划修编中的旅游用地问题研究》，《社会科学家》2006年第7期。

（四）加强北部湾生态环境保护

"低碳旅游"是 2009 年哥本哈根全球气候会议上出现的一个响亮的声音，其核心是为保护旅游地的自然环境，要求减少二氧化碳排放，并最终为旅游地人文与自然环境的良性发展作出积极的贡献。"低碳旅游"从根本宗旨上看与旅游业可持续发展的一贯逻辑是相吻合的。旅游业的碳排放尽管在经济活动中只占到 5%—7%，但也呈现上升趋势，因此要大力提倡低碳旅游，从我们做起，从现在做起，从北部湾做起。

北部湾旅游业的发展，必然对大气环境、水环境、声环境、固体废物环境等方面产生一定的负面影响，可能会威胁到北部湾的生态环境。中国与东盟各国政府与企业应增强责任意识，充分发挥旅游产业优势，坚持绿色发展，自觉节能减排，主动减缓对气候变化的影响。可以采取以下五点措施：一要加强旅游资源保护，避免片面追求经济利益和短期回报，防止其他用途的开发利用影响旅游资源保护，加剧气候变化。二要科学开发利用旅游资源。旅游开发必须以保护生态环境和减缓气候变化为前提，鼓励探索有助于减缓气候变化的旅游开发方式。三是积极推动旅游企业节能减排。借鉴相关行业和国际经验，研究各类旅游企业排放指标，加快制定旅游业环保标准。四是大力推广新型能源。按照发展循环经济、低碳经济的要求，旅游企业要积极实施清洁生产，提高能源资源利用效率。大型景区和旅游目的地要立足使用清洁能源和可再生能源，大力推广环保型旅游车、电瓶车、太阳能车。乡村旅游目的地要积极利用推广沼气，风能资源好的地区要充分利用风能发电。旅游景区宾馆饭店要加强推行建筑节能技术，提倡自然采光采暖和利用新型能源。五是大力倡导文明旅游，积极引导旅游者自觉爱护和保护环境。[①] 海湾六国必须制定一系列环境行动纲领来保护共同的环境。在跨边界污染治理上加强国际合作，制定相应的海滨浴场水质的卫生标准。东盟合作协议很少直接涉及旅游业，但旅游业是北部湾环境政策最大的直接或间接受益者之一，各国应该把一半以上的经费用于改善旅游环境。

---

① 班若川：《积极开发利用气候资源主动减缓气候变化影响：国家旅游局发布〈关于旅游业应对气候变化问题的若干意见〉》，2008 年 11 月 3 日《中国旅游报》第 4 版。

三 打造北部湾旅游合作政策网络

北部湾区域旅游自由化并非一朝一夕可以实现的事情，它需要艰巨的跋涉与努力。对于北部湾来说，边境旅游开发堪称一个政策突破的试验场，在推进政策建设的过程中，认真回答以下问题是很有必要的：针对北部湾不同层级与规模的边界现状应确立何种整体政策视野来应对种种合作障碍？如果合作能够在一定条件下进行，又应如何在不同国家（包括行政区）间达成协调，实现政策优化组合？特别是如何坚持政策制定的前瞻性与连续性，既要加快合作进程，又要保证合作进程的可持续性？

有研究者提出以政策网络作为理解公共政策与政策环境之间相互关系的一种新的模式，并认为这一模式旨在突出政策执行者之间的相互依赖和相互交流，将政策环境置于互动的大背景下进行研究，足以使公共政策环境的研究更加深入。政策网络理论可以分为两个学派，一是政策网络为利益中介，二是政策网络为特殊的治理模式。利益中介学派认为政策网络是各种利益团体与国家关系形态的统称；治理学派认为政策网络是一种特定形态的治理，是当政治资源广泛分布于公共与私人部门时的政治资源动员机制。时至今日，政策网络虽然仍缺乏一个公认的清晰定义，可是这并没有阻碍政策网络的理论与方法在政策环境分析当中发挥作用，尤其是对于政治、社会或行政网络在相关政府政策中的互动的研究。[①] 政策网络是北部湾区域旅游合作支持系统的一个重要组成部分，缺乏政策保障、环境影响评价和保护计划以及专门人才教育和培训计划的旅游开发，将导致旅游开发中社会影响恶化、资源损毁、环境质量退化、经济衰退等不良后果，并最终影响旅游合作走向深入。实际上旅游开发规划的制定及其实施本身，就可看成是某种形式的旅游健康发展的政策保障。[②]

北部湾区域旅游合作的顺利开展要求各相关方以互利互惠的方式

---

① 陶学荣、崔运武：《公共政策分析》，华中科技大学出版社 2008 年版，第 110—113 页。
② 吴必虎：《地方旅游开发与管理》，科学出版社 2000 年版，第 100 页。

调整各自的旅游发展政策，加强相互的协调一致，而这也是相关各方从自身经济、政治等利益出发必须做出的选择。制度一体化是区域经济一体化的核心内容之一，为推进区域经济一体化，区域内各参与者必须达成某种形式的约定，以及为一体化制定明确的目标和阶段性建设方案，并且设置相应的行政机构展开立法和监督工作，这是区域经济一体化中制度性一体化的重要表现。政策网络的构建是一个制度建立和变迁的过程，是制度一体化进程中的重要推动力，从某种意义上说，政策网络成功构建与否将是北部湾区域旅游合作健康发展的重要变量。

北部湾区域旅游政策网络的构建应包括健全高效的合作政策体系与组织机构，建立明确的制度规则与审核监督机制，大力拓展合作内容，有序开放地推动合作过程，^① 其目标在于形成决策果断、运行顺畅、监督有力的合作局面。

（一）健全跨界旅游合作政策协调，建立高效的合作组织机构

政策网络的构建并非可以一次完成，而是一个政策制定与不断调整的过程。无论是建立还是变迁都将会给区域内部成员造成一定的影响甚至于损失，因此它需要健全的协调机制，尽可能消除内部成员的矛盾，缓和各内部成员的利益冲突，为政策合作的推进提供强有力的保障。尤其是对单边自由化的督促、协调机制，鼓励自觉的积极的督促，不至于因后进、怠惰或完全不做要求而产生"免费搭车"现象。同时，建立评审机制作为协调的手段之一，审核将根据行动议程的原则、目标和准则进行，对执行行动计划的进程进行评估。

此外，高效的组织机构是政策合作进行的强有力的组织保障。由于中国—东盟自由贸易区没有共同的权力机构和监督执行机构，在政策合作过程中往往出现政策实施不得力进而影响政策合作深化的情况。结合北部湾的情况可考虑成立北部湾区域旅游开发委员会，负责国内三省区的政策协调及与东盟诸国的政策沟通。具体有两种方案：一是

---

① 叶大凤、覃秀玉：《中国—东盟政策合作面临的难题及对策》，《开发研究》2009 年第 5 期。

设立隶属于中央政府的专门机构；二是形成中央与地方共同组建的联席会议制度，由广西、广东、海南三省区的地级市的市长和一位中央政府代表组成。比较来看，第二种方案更能体现中央政府的权威性，有利于中央与地方政府直接沟通，与东盟诸国及时协调。另外还应广开沟通渠道，如培育各种市场中介机构，开展多种形式的论坛、研讨会，进一步利用泛珠三角经济区首长联席会议、西南六省区市经济协调会、中国—东盟博览会等平台以及其他渠道，积极推动北部湾区域旅游合作机制的构建。

（二）建立明确的具有强制性的制度规则体系和审核监督机制

从制度层面上看，北部湾区域旅游合作至少应该包含以下几点：核心成员国的推进、强制制度约束的保证和完善、管理有效的组织体制、促进区域内旅游产业均衡发展的经济资助计划等。有效的政策合作就是建立明确完全的制度规则体系，而这通常以明确而完全具有强制性的制度建设的形式出现，正所谓有章可循方可顺利实施各项决议。除此之外，还需要建立起审核监督机制，审核和监督跨界旅游合作中各成员的行为是否符合规章制度，并对于其违规行为依照相关制度规定予以相应的处罚。

中国—东盟自由贸易区采取的是一种松散的组织模式，因此其法律不具有足够的强制性。但是在跨界旅游合作的过程中，如果没有强制性的法律机制，往往会使规则的实施效果大打折扣，因为跨界旅游合作的推进直接关系到各参与方经济利益的兑现，各参与方不会不在乎自身利益而去自觉遵守没有强制性的规则。因此，强制性的法律机制是使跨界旅游合作走向深化的必要机制，北部湾区域旅游合作应制定具有一定约束性的产业发展规范。《东盟宪章》是东盟成立以来第一份对所有成员国具有普遍法律约束力的文件，这一文件的签署是东盟在机制化和法制化建设上的重要举措，是建立东盟共同体的重要法律保障。但就北部湾区域旅游合作而言，它还是一份指导性文件，有关旅游合作的实施细则等政策措施还需进一步细化。

（三）拓展合作内容

政策网络的构建是在满足经济利益的前提基础上进行的，因此，必须提高区域内各参与方的经济发展水平，减少内部经济摩擦，为政策合作展开作好铺垫。北部湾区域旅游合作各参与方既有互补性，又有竞争性，应该注意挖掘其旅游要素的互补性而减少产业扩张的竞争性。因此，各参与方应树立整体视野，调整内部结构，追求整体竞争优势。目前北部湾区域旅游应加快产业结构的升级，努力挖掘和发挥各参与方的比较优势，构建区内统一市场，统筹区内外客源流向。

拓展合作内容是说北部湾区域旅游的发展要有一个跨国的战略性视野，这显然不是在边境地区搞赌博、色情这样简单的事情。墨西哥的滨海胜地坎昆在这方面给我们提供了宝贵的经验，作为发展中国家，要创造世界一流的旅游度假区，就要用高品位、高质量和高服务的品牌来赢得顾客的满意，而不是降低自己的档次来发展。总之，拓展不仅仅是创造一些原来没有的产品，还要在自主创新的基础上谋求更广阔的发展。北部湾的旅游产品需要从观光到休闲度假的转型，旅游城市要不断加快区域旅游集散中心的建设等。政策的突破不是很难的事，关键是政策的稳定。2005年，中国边境旅游一度叫停，就是政策随着形势的变化而变化的结果。所以政策的突破和政策的稳定是两个核心，但是政策网络的构建是逐步推进的，它预示了北部湾区域旅游合作的深化也是一个过程。

（四）有序开放地推动合作进程

政策网络的构建要考虑层次差异，由易到难，循序渐进。北部湾区域旅游合作各参与方政治经济发展不平衡，政策的制定应考虑各国旅游产业发展的实际差异，对落后地区给予一定程度的优惠与扶持，以利于提高整个区域旅游一体化的水平。在这一过程中，不可避免地会冲击到一些地区的产业，因此在推进跨界旅游合作的方法和步骤上应由易到难，循序渐进，寻求减少对各参与方的损害，只有这样才能推进区域旅游一体化的进程。

北部湾中国区内的广西、广东与海南应首先加强政策互通。中国片区的北部湾以广西为主导，但是北部湾的发展离不开广东与海南的支持。就广西旅游市场促销而言，东盟国家固然是重要的旅游客源市场，然而作为第一市场的开发和第一步的市场推进，目标应该指向和紧抓广东、香港和澳门，而不是舍近求远。加强两广的政府互信机制，深化"两广无障碍旅游区"的开发机制十分必要。2006年11月23日，两广旅游局首创"无障碍旅游工作联席会"，由于有了一个良好的合作机制，两广从2007年起整合旅游资源，联合推出"购在香港、娱在澳门、食在广东、游在广西"旅游品牌，统一向外界推出两广三条无障碍自驾车精品旅游线路，组织媒体和旅游企业进行互访，彼此共同包装，形成一个新的旅游平台，共同到国内外进行推介。

与东盟诸国的旅游合作可以先考虑成立中越跨国旅游合作协调机构。中越两国地理位置相连，人文资源相似，是北部湾跨国旅游合作天然的实验场，是中国与东盟旅游合作的重要对接区域和先行实验区。目前中越两国已经在线路合作、市场营销、人才培养方面进行了一些尝试，取得了显著的效果。比如，中国与越南正在共同建设国际合作区，广西正在积极推动赴越南旅游自由行及三天免签证，争取对在广西暂住人员实行在广西办证赴越南旅游。与以往团进团出的方式相比，自由行就不需要参团，按照双方规定的证件办好以后，可以任意选择出行的时间，真正实现了灵活、便捷。将来中国的游客甚至可以持身份证到越南旅游，越南的游客也可以到广西及周边更大的范围进行观光旅游，到那时，在中国与东盟间旅游犹如邻居"串门"将更加便利。

第三节　多方推进与跨界旅游合作重点突破

北部湾区域旅游合作诸多现实问题的解决，需要政府作为营造适宜的政策环境，更需要通过对北部湾现状的研究找出区域旅游跨界合作的瓶颈所在，并制订切实可行的解决方案。北部湾区域旅游合作应该从任何可能的环节寻求突破，但是抓住主要问题、寻求重点突破十分关键。北部湾区域旅游合作需要跨越不同层级的行政边界，需要确立广西北部湾经济区在面向东盟、对接华南与西南经济区旅游合作的战略地位，首先要解决的关键问题是交通对接、旅游线路整合、产业融合发展及区域旅游信息平台构建等。本节着重从技术层面探讨如何解决北部湾跨界旅游合作的现实问题。

一 交通互联，推进区域旅游交通的顺畅化

北部湾具有天然的区位优势，但目前这种地缘优势还没有转化为交通优势和市场优势，要进一步加强基础设施的建设，加快旅游交通的建设，推动旅游业的发展需从基础工作做起。

（一）北部湾旅游城市空间结构与交通格局

区域旅游空间分布特征研究通常用拓扑结构分析方法，以空间连结度、通达度、空间形态等指标来体现。[①]

1. 旅游城市空间结构特征

（1）连结度分析。连结度表示交通网络的发达程度，区域网络空间连结度的大小可以通过 α 指数、β 指数、γ 指数进行定量表达，我们采用 β 指数、γ 指数对北部湾旅游区的空间连结度加以度量。β 指数为区域空间网络中各结点之间的平均连线数目，是对网络连接性的度量。对于多节点的旅游区而言，连接不同旅游结点之间的交通线越多、等级越高，则连接性越高，旅游者往来各旅游景区点之间越方便。其计算公式为：$\beta = L/P$，式中：β 表示交通网的连结度；L 表示交通网中边的数量，即两节点间的直接连结数目；P 表示交通网中顶点的数量，即节点数。β 的取值一般处于 0—3 之间，在这个范围内，β 值越大，表明网络的连结度越好。

根据北部湾旅游资源空间分布网络图（图5—3），节点间的连接数目 $L = 45$，节点数 $P = 25$，$\beta = 1.87$。可见，北部湾旅游区交通网络的连结度属于中等水平，各景点之间的交通路线密度不大，运输路线的二级公路较多，一级公路数量有限，交通营运能力有待提高。

γ 指数也是用来反映一个区域网络中的连通发达程度的指标。具体的方法是度量网络内各节点之间连线的观察数和连线的最大限度数目的比率，公式为：$\gamma = L/(3(P-2))$，式中：L、P 的含义与 β 指数计算

[①] Stephen L J Smith：《旅游决策分析方法》，李天元、徐虹等译，南开大学出版社2006年版，第272—276页。

公式中相同。γ 指数的变化范围为 0—1，如果网络中无连线，即各节点毫不相连，则 γ 取下限 0；如果网络中每一节点都同其他点有连线，即网络最大连通时，γ 取上限 1（γ 指数大小与节点层次无关，故计算时不区别节点层次）。北部湾旅游区 γ 指数为 0.82，反映出各旅游点的连通水平较差，尚未形成较稠密的旅游网络，影响了北部湾旅游区整体旅游竞争力的提高。

图 5—3　广西北部湾旅游区网络空间模型

　　（2）通达度分析。通达度是衡量网络中节点间移动的难易程度，即由每个节点出发，到其他节点的通畅程度，表征旅游资源点之间联系的快捷性，通常用通达度指数来衡量。通达度指数是指网络中从一个顶点到其他所有顶点的最短路径的平均距离。其计算公式为：

$$A_i = \sum_{i=1}^{z} D_{ij} / n \qquad\qquad (5-1)$$

　　式中：A_i 表示顶点 i 在网络中的通达度指数；D_{ij} 表示顶点 i 到顶点 j 的最短距离；累计和表示顶点到所有顶点 i 的距离。明显的，A_i 值越小，则说明该点的通达度越高。

　　根据公式（5-1），计算出广西北部湾六大旅游城市通达度指数，六大城市均处于 100—200 公里左右，即若按每小时 100 公里汽车车速，则各城市与其他城市平均最短车程约为 1.5—2 小时，可见广西北部湾旅游城市群区域内部具有较好的通达性（见表 5—5）。

表 5—5　　　　　　广西北部湾旅游区六城市之间通达性分析

节点城市	南宁	北海	钦州	防城港	崇左	玉林
通达度指数（Km）	140.25	140.16	107.33	123.75	176.74	208.26

数据来源：通过地理信息系统 Mapinfo 软件直接在地图上测量确定，然后根据文中公式计算得出。

进一步进行实地调查，发现在南北钦防四城市之间所用时间在 1 小时左右，而北海至玉林、崇左至玉林大多超过 3 小时以上，这说明，本区六大城市之间的通达性还有一些路段相对欠佳，比如崇左—北海段、北海—玉林段、崇左—玉林段，交通状况还没有完全顺畅。

（3）空间形态分析。区域空间形态紧凑与否关系到区域组织旅游线路的方便程度。可以通过紧密指数来表示，公式为：$C = D / D'$。式中：C 为紧密度指数，表示区域形态紧凑程度；D 为与研究区域同面积圆的直径，D' 为研究区域中相离最远的两点之间的距离。一般的，$0 \leqslant C \leqslant 1$，当 C 值越高、越趋向于 1 时，区域越紧凑，当研究区为标准圆时，通达性最佳，此时 $C = 1$；当研究区域为直线时，通达性最差，此时 $C = 0$。根据上述，通过换算，求得与旅游区同面积圆的直径为 575.95 公里，通过 MapInfo 软件测定旅游区相离最远的两点距离为 290.63 公里，利用上述公式计算，得出北部湾六大旅游区的紧密性指数 $C = 0.74$，说明该旅游区的区域形态紧凑程度相对较高，为旅游区旅游交通建设，提高旅游区内旅游资源网络连结度、通达性提供了较好的基础。

通过对北部湾六大城市之间的空间连结度、通达性，以及空间形态等条件的分析，我们发现北部湾城市群具有一些明显的空间特征，即区域内六大城市的旅游紧密度较好，具有较好发展前景，是广西对接东南亚的桥头堡。而要发挥桥头堡的地位，就必须凝结好这一核心，才能从极化发展到泛化发展。

2. 旅游资源集聚效应

旅游资源的集聚效应反映旅游资源空间分布的集中与离散程度，有集聚型、随机型和均匀型三种空间分布态势，定量表示可采用最近邻指数（最近邻比），其公式为：

$$R = \frac{d}{0.487 \ \sqrt{a/n} + 0.127 a/n} \tag{5-2}$$

式中：R 为最近邻比，反映点状事物的空间分布性质，R < 1 表明点状事物有集中分布的趋势，R = 0 表示完全集中，即所有点集聚到一点；d 表示点状事物之间的平均距离，即每一点与其最近点之间的距离相加后除以的值；a 为研究区域的面积；n 为点状事物的数量。

吴必虎、唐子颖（2003）以中国首批国家 4A 级旅游区（点）为例对旅游吸引物空间结构进行了分析；[①] 但是，相对其他旅游发达地区来说，北部湾拥有国家 4A 级景区较少，因此，笔者以 1A 级旅游区（点）为例对北部湾旅游资源的集聚效应进行了分析。

北部湾旅游区内共有 1A 级景区 86 个，分布面积 a 为 4.25 万平方公里，86 个景区间的平均距离 d 约为 38.6 公里（具体计算过程省略），因此，北部湾旅游资源的 R 值为 0.274，集聚效应非常明显。北部湾旅游区空间分布呈高度集聚状态，有利于旅游线路的空间组织和形成综合竞争力。

从上面的分析，我们可以发现以下三点结论：①北部湾的旅游资源组合度较好；②空间形态紧密，适合旅游开发；③但是交通优势还没有发挥出来，尤其是一些著名景点旅游资源的旅游线路没有连接起来，其潜在的区位优势还没有转化为现实的产品优势，因此加强交通基础设施建设、优化交通网络布局是区域旅游合作的重要前提。

（二）广西北部湾交通格局的变化

至 2006 年底，广西在基础设施建设方面力度不断加强，交通格局发生了很大变化。其中：

---

① 吴必虎、唐子颖：《旅游吸引物空间结构分析——以中国首批国家 4A 级旅游区（点）为例》，《人文地理》2003 年第 1 期。

1. 公路方面

基本形成了以南宁、柳州、桂林、梧州为枢纽，国道、省道、县道为骨架，县乡公路为网络，干支结合，沟通周边邻省，连接沿海港口等四通八达的公路网络，至 2006 年底，广西公路总里程为 90318 公里，其中高速公路和一、二级公路里程分别为 1545 公里、705 公里和 6847 公里，二级以上公路占全区公路总里程的 10.1%。实现了西南出海大通道广西境内全线贯通，连接云南、贵州、湖南、广东以及通往越南的出省出边公路通道建设也取得了积极进展。

广西与周边省公路通道。2003 年以来，全州至黄沙河（桂湘交界处）、苍梧至郁南（桂粤交界处）、南宁至百色、百色至罗村口（桂滇交界处）、河池都安至南宁等出省出边高速公路先后通车，广西与周边省份公路通道建设步入了大规模快速发展期。

广西与东盟（越南）公路通道。广西通往越南的国际通道南宁至友谊关高速公路 2005 年底通车。南宁至友谊关高速公路是我国通往东盟的第一条高速公路，是通往越南乃至东南亚地区最便捷的陆路通道，是南宁—新加坡"一轴两翼"战略中一轴的端点之一，具有重要的战略地位。目前，通过南宁—友谊关高速公路、防城港—东兴一级公路和中越边境 725 公里沿边公路已经实现了与越南接壤的一类口岸通二级以上公路，二类口岸通三级以上公路，边境地区所有边贸点通四级以上公路，为多区域经济合作及促进广西对外开放起到了积极作用。

2. 水路方面

至 2006 年底，广西内河通行里程 5591.2 公里，其中等级通行道 3506.2 公里，占 62.7%。西江航运干线南宁至广州通航 1000 吨级船舶，沿海地区形成了以防城港、钦州、北海三港为主的北部湾港口群，已建成万吨级以上深水泊位 28 个，总吞吐能力 4120 万吨。并与世界 100 多个国家和地区建立了贸易往来，开辟了至港澳、东盟国家和我国沿海主要港口的集装箱航线和航班。此外，还开通了北海至越南海防、下龙湾，防城港至越南鸿基市等旅游航线。

3. 铁路方面

广西铁路以南宁铁路管理局的国营铁路为主体，有湘桂线、黔桂线、南昆、黎湛线等5条铁路干线，另有地方铁路公司下辖的来合线、桂海线等4条铁路线以及广西沿海铁路公司下辖的南防线、钦北线、黎钦线、钦港支线4条合资铁路，总营业里程2728.8公里。

4. 航空方面

至2006年底，全区共有民用和军用机场5个，其中南宁、桂林、北海机场为4D机场，开辟了国内航线100多条，通达国内40多个城市及越南、泰国、韩国、日本等国。南宁、桂林已经开通到北京、上海、广州、深圳、昆明、成都等国内26个主要城市和主要机场的航线及香港、吉隆坡、河内等地区性航线，南宁机场正在逐步成为国际性重要航空枢纽。

但是，从总体上说北部湾的旅游交通格局与其旅游资源的潜在优势仍然不匹配，也与其旅游产业发展前沿区的区位优势不相适应。这表现在以下几个方面。

（1）铁路运营不足。北部湾旅游交通的现状制约着北部湾旅游资源的开发，影响着北部湾旅游产业的形成。北部湾旅游交通没有形成区内外贯通的网络，仅靠广西自我发展，很难形成一定规模的旅游产业，从而影响旅游效益。

（2）公路等级不够完善。北部湾四大中心城市有高等级公路连接，交通比较通畅，但从中心城市到各县市旅游区（景点）的交通较落后。由于区内公路较差，山高路远，费时劳累，吸引不了境外游客到那里旅游，许多国外游客来到桂林后大多飞到外省去，不愿进"山"游览美景。

（3）机场需要扩建。广西国际航线太少，南宁、北海几乎没有国际航班，落后的国际航线在一定程度上影响了广西对外旅游业的拓展。另外近年开展的中越边境跨国旅游虽有一定进展，但是长期以来双方的旅游交通均属于低层次，发展空间有限，特别是从越南过境到广西的外国游客不多。

（三）北部湾的旅游交通建设与优化策略

1. 完善国内外区际交通网络，提高可进入性

航空：南宁、北海两个机场将全面升级。将南宁提升为面向东盟的

区域性国际枢纽航空港，北海将建成泛北部湾区域性国际旅游机场。增加北部湾国内、国际航线，提供旅游包机等航空服务，提升航空旅游服务质量。依托航空枢纽港构建面向东南亚的北部湾国际空中旅游廊道。

海路：构建广西（北海、钦州、防城港）—越南（海防、下龙湾、顺化、岘港）—海南（海口、洋浦、东方、三亚）—广西（北海、钦州、防城港）北部湾旅游圈内的海上金三角旅游廊道和泛北部湾地区国家间的海上游轮旅游廊道。建设北海、防城港、海口的国际客运港口，北海、三亚两个游轮母港，海口、湛江、钦州、洋浦、防城港等游轮码头，海口、北海、防城港、海防游艇基地，开通北部湾与中国其他沿海港口和东盟、东亚的海上游轮航线，建立完善的海上运输体系。

铁路和公路：依托南宁—河内铁路，加快南宁—友谊关—河内—金边—曼谷—吉隆坡—新加坡高速铁路建设，构建北部湾与东盟国家的跨国铁路运输大通道；依托南宁—友谊关高速公路，加快友谊关—河内—金边—曼谷—吉隆坡—新加坡高速公路建设，构建北部湾与东盟国家的公路大通道，这是一条跨国自驾车旅游线路，市场前景很大。

2. 北部湾的旅游交通必须与国内旅游线路相结合

依托航空枢纽港构建中国国内各主要城市及主要旅游热点地区的空中旅游廊道。

铁路：依托南昆铁路、黔桂线铁路、湘桂线铁路、南广铁路，加快南宁—广州、南宁—昆明等高速铁路和北海—南宁—柳州—桂林等城际高速铁路建设。形成北部湾至云南、北部湾至珠三角、北部湾至黔渝川、北部湾至湘楚（怀化、张家界方向，长沙方向）五个方向的跨区域铁路运输通道，形成5条跨区域的铁路运输通道。

强化南宁、湛江的铁路枢纽地位，增加北部湾地区与国内主要城市的旅客列车，加强旅游服务功能，增加软卧车厢，增开北京、上海、广州、重庆、成都、贵阳等大城市至北海、湛江和海口旅游专列，构建便捷的铁路运输体系。

公路：加快南宁至广州高速公路建设，构建北部湾与珠三角、港澳的公路大通道；完善西南出海大通道高速公路建设，构建与贵州、四川、重庆等地区的公路大通道；依托北海（钦州、防城港）—南宁—柳州—桂林高速公路、桂林—衡阳—长沙高速公路，构建与桂林、长沙等市和中南、华东等地区的公路大通道；形成4条跨区域的公路旅游大通道网络。

加快防城港—东兴—芒街—海防—河内高速公路、湛江—徐闻高速公路和琼州海峡跨海通道建设，构建北部湾滨海公路环线；依托南宁—友谊关高速公路、南宁—玉林高速公路，构建北部湾内陆的公路环线；形成滨海内陆两条北部湾内部的循环旅游线。将建设广西南宁至湛江、海口，至广州、福州，至衡阳、长沙，至贵阳、重庆、成都，至昆明，至友谊关，至东兴口岸7条高速通道，连接北部湾地区的防城、北海、钦州三个重要港口，以及友谊关、东兴等重要的公路口岸。支持广西北部湾经济区的出海、出边公路通道建设。

3. 构建南北钦防1小时旅游圈

广西沿海的北钦防三大城市，是构建1小时旅游圈的范围，区位衔接很好，目前正在建设的南宁至黎塘、钦州至北海、钦州至防城港3条高速铁路，将使南北钦防的旅行距离大大缩短。高铁建成后，南宁到北海只需50分钟，南宁到钦州25分钟，钦州到北海30多分钟、到防城港也只不过区区20分钟，意味着南北钦防四大城市将融为一体，而坐高速火车到邻市旅游如同乘坐"公交车"，真正构建一个同城旅游。

4. 加强南曼通道的贸易旅游通道建设

继续推进南宁—新加坡经济走廊的建设，作为南新走廊的一部分，"南宁—曼谷经济走廊"概念也横空出世。2009年夏，广西学者古小松经过13天的实地考察，发现南宁—曼谷通道（简称南曼通道）是一条区域经济发展轴，它以南宁、河内、万象（或金边）、曼谷等沿线大城市为依托，以铁路和公路为载体和纽带，形成优势互补、区域分工、联动开发、共同发展的跨国经济走廊，[①] 于是提出了"建设南宁—曼谷经济走廊，促进华南与中南半岛合作"的战略构想。据专家测算，南曼通

---

① 雷小华：《南宁—曼谷通道讨论会举行，开拓便捷通道促进交流》，2009年8月18日《广西日报》第4版。

道 1769 公里，比昆明—曼谷通道 1809 公里近 40 公里，并且比昆曼通道更具优势，从南宁到曼谷约 30 小时车程。南曼通道所经过的大都是平原地区，公路平坦、畅通，人车往来多，物产丰富（见图 5—4）。

图 5—4 南曼通道与昆曼通道

现在各国在积极行动，因此广西将面临又一新的发展机遇。特别是泰国已把中国—东盟的交流合作重点转往东北方向，泰国东北部—越南中部历史上就是中南半岛的文化交流枢纽，这有利于发展广西与泰国、老挝等国家的旅游业。尤其广西旅游业必须着力打造一条跨国的自驾车旅游通道，使东盟各国与中国的旅游合作更加深入。

5. 培育类型多样的旅游发展轴

以交通网络为轴线，培育不同等级、种类多样的旅游发展轴（极），具体见表 5—6 所示。

表 5—6　　　　　　　　　　北部湾旅游发展轴及其涉及范围

等级		旅游发展轴	直接涉及范围
一级	陆路	南宁—东兴—芒街—下龙湾—海防—河内 南宁—友谊关—谅山—下龙湾—海防—河内 南宁—东兴—下龙湾—河内—胡志明市—美拖—头顿—友谊关	南宁至越南的跨国公路 南宁至越南跨国铁路与公路 南宁至越南跨国铁路与公路
	海路	北海—下龙湾—海防—河内 防城港—下龙湾—海防—河内	茗花公主、明辉公主游轮 高速旅游观光客轮
二级		南宁—钦州—北海 南宁—防城港（东兴） 南宁—崇左 南宁—贵港—玉林	南北高速公路 南防高速公路 南百高速公路 南梧高速公路
三级		北钦防滨海旅游发展极 中越边关旅游发展极 民俗山水旅游发展极	北钦防所及区域 中越边境所涉及区域 南宁及上思县所涉及区域

二　线路优先，加快国际性旅游目的地的建设

交通建设的快速推进为打造北部湾旅游圈，以及将其建设成为国际性区域旅游促进中心提供了便利性和可能性。但要打造一个真正的国际性的区域旅游目的地，仅有交通对接远远不够，还需要在产品组合、突出精品、国际化等方面多下工夫，以推进北部湾双向旅游客源地与目的地的发展。

（一）整合资源，龙头带动

1. 加大精品建设力度，打造品牌旅游

北部湾的一些旅游产品在国内，甚至在世界上都很有优势。其中有中国—东盟博览会、北海银滩、德天跨国瀑布、花山崖画、海上丝绸之路等顶级旅游资源，资源品位一流，市场垄断性强。目前已经基本形成以观光旅游产品为基础、以中高端休闲度假产品为主体、以民俗文化特色旅游产品为支撑的现代旅游产业结构。要充分发挥观光资源的垄断性、独特性以及中国—东盟博览会的强大吸引力，重新布局北部湾旅游产业结构，提升北部湾旅游产品的品牌和竞争力。除了一般性旅游资源以外，北部湾还有独特的社会旅游资源，比如港口观光、工业旅游、农业旅游、游艇旅游等，对于这些资源，不能以传统的眼光来看待。在融

入世界旅游大潮流过程中，北部湾旅游产品竞争从国内扩展到国际，必须从国际旅游市场需求出发，策划和建设一批具有鲜明地域特色和民族文化内容的"山、海、边"精品旅游景区景点，科学包装并组合成精品旅游产品推向国内外市场；要高起点、高水平地融入现代科技的内容，不断提升北部湾旅游产品的文化品位和科技含量，通过旅游景区景点评级制度，努力打造具有世界等级的名牌旅游产品，不断提高北部湾旅游产品在国际旅游市场上的吸引力和竞争力。

因此，北部湾旅游要主动融入中心、纳入主流，谋求城市旅游和旅游城市群的协同发展。城市旅游的发展，最重要的一个问题就是如何把城市现有的特点充分挖掘出来。① 而随着城市旅游的发展，作为终极目的地的城市可根据自身的特色形成很多概念：园林城市、山水城市、生态城市等。广西北部湾旅游城市应有明确的分工，目前《北部湾旅游发展规划》已经完成编制，规划目标要把北部湾构造成"一核"、"两圈"、"四极"的空间格局，一核即北部湾旅游的核心发展区，包括广西的南宁、防城港、钦州、北海四市；两圈包括环北部湾旅游圈和泛北部湾旅游圈；四极依托广西北部湾经济区开放开发、海南国际旅游岛建设、粤港澳及泛珠合作发展、越南北部沿海经济圈发展，构建四个支撑极。将北部湾旅游发展规划具体化、产品化、市场化，以独特的资源打造一流的旅游产品，用北部湾旅游产品的独特个性吸引各地游客，用一流的旅游产品培育出国际一流的旅游品牌，通过一批大项目促进旅游目的地的建设。

北部湾的旅游资源可以组合的十大优势产品有：

海滨度假旅游产品：将北部湾开发成为滨海度假旅游的集聚区，这个集聚区是海洋旅游经济综合体，有海滩度假酒店群、沙滩排球、娱乐、度假、特种旅游等；

国际商务会展与节庆旅游产品：既有民俗特色，又有国际化的商务旅游；

中越边关探秘旅游产品：将中越边境开发成为集观光、边贸、购物、娱乐于一体的边境旅游集聚区；

---

① 魏小安：《城市旅游与旅游城市：另一种眼光看城市》，《旅游学刊》2001 年第 6 期。

海洋旅游产品：开发成为海洋旅游的集聚区，这个集聚区是海洋旅游经济综合体，有观光、度假、特种旅游、度假酒店群等；

民族风情与历史文化体验旅游产品；

高尔夫运动休闲度假旅游产品；

世界山水奇观旅游产品；

热带与亚热带农林生态旅游产品；

热带亚热带城市休闲旅游产品；

游轮游艇旅游产品。

2. 发挥龙头城市的带头作用

要打造好产品，广西北部湾应首先集中力量建设好南宁、北海国际性与区域性的旅游集散地，充分发挥南宁首善之区的龙头作用，以带动广西北部湾"一核"的整体发展。用南宁的交通枢纽和区域性国际化的城市功能拓展会展旅游和商务旅游，带动周边地区旅游产品的销售和产业发展；用北海所具有的世界级的海岛观光资源和休闲资源打造一流的休闲旅游产品，带动北部湾沿海滨海旅游产品的发展。南北联动并与桂林对接广西旅游大通道，将桂林的观光旅游向南拓展，实现广西旅游业向南扩展进军的目标。

南宁作为北部湾的旅游集散中心，要不断建设好城市旅游、提升品牌，应利用中国—东盟博览会永久举办地的优势，以会展商务旅游为重点，完善会展、商务旅游的硬件和软件环境，兴办各种会展业，开展各种中国与东盟政治、经济、文化交流合作活动，重点办好每一届中国—东盟博览会，打造东盟商都、生态绿城、民族文化品牌，构建由不同主题公园领衔的观光、娱乐型特色旅游产品。同时打造中国—东盟商务平台，使南宁成为购物天堂，成为中国—东盟政治经济文化交流平台。整合桂南的北海、钦州、防城港、崇左等地的边境和滨海旅游资源，使商务旅游与观光旅游相结合，使南宁成为既是广西的旅游目的地，又是广西旅游对接东南亚旅游的桥头堡，成为中国—东南亚重要的旅游集散中心。

北海市在完善满足大众游客消费的海滨观光度假地建设基础上，未来应向具有国际水准的海滨旅游度假地和北部湾滨海旅游核心城市方向发展，将北海市打造成为国际滨海旅游城市。

（二）突出特色，线路互动

1. 开通"泛北部湾海上国际旅游航线"

积极完善中越跨国海上精品线路北海、防城港至越南下龙湾的海上航线，并努力开辟远距离海上航线，如泛北部湾跨国游轮旅游线（广西—越南—泰国—马来西亚—新加坡—印度尼西亚），真正实现泛北部湾区域旅游合作战略，力争将北海打造成为"泛北部湾海上跨国旅游基地"。

2. 开通中国—东盟自驾车旅游线路

中国—东盟自驾车旅游线路是中国经广西进入越南全国，或经越南至柬埔寨和泰国等其他东盟国家，或者东盟国家进入广西并深入我国内地的自驾车旅游。其中南曼通道是一条非常好的自驾车旅游线路，是广西北部湾目前有望打造成的国际化的产品。随着近年来国内经济的快速发展、居民闲暇时间增多、国民休假制度的调整等一系列因素，自驾车旅游已经成为最受大众青睐的一种旅游形式。广西北部湾拥有开展自驾车旅游得天独厚的条件：

一是公路交通的迅速发展为自驾车旅游提供了便利。通县油路和通乡公路改造的全面完成在一定程度上改善了旅游景区的可进入性。

二是区内旅游资源分布广泛，除桂林、南宁、北海等地旅游景观久负盛名之外，在桂北、桂中、桂南等广大地区旅游资源大量分布，并且分布相对集中，容易构成观赏景观区。

三是特殊的区位价值。广西与东南亚、南亚这种地相接、山相连、水相通、人相往的状况，形成极大的区位优势，使广西成为边境旅游和民俗风情的最佳去处。

四是现已形成 3 条跨国旅游线路：南宁—凭祥—河内—万象—曼谷—吉隆坡—新加坡；南宁—凭祥—胡志明市—金边；南宁—东兴（芒街）—下龙湾—海防—宁平。

3. 完善"香港—广西—越南"跨国旅游路线

粤港澳、越南是广西北部湾的重点客源市场，因此，广西应加强与周边省区如广东、东盟国家的互动，使广西与香港、越南互为旅游客源地和目的地。广西凭借丰富的旅游资源不断吸引着更多的香港和越南游客来桂观光，而越南已成为广西第一大国际旅游客源市场。随着香港自由行对南宁等城市的开放以及中国—东盟自由贸易区建设的不断深入，广西赴两地旅游人数也在持续增长。目前，广西、香港、越南河内和广宁省已经成立"中越两国四方旅游营销联盟"，共同打造"香港—南宁—下龙湾—河内—香港"或"香港—河内—下龙湾—南宁—香港"跨国"一程多站式"旅游线路，并利用在世界各地举办的国际旅游展会等平台向全球市场共同推广，重点开辟欧美等地的远程旅游市场。

（三）海洋旅游，产业联动

北部湾海洋旅游潜力巨大，有关海洋旅游的项目建设日渐增多，除了前面提到的中越跨国海上航线的开发，一批高端的滨海旅游产品也逐渐明晰。北部湾建设湾区旅游，是创造湾区经济的重大举措，给中国海洋旅游甚至是南中国海开发提供了前所未有的发展机遇和国际合作平台，海洋旅游的开发将从岸边走向大洋深处。北部湾海洋旅游开发的重点包括六个方面，第一是海滨，主体产业为海滨加房地产；第二是滨海，重点是度假酒店；第三是海滩，重点是娱乐项目；第四是近海，主要是海上运动项目；第五是远海，概念是特种旅游；第六是大洋，包括探险、远洋游轮等。这将使北部湾海洋旅游实现从传统的滨海旅游到海洋旅游的转变，构筑立体式的海洋旅游产业格局。

（四）边境旅游，国家启动

中越边境旅游是北部湾的特色旅游产品，和滨海风光、民俗风情一起构成了北部湾的重要旅游品牌。中越两国山水相连的地理位置、历史悠久的人文风俗和共同发展旅游的愿望，使两国发展边境旅游的前景十分广阔。广西发展边境旅游有得天独厚的优势，防城港市、崇左市的五县市与越南的广宁、谅山、高平三省陆地接壤，防城港和北海市与越南的下龙市和海防市隔海相望，同属北部湾地区，异国情调、边境风情浓郁而神秘。所以，打造"中越边境探秘游"也成了中国西南地区的一条国际精品线路。

但是，目前边境旅游发展仍存在许多问题，比如边境旅游流量出多进少，而且各口岸的发展不平衡。中方游客多数去越南下龙湾、河内、胡志明市进行观光游览和商贸，人员来自全国各地；而越方游客入境以互市和一日游的占绝大多数，主要是边民，凭祥、东兴口岸发展较快，而其他的口岸旅游流量较小。由于边境地区大贸易取代了边境贸易，所以边境旅游有些萎缩的趋势。

1. 巩固与完善

巩固与完善边境游，其前提就是边境旅游便利化。便利化即交通畅通，旅游线路延长。因此完善中越旅游通道建设，将经南宁至越南同登、河内到下龙的旅游列车变成固定的国际铁路联运，并可以延伸从桂林始发经南宁；完善北海至越南下龙和防城港至越南下龙的两条海上旅游航线，争取将北海和防城港市提升为一类口岸；开通崇左到越南高平的旅游线路；与越南、海南合作，推出新的旅游产品——环北部湾旅游线路，把广西的两条海上航线延伸到越南中部和南部的顺化、岘港、胡志明市，是巩固与完善边境地区旅游的重要任务。

近几年越南旅游业发展很快，越南正在成为各国游客重要的亚洲旅游目的地，这部分旅游者以欧美、日本游客为主，他们将成为中越边境旅游的潜在客源市场，河内更是各国游客尤其是美国和法国游客追寻有关历史的必游之地。[①] 他们的旅游需求特点、方式与中越居民的边境旅游不尽相同，使得目前的边境旅游产品不能很好地满足第三国旅游者的需求。应在加大对广西边境旅游的宣传力度，谋求与越南进行跨国境旅游联合的同时，将北部湾边境地区的旅游产品作为一个整体向第三国进行营销，达到客源共享，互惠互利；并针对欧美游客旅游自主性较强的特点，设计旅游线路。

2. 规范与提升

泰国发展旅游的一个经验是注重以优质的旅游服务来赢得游客。[②] 中越边境游应该借鉴泰国的成功经验，规范市场运作，防止旅行社在低水平上进行竞争，加强国际旅游人才培训，提高服务质量，提供不同档次、不同内容的旅游服务。目前的中越边境经营管理比较混乱，不规范，已在一定程度上影响了广西旅游业的健康发展。这既是国家边境管理的问题，也有与国外的沟通配合问题。北部湾要主动请求国家旅游管

---

① ［澳］林赛·W. 特纳、［英］史蒂芬·F. 维特：《亚太旅游业发展预测（2007—2009）》，姚延波、王春峰译，中国旅游出版社 2007 年版，第 241 页。

② 李瑞霞：《近年来泰国旅游业稳定发展的原因》，《东南亚》2005 年第 2 期。

理部门给予大力支持，与越南方面一起探讨一揽子的、规范的、与国际接轨的、长效的中越旅游的经营管理模式和措施。

三 产业融合，寻求大旅游、大产业、大发展

如果说线路互动是打破行政区之间的藩篱来构建区域性的双向旅游目的地，那么产业融合则是通过打破产业之间的壁垒，利用相关产业的新技术、新资源等各种有价值的产业要素实现产业的转型升级，从而降低产业升级的运作成本，获取竞争优势。在区域旅游发展中，产业跨界融合的理念已经成为区域旅游业创新发展的有效途径。

（一）产业融合与区域创新

产业融合（Industry Convergence）是由于信息技术、高新技术及其产业作用于其他产业，使得两种或多种产业融为一体、逐步催生出新的产业属性的结果。它是产业发展过程中的一种创新手段或过程，即借助产业融合的渗透、延伸和重组等作用，形成具有竞争优势的新型业态，延伸产业价值链，增强产业竞争力。①

在这个浪潮的带动下，近年来旅游业已经显露出了"跨界"整合的迹象：新型业态不断涌现，如工业旅游、会展旅游、农业观光游、医疗旅游、教育旅游、房地产旅游；新型产业功能逐步显现，如旅游景区兼具影视文化基地，养老、医疗方式借助旅游产业框架得到升级；新型企业组织结构不断演进，如旅行社集会议组织、咨询、人力资源管理、展览策划于一身，旅游系统集成商逐步出现，双边性质的旅游组织不断诞生。运用产业融合的理念和模式于旅游产业中，实际上是将产业融合视为区域旅游合作的一种创新手段和取得区域集聚竞争优势的路径。

2009 年末国务院《关于加快发展旅游业的意见》和《关于进一步促进广西社会经济发展的若干意见》的出台，提出"大力推进旅游与文化、体育、农业、工业、林业、商业、水利、地质、海洋、环保、气象等相关产业和行业的融合发展"；两个文件都体现了产业交融与促进地方经济发展的关系，用融合发展的观点来统领各个产业的发展、协调各

---

① 王慧敏：《都市旅游集成竞争优势》，上海社会科学院出版社 2007 年版，第 162 页。

个产业的关系，既是对旅游业功能与地位的新认识，也是发展理念的创新。产业融合是深化北部湾跨界旅游合作的重要发展方向之一，区域内各产业的相互融合，大工业、大农业、大港口、大商贸、大文化、大旅游的多产业联动，不仅有利于构筑北部湾新兴旅游产业体系，进一步提升各区域旅游业之间以及旅游业与其他产业之间的融合度，也有利于加快区域经济合作步伐，使区域经济实现和谐共进和整体性突破。

（二）构建北部湾新兴旅游产业体系

建立新型的产业体系是北部湾在新一轮发展中面临的重要课题。产业升级与结构调整是经济发展的必然趋势，而由此带来的就业矛盾又是政府不堪承受的沉重负担，这种"囚徒困境"是区域经济发展无法回避的难题。在构筑北部湾新型产业体系的过程中，对主导产业的选择和培育不仅要考虑产业高级化的经济效益，同时也要考虑产业的社会效应、文化效应和生态效应。综合考虑北部湾的实际情况，构建北部湾旅游产业体系应重点培育下述旅游新兴产业。

1. 会展产业

发展以国际化、专业化、投资贸易型为主的会展商务旅游业。南宁、博鳌、北海、海口、玉林、越南河内等应培育成区域性的会展商务城市，进一步形成南宁与海口—博鳌两大会展商务集群。

2. 文化休闲娱乐业

文化资源在北部湾是重要资源、优势资源。应引进区内外各种文化娱乐形式，形成参与性强、类型齐全、管理规范、文化档次高、服务功能完善的文化休闲娱乐体系。一是树立特色文化品牌，打造一批体现少数民族风情和地域特色的精品项目，举办一批具有鲜明北部湾文化特色、能够产生国际效应的系列大型节庆活动；二是建设文化休闲设施，建设一批具有度假休闲和旅游功能、不同规模的博物馆、艺术馆、演艺厅和其他各类文化设施，建设一批文化厚重、个性突出、风情浓郁的旅游城市和旅游休闲小镇；三是打造一批高水平文娱康体项目，开发综合性舞台演出娱乐节目，丰富夜间娱乐产品。

3. 景区业

全面提升发展水平，打造一批在区域有影响力的龙头景区，壮大景区经济。培育北海银滩、涠洲岛等老旧景区形成有特色的龙头精品景区；依托核心观光资源，建设一批在中越两国具有较强竞争力、有较大知名度的大型景区。建设高规格大型旅游度假区，形成滨海度假、生态养生、温泉疗养、乡村养老等多样化、特色化和规模化的度假产业集群。遵循滨海旅游目的地演化规律，推动观光、住宿、房地产集成发展，拉长产业链。合理安排海滩海岸线、酒店集群、房地产的分层次有步骤建设，实现观光、住宿、房地产"三驾马车"的健康有序发展。建设一批高尔夫项目，发展新兴高尚运动产业；建立开放的新型旅游区发展模式，打造一批经济型国民休闲基地，引导大众休闲产业发展。

4. 海洋旅游产业

全方位开发滨海游、海上游、海底游、远洋旅游、海岛游等海洋旅游活动，把海洋旅游资源开发与陆地旅游资源开发紧密结合起来，推动海陆旅游资源互补、产业互动、布局互联。

5. 旅游农业

大力发展田园观光、农事体验、农艺学习、农家旅馆、水果采摘等乡村旅游产品，推动形成一批国家级农业旅游示范点。建设一批民族村寨型、特色观光农业型和环城度假体验型等乡村旅游示范项目。发展海南西岸热带农业旅游，逐步推进农业旅游由单纯观光向度假和观光结合，建成主题文化旅游村、农业主题公园、现代农业园区、旅游农业基地。

6. 旅游商品与购物服务业

积极推进北部湾特色旅游商品开发，培育和壮大旅游商品生产基地，建立和完善旅游商品销售网络，延长旅游商品生产销售产业链条，实现产业化、专业化和特色化发展。一是推进旅游产品研发。安排旅游产品开发专项经费，支持旅游商品新产品的开发；举办"北部湾旅游商品设计大赛"和"北部湾旅游商品交易会"。二是遴选并打造北部湾特色旅游商品，形成风味食品、特色工艺品与纪念品系列。三是建立北部湾旅游商品生产基地，推进一村一品计划。四是建设城镇特色商业街区、边贸市场、专业超市、旅游景区购物场所、旅游商品加工销售园区、乡村购物点、酒店的配套购物点、交通集散区的购物场所八类购物场所和网点。五是重点打造、提升和推广南宁、海口旅游商品交易中心，在北海筹建环北部湾旅游商品交易中心。

7. 旅游住宿业

建立与北部湾旅游发展相适应的住宿接待体系。一是依托旅游区开发规划建设特色酒店集群。配合滨海旅游度假区建设，形成度假酒店、产权酒店、分时度假酒店集聚区；配合山地度假区建设，形成度假酒店群落；配合旅游中心城市和大项目建设，形成商务酒店群；配合观光和散客的快速发展，提升经济型酒店；配合自驾车旅游线路建设，形成汽车旅馆（营地）网络；配合社会主义新农村建设和乡村旅游，形成各具特色的乡村旅馆群落。二是挖掘地域文化规划建设系列主题酒店。依托跨国文化、民族文化、海洋文化、民俗文化等不同类型特色文化，在重点旅游区建设各类文化主题酒店。三是引入国际著名酒店品牌、推进高档酒店品牌化，以高档拉动中低端酒店提档升级、推进经济型酒店连锁化，以客源结构的多元化推动其他酒店的特色化。四是推进节能减排，创建绿色饭店。

8. 旅游房地产业

发挥区域生态宜居特色，大力发展旅游地产、景观地产、第二居所、产权酒店、分时度假地产等旅游地产业。一是结合城市建设发展，将休闲度假与旅游房地产结合，形成新兴的房地产开发区。二是结合休闲度假区、旅游区的建设，形成休闲度假旅游地产区。三是结合小城镇建设，根据当地特色，打造系列旅游文化休闲度假主题小镇。四是创新旅游房地产开发经营模式，鼓励扶持大型企业进行综合开发，通过与旅游业嫁接，建立旅游综合体。五是定期举办国际（中国）旅游房地产博览会、推介会、展示交易会等。

9. 旅游餐饮业

深度开发北部湾地方饮食文化，着力打造系列餐饮节庆，大力培育北部湾餐饮品牌，建设多元化、满足多层次的餐饮体系，形成强大的餐饮旅游吸引力。一是挖掘北部湾地方特色餐饮；开发桂菜、琼菜、粤菜以及东盟各国特色餐饮，培育黎、苗、壮、京等少数民族特色文化餐饮。二是逐步建立餐饮服务集聚区，将特色餐饮作为吸引物，在南宁、海口、三亚等中心旅游城市和旅游集散地，建设若干条风味特色街区，形成一批上规模、有档次、特色鲜明、相对固定的餐饮服务集聚区。三是大力培育精品餐饮节庆，策划"南宁·东南亚国际旅游美食节"等主题鲜明的大型美食文化节；各地市结合地方传统节庆和特色饮食文化，举办各具特色的餐饮文化活动，整体打造北部湾"美食天堂"的饮食品牌。

10. 养老旅游业

一是大力发展滨海休闲度假，形成以观光、休闲、疗养和地产为一体的度假产业带，吸引北方气候地区老年群体在北部湾候鸟式居住。二是应对老龄化需求发展一批养老养生特色村镇，引进并完善医院、疗养院等配套建设。三是逐渐形成主题化养老养生品牌，提升养老旅游吸引力。四是营造良好老年旅游休闲和养老居住环境，提高交通住宿舒适度，延缓线路设计与行程安排，建立一套规范化的服务体系。五是提高老年旅游专业化程度，采用灵活的促销手段，开发潜在老年旅游市场。

11. 旅游康体保健业

发展集健身运动、疗养保健、养生养老为一体的健康旅游产业链，打造东方康体疗养胜地。一是发展帆船、冲浪、潜水、游泳等水上运动和排球、足球等各类海滨沙滩运动，形成海洋体育旅游产业集群。二是大力发展高尔夫健身游、汽车拉力、水上竞赛、野外拓展、攀岩探险等健身康体旅游产品，形成现代体育旅游产业集群。三是推进温泉疗养专项旅游产品的开发，培育形成大规模温泉疗养集聚区。四是发展深度疗养、美容减肥、心理健康等现代疗养保健产业链。五是推出面向国际市场和国内高端市场的康乐养生休闲一体化产品，推进疗养业与餐饮业、休闲业、观光体验等融合发展。

12. 旅游知识服务业

一是打造一批专业人才培育教育基地，形成立足北部湾、辐射中越两国、输送东南亚地区的旅游人才教育基地，创建若干个专业化的旅游创新研发基地。二是构筑覆盖面广、快速便捷的北部湾旅游信息高速公路和旅游宣传促销网络体系。三是加强和提升旅游产业管理人员和从业人员的专业水平，将北部湾培育成为中越两国未来旅游知识服务业的示范先导区和产业集聚区。

（三）北部湾旅游产业融合的具体策略

1. 树立"大旅游、大产业、大发展"的开发思路

旅游产业综合性强，覆盖面广，从整个地区和城市的综合发展、整

体规划的角度来组织和发展旅游是十分必要的。凡是开发旅游业的地方，旅游部门都应参与管理，加强协调，产业结构的调整和改组也要考虑旅游业在其中的渗透功能。只有明确旅游在城市发展中的积极作用，把旅游当做城市的一项基本职能，融旅游开发于城市建设中，才能真正体现出"大旅游"、"大产业"的理念，才能为开拓产业融合的新思路创造良好的宏观环境。

2. 在"大旅游"的理念指导下建立新型的综合开发机制

北部湾已经逐步发挥基层和部门的积极性，但旅游业需要的是跨行业、跨部门的协调和对话，具体可以从产业联动、市场推广联动等方面来统筹协调。

产业融合最直接的外在表现就在于"行业联动"发展，应立足于国民经济和社会发展的全局，加强旅游和相关产业的融合，将相关产业潜在的旅游资源优势转化为现实的旅游经济发展优势，拉长产业链，做大旅游产业群。

市场推广联动是壮大旅游企业的有效途径。具体可以采取以下措施：城市领导充当旅游宣传大使；启动旅游宣传"旅游大篷车"赴全国各地、海内外重要城市促销，散发资料；召开旅游发布会，签订协议，走一路，宣传一路，开拓市场，招徕客流，让更多的人了解北部湾；采取多媒体网络促销战略，形象生动地展示广西北部湾的风土人情和民风民俗；在客源地进行旅游宣传，展示广西北部湾旅游城市的灯箱广告，利用通关口岸进行旅游宣传等。

四 信息连通，以知识网络构建信息共享平台

（一）知识网络在跨界旅游合作中的作用①

旅游信息交流是开展旅游合作的基础，旅游客源地与目的地之间信息不对称，制约着区域旅游合作的深度与可持续发展。随着北部湾上升为国家战略地位，中国—东盟自由贸易区的建立以及国家的多重优惠政

---

① Pechlaner Harald, Abfalter Dagmar Raich, Frieda, "Cross-Border Destination Management Systems in the Alpine Region – The Role of Knowledge Networks on the Example of AlpNet," *Journal of Quality Assurance in Hospitality & Tourism*, vol. 3, No. 3, 2002.

策正式实施，广西及周边地区与东盟各国旅游目的地市场逐步开放，这一跨界目的地旅游业管理和市场营销发生了深刻变化。特别是管理和旅游目的地市场营销已经从传统的竞争走向合作，原来的一些限制得以消除，这必然需要构建一个跨界旅游合作信息和交流共享平台，以方便目的地的管理和市场营销。

21 世纪以来，基于知识网络的企业发展战略思想得到了充分体现和应用。[①] 知识网络在跨界旅游合作中的重要性主要体现在：①有助于灵活地应对市场需求；②培育新的核心竞争力；③补充有限资源；④使消费者满意（Skyrme，1999）。因此，要创造一个学习型的网络，为跨界旅游合作市场营销提供信息和交流的平台。

广西北部湾在构建跨界信息平台方面还有许多限制，比如，中国与东盟旅游信息交流合作机制没有建立。至今，东盟十国均已成为中国公民自费出境旅游目的地（ADS），中国还与越南、老挝、缅甸、柬埔寨、泰国、新加坡、菲律宾、印尼等国分别签署了政府旅游合作协议或旅游合作谅解备忘录，但是，还没有专门的机构负责旅游对话合作。中国和东盟旅游信息官方交流合作是以其他形式进行的。[②]

信息渠道不畅，对自贸区市场缺乏了解。就中方来讲，中国对东盟国家的研究大多集中在少数几个较发达的东盟成员国，对一些落后国家，信息资源相对较为缺乏。就整个自贸区来说，信息资源及数据库的建立也较为滞后，不能提供全面的信息咨询服务，从而导致企业对整个自贸区市场情况缺乏了解，加大了自贸区旅游合作扩展的难度。目前，除了与越南有一些合作交流外，与其他东盟国家的旅游信息交流还没有开展起来，这就造成双方互不了解对方的旅游资源、运作方式、旅游市场、发展政策。因此，合作首先要从旅游信息交流合作做起，尽快与东盟国家建立起顺畅的旅游信息交流通道，及时把双方需要了解的信息、合作意向传达给对方。

① Malhotra Y, *Knowledge management and virtual organizations*, London：Idea Group Publishing，2000，p. 112.

② 章远新：《大湄公河次区域经济合作与广西》，电子科技大学出版社 2006 年版，第 280 页。

（二）网络化：跨界合作的重要途径

1. 旅游信息互联平台的构建

构建北部湾跨界区域信息网络平台。这一网络平台包括北部湾两国四方，中国与东盟十国所组成的旅游组织与管理机构、旅游企业（包括旅行社、饭店、旅游车船公司等）相关成员，通过两条途径来实现：一是双向或多边交流，即就跨界旅游目的地的发展政策或重大事项，由有关地方政府或行政机关进行相互通报、交流和磋商；二是信息公开，即通过网络、传媒和各种信息渠道定期、规范、详尽地发布本地旅游经济信息，接受公众监督、查询、了解、分析和评价。信息交互机制的构建对于跨界旅游目的地的营销整合意义重大，有利于联动表现区域旅游资源的多样性和互补特色，形成对客源市场更为强大的旅游吸引力；有利于推广各地域单元鲜明的联合旅游形象，树立旅游区域品牌，并在主要旅游客源市场中形成强大的推广力；有利于各方在旅游产品营销上实行套餐组合、捆绑销售战略，而不是各自为政、抢夺市场，从而拓宽整个区域的市场空间；有利于各方在互信的基础上通过设置旅游税等方式来加大联合促销的投入，从而有效地调动各地区参与联合促销的积极性，建立区域性旅游营销网络，实现客源共享和目的地营销成本的节约。①

建立中国—东盟的旅游合作信息交流网站，重点是建设"中国—东盟旅游信息网"电子商务网站，请求国家旅游局帮助沟通东盟各国政府旅游部门，以求得他们的支持，在南宁建设"中国—东盟旅游信息网"电子商务网站，并将其办成永不落幕的南宁"中国—东盟旅游交易会"，包括建设南宁游客到访中心和多语种的旅游官方网站。

中国—东盟旅游信息网的建立，对区外将统一宣传中国、东盟的整体旅游形象，向世界统一促销区内的旅游产品；对区内将有利于中国、东南亚国家政府官员尽快了解旅游业发生的事件、最新旅游动态，以便相互沟通，采取共同行动；有利于游客全面了解区内旅游产品，方面游客选择旅游线路，解决旅游中出现的吃、住、行、游、购、玩等问题。

---

① 王凯：《跨界旅游目的地整合发展研究》，博士论文，华东师范大学，2007 年，第 95页。

建设好广西北部湾与周边地区和国家的旅游合作平台，既可促进广西北部湾旅游业的发展，也将大大有利于确立广西北部湾旅游业的国内国际地位。

2. 加强网络化宣传促销

（1）采取"走出去，请进来"的多元化促销方式。"走出去"，就是组织广西的旅游宣传队伍如旅游大篷车到次区域、南亚国家进行促销宣传；"请进来"就是请相关国家的宣传队伍到广西北部湾考察宣传，如请该国的旅行商及媒体集中来广西专题考察旅游线路、旅游风情，让他们身临其境，让他们回去以后就能现身说法、更多地宣传广西北部湾。同时制定优惠政策，鼓励他们在广西设立旅游办事处或代理处。

（2）开办旅游电视频道。旅游产品及服务具有虚拟性和直观性的特点，而电视的直观性有助于大众更好地了解旅游景区及其配套设施。电视是旅游营销的重要渠道，也是营造旅游氛围的主要工具。因此，广西要成为旅游大省和旅游强省必须建立旅游电视频道，播出广西及东盟的旅游信息。利用广播电视的品牌优势和宣传平台，宣传广西和东盟国家的旅游资源和旅游线路，并与区内旅游企业进行密切合作，以大型活动直接推动旅游产业发展。

（3）设立旅游电台。电台是一种传播媒体，电台的特点是时效性，而大部分旅游线路和旅游资讯的发布也最需要"时效性"。由于电台发出的讯号是通过收音机接收，所以受众的范围具有一定的特殊性，主要的受众有经常开车的朋友或者学生、工作较忙的人士等，所以设立旅游电台是对于这部分受众的一种特殊的宣传形式。

2008年由广西旅游局和自治区外宣办通过中国国际广播电台在全球播出的"美在广西"知识竞赛特别节目，受到世界各地听众和网民的热烈响应，收到了良好的对外宣传效果，让国外听众更好地了解了广西、认识了广西。

（4）旅游刊物。创建旅游刊物是宣传广西、提高广西旅游资源知名度的手段之一，是建立广西旅游业对内、对外交流与发展的新窗口。广西北部湾旅游资源丰富，要有效利用资源优势，并使其转化为产业优势、经济优势，还有许多条件需要创造。其中旅游刊物的作用就体现在信息的转化上，旅游信息资源的开发和利用使旅游资源能够合理配置、充分开发利用，这对广西旅游业来说是十分重要的。

（三）知识创新，加强人才队伍的建设

知识网络平台的构建，可以使地方知识在目的地受到尊重，促进跨界知识可持续发展，从而形成知识带或跨界地方精神。但是，在构建跨界合作平台过程中，跨界人才培养是必不可少的前提和条件。

1. 构建高级旅游人才培训基地和人力资源专家库

这支队伍可为北部湾区域旅游合作近中远期规划拟定可行性报告，进行旅游市场的评估、预测、诊断、监测。可以以广西大学、桂林旅游高等专科学校等为依托，建立高级旅游人才培训基地。对基层和中高层旅游管理者、旅游从业者给予培训，主要对他们进行专业知识、管理知识、国际合作基本知识、运作方法和语言交流能力的强化训练，使之适应开展对外旅游合作的需要。同时建立定期与越南及东盟国家旅游人才培训会晤制度，互通情况，及时协商解决合作中出现的问题。

2. 制定北部湾旅游人才资源战略规划

从总体上说，北部湾旅游行业仍缺乏既懂外语又熟悉业务、具有创新能力的综合素质较高的中高级复合型管理人才和各类专业技术人员，特别是酒店管理、旅游管理和策划等运营管理类高级人才，东盟小语种导游、具有较丰富国际会展经验的高级会展策划组织、外语等紧缺人才更是远远不能满足北部湾旅游业的发展需要。因此，建议成立北部湾综合性大学，尽快对人才匮乏的现状制定具有针对性的人才培养规划。

3. 加强国际旅游人才交流与合作

借助GMS人才队伍的培养机制，加强以东盟国家为重点的国际旅游人才交流与合作，构建与东盟旅游人才交流合作平台。利用"中国—东盟人才资源开发与合作广西基地"、"广西东盟语种旅游人才培训基地"、"广西旅游人才基地"，同时吸引东盟有实力、有品牌的知名教育培训机构落户广西，为广西及东盟国家培养不同岗位的旅游管理人员，努力把培养基地打造成为立足广西、面向东盟的北部湾国际旅游人才新高地。

结　语

　　区域旅游合作发生于一定地域范围，作为一个有机整体，各地域单元所特有的资源条件及其内在潜力相互关联，其旅游活动的开展必然存在着彼此接合的可能，尤其是拥有目标大体一致的发展需求。因此，从整体的角度来研究区域旅游合作的限制与突破不仅是必要的，也是可行的。本书旨在研究各种制约因素所形成的区域边界及其转化规律，从而探究突破边界障碍、实现区域旅游合作可持续发展的根本途径。通过对北部湾区域旅游合作较为系统的理论和实证研究，本书初步形成了一些可供讨论的认识。

　　其一，北部湾区域不同于一般性区域，它是国家、省级和市级边界交错其间的特殊区域，不同规模与类型的边界导致了各地域单元在旅游发展政策上的不平衡，以及发展目标和利益诉求的差异。这些因素在一定程度上是不可协调的，用区域经济学等单一学科的理论与方法并不能有效解决影响发展的根本问题。从边界效应出发旨在切入北部湾跨界旅游合作问题的症结所在，北部湾区域旅游合作是一项复杂的系统工程，寻求跨界合作并非把各区域单元的旅游经济活动简单相加，而要充分考虑各参与方政治、经济与文化要素的有机联系。以边界为切入点，研究北部湾区域旅游合作的创新发展，其目的在于关注边界效应作用下区域旅游合作空间结构的变迁轨迹。

　　其二，北部湾区域旅游合作依然缺乏行之有效的合作机制，粗放的合作方式导致了区域旅游产业形象模糊不清，区位优势也还有待于转化成交通优势。所谓屏蔽效应正是区域政策的限制、经济发展水平的错位、民族文化的多元分化等不利因素对区域旅游合作发展形成的迟滞作用。而中介效应乃是在认识北部湾区域旅游合作所面临问题的基础上，寻求转化和突破的动力，包括改善国内外政治关系、拓宽各地域单元的经济文化联系通道，从而推进旅游合作向纵深发展；集聚效应则是寻求区域发展主导要素包括资源优势、区位便利、政策推动、市场调节等的重组，促使"中心"和"边缘"的空间结构重新调整布局，在边界区域培育新的旅游产业增长极。

其三，北部湾区域旅游合作定量分析是对上述定性分析的必要补充。研究发现区域旅游合作对加快中国北部湾片区的广西、广东与海南入境旅游发展效果是明显的，行政区边界对区域旅游合作（或一体化趋势）存在一定的阻碍作用，从而影响了跨界区域旅游一体化的发展速度。从动态的角度看，三省区之间的边界效应并非一成不变，在1998—2003年、2004—2008年两个时间段，广西和广东之间的边界效应始终存在，且呈上升趋势；广西与海南之间的边界效应逐渐减弱，广东与海南之间的边界效应不显著，并且广西与广东的边界效应增大的速度明显高于广西和海南之间的边界效应增大的速度。

通过对广西与越南旅游合作的边界效应分析，发现一国GDP（人均GDP）、地理距离、国家边界是影响旅游入境的主要因素，虚拟变量（国家边界）的估计值为2.915577，说明广西与越南旅游合作存在显著的边界效应，国家边界相当于客源国与目的地国家之间的"距离"。从入境旅游对解释变量的影响来看，我们应该注重宏观经济控制，尽可能消减"边界"，不仅是制度边界、经济边界，还有文化与地理距离边界。

其四，北部湾区域旅游合作的跨越式发展应进一步强化的工作包括：多层治理与跨界旅游合作运行机制的建设；立法保障与跨界旅游合作政策网络的形成；多方推进与跨界旅游合作重点突破的结合。由于不同层级的边界形态具有不同的空间属性，因此北部湾区域旅游合作创新的重点应进行针对性的区分。其中，跨国合作应重在克服边界障碍的合作机制建构；跨省合作应着重强调要素整合与利益协调；而跨市（县）旅游合作应强化对各行为主体的利益协调与管理调控（见表6—1）。

表 6—1　　　　　　　　北部湾区域旅游合作发展模式

类型	限制因素	依托平台	建构重点	发展路径
跨国	政治、经济、文化差异	中国自由贸易区、泛北部湾合作组织、中越两廊一圈	跨国旅游合作机制构建	开放边境、免签政策,交通对接,共建国际旅游区,联合培养人才队伍
跨省	资源争夺、形象分割、市场屏蔽	国家旅游局与区(省)政府的紧密伙伴关系	旅游要素整合	客源互送、线路互联,共塑品牌,共编旅游规划,联合营销,打造无障碍旅游区
跨市(县)	重复建设突出、旅游企业无序竞争	旅游城市局长联盟	利益协调与管理	发挥市(县)级政府管理职能,明确分工,优化旅游空间结构

　　北部湾区域旅游合作的问题十分复杂,且变化万端,笔者个人对北部湾的认知难免以偏概全,所提出的解决问题的办法更可能是隔靴搔痒。但是个人始终认为,作为一种应用型研究,北部湾区域旅游合作创新研究是一个持续性的过程,正确的认知须形成于实践与认识的不断往返之间。至少以下几个方面的问题是有待于在后续研究中进一步探讨的：

　　(1)北部湾不同利益主体间的利益分配机制。利益协调是区域旅游合作的根本目标。针对不同范围和层级的跨界合作,涉及的利益主体不同,利益协调机制的具体运作也应该有所区别。各利益主体之间的相互关系、利益要求的具体内容、利益分享的实现途径等,需要在现有研究的基础上做出差异化的深入探讨。进一步的研究工作可以针对除地方政府、旅游企业等之外的更多利益相关者展开,如社区居民、来自不同行政区的旅游者的利益诉求对于旅游合作的影响等。此外,从利益相关者角度研究区域旅游合作中制度安排的差异及其原因也有一定价值。

　　(2)探讨综合型的边界效应测定方法。本书运用的区域旅游边界效应的度量方法,主要涉及距离、资源、文化等影响要素在入境旅游方面的体现。但是影响边界效应的因素很多,如政治、经济、文化、社会制度、发展阶段等,且不同阶段的主导因素往往又存在一定的差异性,本书只采纳行政区、旅游资源、国家边界、地理距离等变量，对回归结果的稳定性可能有一定影响，因此进一步深入探讨政治、经济、社会、文化的内在联系或相互作用机理，并在此基础上增加控制变量、建立综合测度边界效应的模型是今后研究的方向。

（3）加强区域旅游合作的动态监测。北部湾区域旅游合作是一个动态、渐进的过程。区域旅游合作发展所面临的障碍在其不同的发展阶段也会呈现出不同的特征，其合作机制的建立和完善不可能一蹴而就。即使在合作关系形成以后，竞争也有可能再成为区域旅游发展的主流，合作各方还应从战略的高度对区域旅游合作的进程进行积极、有效的引导和调控。一方面，必须更加关注法律和组织等带有强制性约束机制的建构，以此来维护市场在北部湾旅游运行发展中的基础性作用；另一方面，还应进一步强调各种契约规则的实施过程及其对合作利益主体行为的动态监测，以保障合作行为的有效性，促进旅游合作潜力转化为现实成果。

参考文献

中文部分

[1] 广西北部湾经济区规划建设管理委员会：《〈广西北部湾经济区发展规划〉解读》，广西人民出版社 2008 年版。

[2] 韩康等：《北部湾新区：中国经济增长第四极》，中国财政经济出版社 2007 年版。

[3] 广西北部湾经济区规划建设管理委员会：《开放开发的北部湾》，广西人民出版社 2006 年版。

[4] 冯学钢：《欧盟一体化及其对中国"长三角"地区旅游业联动发展的启示》，《世界经济研究》2004 年第 4 期。

[5] 中国商务部欧洲司中国驻欧盟使团经商参处：《欧盟商务政策指南》，清华大学出版社 2006 年版。

[6] 欧共体官方出版局：《欧共体基础法》，苏明忠译，国际文化出版公司 1992 年版。

[7] 刘书安、黄耀丽、李凡等：《大珠三角区域旅游合作的演化探讨》，《桂林旅游高等专科学校学报》2008 年第 2 期。

[8] 陈广汉：《港澳珠三角区域经济整合与制度创新》，社会科学文献出版社 2008 年版。

[9] 戴斌：《在更加开放的制度安排中促进区域旅游合作——解读 CEPA〈补充协议四〉》，2007 年 7 月 2 日《中国旅游报》。

[10] 董观志：《粤港澳大旅游区发展模式创新研究》，《旅游学刊》

2004 年第 4 期。

　　[11] 陈爱宣：《长三角区域旅游合作的障碍与对策》，《经济纵横》2007 年第 5 期。

　　[12] 何小东：《中国区域旅游合作研究——以中部地区为例》，博士学位论文，华东师范大学，2008 年。

　　[13] 葛立成、聂献忠：《区域旅游合作：理论分析与案例研究》，社会科学文献出版社 2009 年版。

　　[14] 李铁立：《边界效应与跨边界次区域经济合作研究》，中国金融出版社 2005 年版。

　　[15] 李丽光、何兴元、李秀珍：《景观边界影响域研究进展》，《应用生态》2006 年第 5 期。

　　[16] 郭荣朝：《省际边缘区城镇化研究》，中国社会科学出版社 2006 年版。

　　[17] 陈钊：《行政边界区域刍议》，《人文地理》1996 年第 4 期。

　　[18] 张广瑞：《中国边境旅游发展的战略选择》，经济管理出版社 1997 年版。

　　[19] 田穗生、罗辉、曾伟：《中国行政区划概论》，北京大学出版社 2005 年版。

　　[20] 邵沙平：《国际法》，中国人民大学出版社 2007 年版。

　　[21] 刘君德等：《中国政区地理》，科学出版社 2007 年版。

　　[22] 魏小安：《旅游强国之路——中国旅游产业政策体系研究》，中国旅游出版社 2003 年版。

　　[23] 王铮：《地理科学导论》，高等教育出版社 1993 年版。

　　[24] 庞中英：《权力与财富：全球化下的经济民族主义与国际关系》，山东人民出版社 2002 年版。

　　[25]［美］利昂·G. 希夫曼、莱斯利·L. 卡纽克：《消费者行为学》，江林译，中国人民大学出版社 2007 年版。

　　[26]［澳］赖辛格、托纳：《旅游跨文化行为研究》，朱路平译，南开大学出版社 2004 年版。

　　[27]［英］格雷厄姆·汤姆逊：《全球化有限制吗？——国际贸易、

资本流动及其边界》，袁银传、蔡红艳编译，《马克思主义与现实》2005年第 1 期。

［28］陈秀山、张可云：《区域经济理论》，商务印书馆 2005 年版。

［29］章远新：《大湄公河次区域经济合作与广西》，电子科技大学出版社 2006 年版。

［30］谢玉华：《市场化进程中的地方保护研究》，湖南大学出版社 2006 年版。

［31］冯云廷：《区域经济学》，东北财经大学出版社 2006 年版。

［32］［美］吉尔伯特·菲特、古姆·里斯：《美国经济史》，司徒淳译，辽宁人民出版社 1981 年版。

［33］李忠尚：《软科学大辞典》，辽宁人民出版社 1989 年版。

［34］侯晓丽：《边缘地区区域过程与发展模式研究》，中国市场出版社 2007 年版。

［35］蒋涤非：《城市形态活力论》，东南大学出版社 2007 年版。

［36］［丹麦］扬·盖尔：《交往与空间》，何人可译，中国建筑工业出版社 1992 年版。

［37］魏小安：《旅游业态创新与新商机》，中国旅游出版社 2009 年版。

［38］邓冰、俞曦、吴必虎：《旅游产业的集聚及其影响因素初探》，《桂林旅游高等专科学校学报》2004 年第 6 期。

［39］张丽君等：《地缘经济时代》，中央民族大学出版社 2006 年版。

［40］周中坚：《北部湾经济区构想》，《改革与战略》1991 年第 3 期。

［41］陈杰：《错位经济：解读广西经济发展》，中国商务出版社 2003 年版。

［42］古小松：《泛北部湾合作发展报告（2007）》，社会科学文献出版社 2007 年版。

［43］广西生产力学会主编：《港纳四海，有容乃大》，广西人民出版社 2008 年版。

［44］梁继超、阳国亮：《泛北部湾旅游合作的整体战略构想》，《广西经济管理干部学院学报》2008 年第 1 期。

［45］徐杰舜：《族群与族群文化》，黑龙江人民出版社 2006 年版。

［46］王雪芳、廖国一：《环北部湾经济圈的区域旅游合作研究》，《改革与战略》2007 年第 5 期。

［47］胡均民：《"软实力"的提升与环北部湾（广西）区域的发展》，中央民族大学出版社 2007 年版。

［48］陈听正：《跨世纪的形象产业》，广西旅游局（内部出版物），1999 年。

［49］陈沧：《中越边境旅游的互动研究》，《产业与科技论坛》2008 年第 4 期。

［50］张丽君：《毗邻中外边境城市功能互动研究》，中国经济出版社 2006 年版。

［51］刘永佶主编：《民族经济》第四辑，中央民族大学出版社 2009 年版。

［52］袁珈玲：《广西迈向旅游强省之路》，电子科技大学出版社 2006 年版。

［53］刘永佶：《中国少数民族经济发展研究》，中央民族大学出版社 2006 年版。

［54］张晨：《长三角区域旅游合作机制研究》，博士学位论文，上海社会科学院出版社 2006 年版。

［55］陆善勇、郭旭：《广西北部湾经济区发展现状以及面临的机遇和挑战》，《东南亚纵横》2009 年第 1 期。

［56］赵明龙：《试论广西旅游交通对旅游业的制约及其对策》，《桂林旅游高等专科学校学报》2000 年第 2 期。

［57］魏小安：《旅游目的地发展实证分析》，中国旅游出版社 2002 年版。

［58］黄方方：《论"首位城市"建设》，《改革与战略》2009 年第 1 期。

［59］王雪芳：《环北部湾经济圈的区域旅游合作研究》，《改革与战

略》2007 年第 5 期。

［60］朱静：《我国区域旅游合作中的政府间博弈》，《经济管理》2007 年第 13 期。

［61］古小松、龙裕伟：《泛北部湾合作发展报告（2008）》，社会科学文献出版社 2008 年版。

［62］保继刚、徐红罡、Alan A. Lew：《社区旅游与边境旅游》，中国旅游出版社 2006 年版。

［63］宋晓天：《广西抓住多区域合作新兴机遇对策研究》，广西民族出版社 2008 年版。

［64］周建新：《中越中老跨境民族及其族群关系》，民族出版社 2002 年版。

［65］李红：《边境经济：中国与东盟合作的切入点》，澳门学者同盟 2008 年版。

［66］潘琦：《广西环北部湾文化研究》，广西民族出版社 2006 年版。

［67］韦复生：《旅游跨文化交流行为的分析方法》，中国经济出版社 2005 年版。

［68］本书课题组：《防城越族情况调查》，广西民族事务委员会编印，1954 年。

［69］汤建中：《边界效应与跨国界经济合作的地域模式——以东亚地区为例》，《人文地理》2002 年第 2 期。

［70］黎鹏：《区域经济协同发展研究》，经济管理出版社 2003 年版。

［71］赵和曼：《中越旅游合作的现状与前景》，《东南亚》2002 年第 2 期。

［72］万辅彬：《中越两国建立"两廊一圈"可行性研究主报告》，中国商务出版社 2006 年版。

［73］靳诚、徐菁、陆玉麒：《长三角区域旅游合作演化动力机制探讨》，《旅游学刊》2006 年第 12 期。

［74］姜鑫、罗佳：《从区位理论到增长极和产业集群理论的演进研

究》，《山东经济》2009 年第 1 期。

［75］厉无畏、王玉梅：《价值链的分解与整合——提升企业竞争力的战略措施》，《经济管理》2001 年第 3 期。

［76］冯卫红：《旅游产业集聚的动因分析》，《经济问题》2009 年第 7 期。

［77］袁莉、田定湘、刘艳：《旅游产业的聚集效应分析》，《湖南社会科学》2003 年第 3 期。

［78］［美］迈克·波特：《国家竞争优势》，华夏出版社 2002 年版。

［79］侯晓丽：《边缘地区区域过程与发展模式研究》，中国市场出版社 2007 年版。

［80］聂献忠、张捷、刘泽华等：《我国主题旅游集群的成长及其空间特征研究》，《人文地理》2005 年第 5 期。

［81］黄向、梁明珠：《区域带状极核型主题旅游产业集群培育——以广东恩平旅游经济走廊为例》，《经济地理》2007 年第 6 期。

［82］魏小安、周鸿德、周小丁：《天下旅游看四川》，成都时代出版社 2008 年版。

［83］［英］马歇尔：《经济学原理》，商务印书馆 1997 年版。

［84］本书编写组：《京族简史》，广东人民出版社 1984 年版。

［85］余益中、刘士林、廖明君等：《广西北部湾经济区文化发展研究》，广西人民出版社 2009 年版。

［86］范丽萍：《广西环北部湾地区少数民族对越南经济交往：防城港市个案研究》，《东南亚纵横》2007 年第 9 期。

［87］崔新建：《文化认同及其根源》，《北京师范大学学报（社会科学版)》2004 年第 4 期。

［88］郑杭生：《社会学概论新修》，中国人民大学出版社 2003 年版。

［89］潘琦：《环北部湾文化研究》，广西人民出版社 2008 年版。

［90］陈树荣、王爱民：《隐性跨界冲突及其协调机制研究——以珠江三角洲地区为例》，《现代城市研究》2009 年第 4 期。

［91］赵子荣：《崛起的江平》，广西民族出版社 1994 年版。

［92］李秋洪、李培主编:《潮头此处观澎湃——防城港市创建 10 周年媒体文章选》,广西人民出版社 2003 年版。

［93］吴其付:《民族旅游与文化认同——以羌族为个案》,《贵州民族研究》2009 年第 3 期。

［94］蓝武芳:《海洋文化的重要非物质文化遗产——京族哈节的调查报告》,《民间文化论坛》2006 年第 3 期。

［95］李建平:《泛北部湾文化参与中国—东盟区域经济合作的意义与途径》,《沿海企业与科技》2007 年第 3 期。

［96］廖国一、王雪芳:《环北部湾经济圈少数民族文化的开发与保护》,《广西民族研究》2007 年第 3 期。

［97］廖国一:《东兴京族海洋文化资源开发》,《西南民族大学学报》2005 年第 1 期。

［98］文军、李星群:《中国京族聚集地旅游业可持续发展研究》,《广西民族研究》2007 年第 2 期。

［99］周建新:《中越中老跨国民族及其族群关系研究》,民族出版社 2002 年版。

［100］周建新、吕俊彪:《传统文化与跨国民族的社会转型——以广西东兴市尾村京族为例》,《广西民族研究》2006 年第 4 期。

［101］［美］哈利·W. 理查森:《区域经济学概论》,李俊译,海潮出版社 1990 年版。

［102］张凌云:《旅游地引力模型研究的回顾与前瞻》,《地理研究》1989 年第 1 期。

［103］保继刚、楚义芳:《旅游地理学》,高等教育出版社 1999 年版。

［104］郭为:《入境旅游:基于引力模型的实证研究》,《旅游学刊》2007 年第 3 期。

［105］［美］罗伯特·J. 巴罗、萨拉伊马丁:《经济增长》,何晖等译,中国社会科学出版社 2000 年版。

［106］杨哲昆、李澄怡等:《海南旅游报告书,海南旅游发展:分析、评估与对策》,海南出版社 2006 年版。

［107］魏翔：《旅游经济数量分析计量方法》，南开大学出版社 2009 年版。

［108］赵永亮、徐勇：《国内贸易与区际边界效应：保护与偏好》，《管理世界》2007 年第 9 期。

［109］俞可平：《治理与善治》，社会科学文献出版社 2000 年版。

［110］孙兵：《区域协调组织与区域治理》，上海人民出版社 2007 年版。

［111］汪宇明：《旅游合作与区域创新》，科学出版社 2009 年版。

［112］汪宇明：《近十年来中国城市行政区划格局的变动与影响》，《经济地理》2008 年第 2 期。

［113］熊元斌：《旅游业、政府主导与公共营销》，武汉大学出版社 2008 年版。

［114］王惠敏：《都市旅游集成竞争优势》，上海社会科学出版社 2007 年版。

［115］厉无畏：《产业融合与产业创新》，《上海管理科学》2002 年第 4 期。

［116］陈泽群：《北部湾：大旅游带动大发展》，《城市问题》2002 年第 2 期。

［117］魏小安：《多彩贵州，多姿发展》，贵州人民出版社 2007 年版。

［118］孙洁、冯学钢：《欧盟旅游业一体化发展的框架与策略》，《北京第二外国语学院学报》2000 年第 3 期。

［119］宋才发、杨富斌：《旅游法教程》，知识产权出版社 2006 年版。

［120］张广瑞、刘德谦：《2008 年中国旅游发展分析与预测》，社会科学文献出版社 2008 年版。

［121］石峡、程成：《中国—东盟自由贸易区旅游一体化建设的基本对策》，《商场现代化》2007 年第 8 期。

［122］杨森林、多纳尔·A. 迪宁：《欧盟旅游业的政策基础及目标》，《旅游学刊》1995 年第 5 期。

［123］广西改革发展研究编委会：《广西改革发展研究——广西重大招标投标课题研究成果汇编（2005）》，广西人民出版社2008年版。

［124］钟高峥：《湘鄂渝黔边旅游产业集成研究》，电子科技大学出版社2009年版。

［125］中国旅游研究院：《2008年中国旅游经济运行分析与2009年发展预测》，中国旅游出版社2009年版。

［126］邓小海：《大湄公河次区域旅游便利化研究》，《北京第二外国语学院学报》2008年第3期。

［127］伍中信、曾繁英：《集群企业融资现状及政策需求分析》，《商业研究》2009年第10期。

［128］谢丽霜：《民族地区农村金融与经济协调发展研究》，中国经济出版社2008年版。

［129］中国经济体制改革委员会、中国经济体制改革杂志社：《广西北部湾经济区体制改革与创新研究报告》，华文出版社2009年版。

［130］黄爱莲：《BOT模式在广西北部湾旅游交通建设的应用》，《价格月刊》2009年第4期。

［131］黄爱莲：《新休假制度与南宁市环城游憩行为分析》，《广西社会科学》2010年第1期。

［132］章牧、李月兰：《土地利用总体规划修编中的旅游用地问题研究》，《社会科学家》2006年第7期。

［133］陶学荣、崔运武：《公共政策分析》，华中科技大学出版社2008年版。

［134］吴必虎：《地方旅游开发与管理》，科学出版社2000年版。

［135］吴必虎：《区域旅游规划原理》，中国旅游出版社2001年版。

［136］聂献忠：《区域旅游业空间集聚：以长三角地区为例》，社会科学文献出版社2009年版。

［137］叶大凤、覃秀玉：《中国—东盟政策合作面临的难题及对策》，《开发研究》2009年第5期。

［138］Stephen L J Smith：《旅游决策分析方法》，李天元、徐虹等

译，南开大学出版社 2006 年版。

［139］吴必虎、唐子颖：《旅游吸引物空间结构分析——以中国首批国家 4A 级旅游区（点）为例》，《人文地理》2003 年第 1 期。

［140］翁瑾、杨开忠：《旅游空间结构的理论与应用》，新华出版社 2005 年版。

［141］魏小安：《城市旅游与旅游城市：另一种眼光看城市》，《旅游学刊》2001 年第 6 期。

［142］宋子千：《对区域旅游合作研究几个基本问题的讨论》，《旅游学刊》2008 年第 6 期。

［143］［澳］林赛·W. 特纳、［英］史蒂芬·F. 维特、姚延波：《亚太旅游业发展预测（2007—2009）》，王春峰译，中国旅游出版社 2007 年版。

［144］李瑞霞：《近年来泰国旅游业稳定发展的原因》，《东南亚》2005 年第 2 期。

［145］王凯：《跨界旅游目的地整合研究》，博士论文，华东师范大学，2007 年。

［146］马耀峰、李天顺等：《中国入境旅游研究》，科学出版社 1999 年版。

［147］梁雪松：《区域旅游合作开发战略研究：以丝绸之路区域为例》，科学出版社 2009 年版。

［148］王昆欣：《区域合作：旅游业转型和创新的平台——第 12 届全国区域旅游开发学术研讨会》，中国旅游出版社 2008 年版。

［149］李水凤：《全球化背景下泛东南亚国际旅游合作与发展》，云南民族出版社 2007 年版。

［150］温艳玲、施溆筠等：《环图们江成长三角旅游合作构想》，延边大学出版社 2006 年版。

英文部分

［151］Dallen J. Timothy, *Tourism and Political Boundarie*, London：Routledge，2001.

[152] Hawkins. F. D, "A protected areas ecotourism competitive cluster approach to catalyze biodiversity conservation and economic growth in Bulgaria," *Journal of Sustainable Tourism*, 2004, (3): 219—244.

[153] Hazledine, T, "Border effects for domestic and international Canadian passenger air travel," *Journal of Air Transport Management*, 2009, (15): 7—13.

[154] Ravi Ravinder, *Cross-National Tourism Collaboration in Asia. In Janet Cochrane. Asia Tourism: Growth and Chang*, London: Elseiver, 2008. 13—25.

[155] Pechlaner Harald, Abfalter Dagmar Raich, Frieda. "Cross-Border Destination Management Systems in the Alpine Region-The Role of Knowledge Networks on the Example of AlpNet," *Journal of Quality Assurance in Hospitality & Tourism*, 2002, 3 (3): 89—107.

[156] Malhotra, Y. *Knowledge management and virtual organizations*, London: Idea Group Publishing, 2000.

[157] Young Lena, "Public-Private Sector Cooperation: Enhancing Tourism Competitiv-eness," *Annals of Tourism Reasearch*, 2002, 29 (2): 573—574.

[158] Bramwell Bill, Angela Sharman, "Collaboration in Local Tourism Policy Making," *Annals of Tourism Reasearch*, 1999, 26 (2): 392—415.

[159] Tazim B. Jamal, Donald Getz, "Collaboration Theory and Community Tourism Planning," *Annals of Tourism Reasearch*, 1995, 22 (1): 186—204.

[160] The Secretary of the World Tourism Organism, *Co-operation and Partnerships in Tourism: A Global Perspective*, Spain, Madrid: World Tourism Ognization, 2003.

[161] Lisam Campbell, "Ecotourism in Rural Developing Communities," *Annals of Tourism Research*, 1999, 26 (3): 534—553.

[162] Matthew J Walpole, Harold J Goodwin, "Local Economic Impacts of Dragon Tourism in Indonesia," *Annals of Tourism Research*, 2000, 27

(3): 559—576.

[163] Ross E Mitchell, Donald G Reid, "Community Integration Island Tourism in Peru," *Annals of Tourism Research*, 2001, 28 (1): 113—139.

[164] Sanjay K Nepal, "Tourism in Protected Areas: Nepalese Himalaya," *Annals of Tourism Research*, 2000, 27 (3): 661—681.

[165] Dallen J. Timothy, "Supranationalist Alliances and Tourism: Insights from ASEAN and SAARC," *Current Issues in Tourism*, 2003, 6 (3): 250—265.

[166] Smithe. G, "Implication for the North American Free Trade Agreement for the us tourism industry," *Tourism Management*, 1994, (15): 323—326.

[167] Dallen J. Timothy, "Cross-border partnership in tourism resource management: International parks along the US-Canada border," *Journal of Sustainable Tourism*, 1999, 7 (3/4): 182—205.

[168] Cevat Tosun, Dallen J. Timothy and Apostolos Parpairis, "Cross-Border Cooperation in Tourism Marketing Growth Strategies," *Journal of Travel & Tourism Marketing*, 2005, 18 (1): 5—23.

[169] Rhodri Thomos and Marcjanna Augustyn, *Tourism in the New Europe: Perspecitives on SME policies and practices*, London: Elsevier Science, 2006.

[170] Derek Hall. Melanie Smith . *Barbara Marciszwoska. Tourism in the New Europe: the Challenges and the opportunities of EU Enlargement*, Bethesda. Md, Lexisnexis Academic & Library solutions, 2007.

[171] Pechlaner Harald, Abfalter Dagmar Raich, Frieda, "Cross-Border Destination Management Systems in the Alpine Region-The Role of Knowledge Networks on the Example of AlpNet," *Journal of Quality Assurance in Hospitality &Tourism*, 2002, (3): 89—107.

[172] Hawkins. F. D. A, "Protected areas ecotourism competitive cluster approach to catalyze biodiversity conservation and economic growth in Bulgaria," *Journal of Sustainable Tourism*, 2004, 12, (3): 219—244.

参考文献

241

[173] Dallen J Timothy, "Political Boundaries and Tourism: Borders as Tourist Attractions," *Tourism Management*, 1995, (7): 525—532.

[174] Alon Gelbman, "Border Tourism in Israel: Conflict, Peace, Fear and Hope," *Tourism Geographies*, 2008, (2): 193—213.

[175] Chandana Jayawardena, Arlene White, Barbara A. Carmichael, "Binational tourism in Niagara: insights, challenges and thefuture," *International Journal of Contemporary Hospitality Management*, 2008, 20 (3): 347—359.

[176] Livio Di Matteo, "Using alternative methods to estimate the determinants of cross-border trips," *Applied Economics*, 1999, (31): 77—88.

[177] Dimitri Ioannides and Perake Nielsen & Peter Billing, "Transboundary Collaboration in Tourism: the Case of the Bothnian Arc," *Tourism Geographies*, 2006, 8 (2): 122—142.

[178] Brent Lovelock and Stephen Boyd, "Impediments to a Cross-Border Collaborative Model of Destination Management in the Catlins, New Zealand," *Tourism Geographies*, 2006, 8 (2): 143—161.

[179] Yingzhi Guoa, Samuel Seongseop Kimb, Dallen J. Timothy, etc, "Tourism and Reconciliation between Mainland China and Taiwan," *Tourism Management*, 2006, 27 (5): 997—1005.

[180] Samuel Seongseop Kima, Dallen J. Timothy, Hag-Chin Hana, "Tourism and Political Ideologies: A Case of Tourism in North Korea," *Tourism Management*, 2007, 28 (4): 1031—1043.

[181] Chandana Jayawardena, "Tourism in Niagara: Conclusions and Solutions," *Inter-national Journal of Contemporary Hospitality Management*, 2008, 10 (3): 360—368.

[182] Jeffrey Harrop, "The Role of Tourism in the EC and Prospects for Eastern Europe," *European Business Review*, 1994, 94 (2): 20—25.

[183] Carla Cardoso, Luis Ferreira, "The effects of European Economic Integration on Tourism: Challenges and Opportunities for Portuguese Tourism Development," *International Journal of Contemporary Hospitality*

限制与突破：北部湾区域旅游合作研究

Management, 2000, 12 (7): 401—408.

[184] Eeva-Kaisa Prokkola, "Cross-border Regionalization and Tourism Development at the Swedish-Finnish Border: Destination 'Arctic Circle', Scandinavian," *Journal of Hospitality and Tourism*, 2007, 7 (2): 120—138.

[185] Janez Sirse, Tanja Mihalic, Ljubljana (Slovenia), "Slovenian Tourism and Tourism Policy: a Case Study Revue de Tourism," *The Tourist Review*, Zeitschrift für Fremdenverkehr, 1999, (3): 34—46.

[186] Tomasz studzieniecki, "Euroregions-new potential Destinations," *Tourism Review*, 2005, 60 (4): 26—32.

[187] Wolfgang Zeller, "Danger and Opportunity in Katima Mulilo: A Namibian Border Boomtown at Transnational Crossroads," *Journal of Southern African Studies*, 2009, 35 (1): 133—154.

[188] Brian Ilbery, Gunjan Saxena and Moya Kneafsey, "Exploring Tourists and Gatekeepers' Attitudes Towards Integrated Rural Tourism in the England-Wales Border Region," *Tourism Geographies*, 2007, 9 (4): 441—468.

[189] Teague Paul, Henderson Joan, "The Belfast Agreement and Cross-border Economic Cooperation in the Tourism Industry," *Regional Studies*, 2006, 40 (9): 1083—1096.

参考文献

后　记

　　本书是在我的博士毕业论文的基础上完成的。2007 年有幸考入了中央民族大学中国少数民族经济专业，更有幸能够师从著名学者魏小安先生攻读博士学位。在导师的引导下，我一步一步地走上了民族地区旅游发展研究的道路。魏老师关注全国各地旅游的新发展，在人才培养上则注重理论与实际相结合，并为此带领博士生进行实地调研，提高实际操作能力。从他身上，我读到了学者的丰富、智者的深邃、勇者的力量、仁者的慈爱、乐者的活力……我深感幸运，能追随这样一位良师，他的大智大慧和令人折服的人格魅力值得我学习终身、感悟终身。本书许多观点都源自于导师的原创思想，在此首先要向魏老师表示感谢。

　　本书在进行实地调研中，得到广西壮族自治区旅游局局长陈建军、副局长余小军、副巡视员苏长高、规划处李广军处长、北京交通大学石培华教授、北京第二外国语学院张凌云教授、广西大学商学院王中昭教授等领导和老师的大力帮助，在此一并向他们表达深深的谢意。

　　本书是 2009 年教育部人文社会科学研究青年基金项目（批准号：09YJC790056）、国家旅游局科研项目（批准号：10TABG024）的研究成果，本书同时也得到了广西大学"211 工程"三期重点学科建设项目资助。

黄爱莲

2011 年 6 月